VERONICA :)

1/2 ESO

Educación física

VERONICA

1/2 ESO
Educación física

N. Ayuso
D. Picó

AVISO

mucho texto

TEIDE

Advertencia
De acuerdo con la ley, este libro de texto no es un material fungible; por lo tanto, los ejercicios propuestos no deben ser resueltos en él, sino en el cuaderno del alumnado. Si en el libro se dejan espacios en blanco, recuadros vacíos o líneas de puntos, es simplemente para que el alumnado tenga un modelo o una pauta de resolución.

Cubierta
La Page

Diseño de maqueta
Admagraf; Naono, S. L.

Maquetación
Admagraf

Ilustración
Esther Méndez

Fotografías
AGE Fotostock, Archivo Teide, Corbis, Dreamstime, Getty Images, Shutterstock
Página 58: imágenes cedidas por la Asociación Deportiva Colpbol

Primera edición
Tercera impresión, 2018

info@editorialteide.com
www.editorialteide.com

ISBN: 978-84-307-8142-3
Depósito legal: B 11600-2016
Impreso en Índice, S. L.

Índice

Conoce tu libro

Cómo se estructura el libro

El presente libro de educación física quiere ser una guía teórico práctica para entender los beneficios de la actividad física regular como habito saludable de estilo de vida.

En este sentido enfocamos los contenidos hacia la adquisición de herramientas para realizar actividad física de manera autónoma y para la vida adulta.

La distribución de las unidades que proponemos, pretende desarrollar fielmente el currículum de la etapa respetando sus objetivos alrededor de cuatro bloques de contenido.

- Condición física y salud.
- Juegos y deportes.
- Expresión corporal.
- Actividades en el medio natural.

Esta distribución pretende ser flexible y operativa, entendiendo que las cualidades físicas de resistencia, fuerza i flexibilidad componen la base de la condición física y deben trabajarse constantemente en los distintos bloques de contenidos. Cada uno de estos consta de diversas unidades temáticas.

Cómo se estructuran las unidades

- Una doble página introductoria da paso a los contenidos de cada unidad.

• Cada unidad presenta su contenido en diversas páginas.

conectamos el tema con la realidad del alumnado

profusión de imágenes e ilustraciones

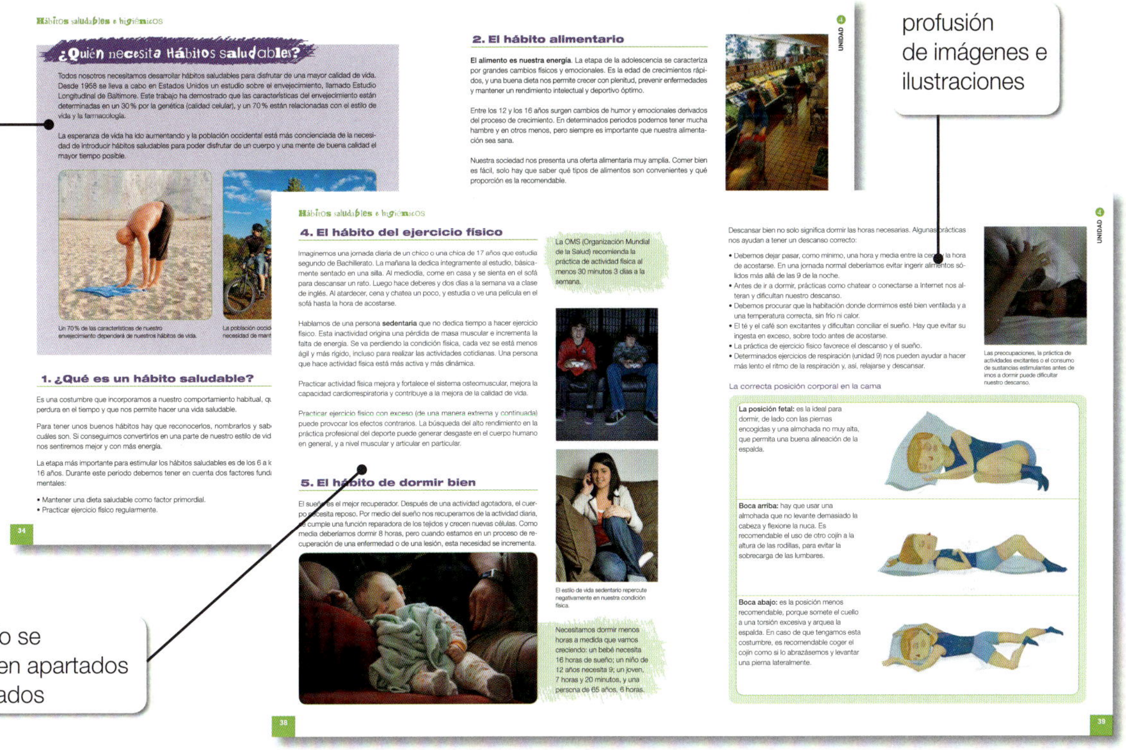

el contenido se estructura en apartados y subapartados

• Al final de cada unidad hallamos unas páginas especiales.

consejos para mejorar

datos curiosos para motivar al aprendizaje

repaso de las competencias trabajadas

Condición física y salud

BLOQUE I

El cuerpo humano es una máquina casi perfecta que nos permite realizar los más diversos movimientos. Tenemos que conocerlo para aprender a cuidarlo y sacar de él el máximo rendimiento.

Un corazón sano, una dieta y unos hábitos saludables son factores que nos permitirán vivir más tiempo y mejorar nuestra calidad de vida. Además, todo ello nos ayudará a realizar nuestras labores diarias con mayor eficacia.

A los deportistas, conocer a fondo su cuerpo y trabajarlo correctamente les sirve para ir mejorando sus marcas y destacar en sus especialidades deportivas. Pero esto no es tan importante como el cuidado personal del cuerpo en beneficio de la salud.

1. Condición física. El cuerpo humano y el ejercicio físico
2. La sesión
3. La resistencia
4. La flexibilidad
5. La fuerza
6. La velocidad
7. Hábitos saludables e higiénicos
8. Coordinación, agilidad y equilibrio
9. Respiración y relajación

Condición física. El cuerpo humano y el ejercicio físico

1. ¿Qué es la condición física?
2. ¿Cuáles son los tipos de condición física?
3. ¿Cómo se puede mejorar la condición física? Conocer las cualidades físicas
4. El cuerpo humano y la actividad física

A tu edad, haces cada día un montón de actividades. Por eso es importante cuidar la condición física, que te permite hacerlas sin limitarte.

UNIDAD

#EnForma #muévete

Cuando nos encontramos bien nos parece todo más fácil. Por ejemplo, ir a clase y jugar a la hora del patio no nos causa un cansancio excesivo. Nuestra condición física nos acompaña siempre.

Tener buena salud o encontrarse bien va más allá de la mera ausencia de enfermedad. La diferencia entre no padecer enfermedades y tener una buena calidad de vida está determinada por la condición física.

Además, el estado de salud no es siempre constante, se modifica a lo largo de la vida por los cambios orgánicos que provoca el envejecimiento, y puede mejorar o empeorar según cómo actuemos.

Puesto que la condición física nos permite vivir de forma saludable, ahora podríamos ver en qué consiste. Eso quiere decir conocer los estados, los factores que pueden alterarla y de qué forma podemos mejorarla.

En esta unidad, pues, comprenderemos la importancia de una buena condición física y la relación que esta tiene con la calidad de vida y la salud.

la condición física?

es el conjunto de capacidades que permiten realizar liana con efectividad y sin un cansancio excesivo.

l desarrollo de actividades como ir caminando al insti- o cargar la cesta de la compra.

Los cuatro factores que afectan directamente el nivel de condición física son: la actividad física, la alimentación, las horas de descanso y los hábitos nocivos. Los veremos con detalle en la unidad 7.

Cualquier actividad cotidiana se puede llevar a cabo con mayor efectividad si gozamos de una buena condición física.

2. ¿Cuáles son los tipos de condición física?

Hablamos de **condición física general** cuando nos referimos a actividades cotidianas, y de **condición física especial** cuando aludimos a actividades físicas o deportivas.

Tener una buena condición física garantiza que todo cueste menos esfuerzo: jugar, practicar deporte, desplazarse a pie o en bicicleta. Además, también ayuda a tener una buena salud.

La condición física general condiciona nuestras actividades cotidianas, como ir a trabajar en bici. En cambio, el rendimiento deportivo depende de nuestra condición física particular.

3. ¿Cómo se puede mejorar la condición física? Conocer las cualidades físicas

Podemos mejorar nuestra condición física con un entrenamiento de las cualidades físicas: fuerza, resistencia, velocidad y flexibilidad.

Carecer de resistencia puede ocasionar un cansancio excesivo al subir escaleras o al final del día, la falta de fuerza puede ser la causa de dolores posturales, la poca flexibilidad dificulta la realización de movimientos amplios y la carencia de velocidad puede disminuir la precisión y la eficacia de los movimientos.

Varios estudios coinciden en afirmar que practicar ejercicio físico potencia el optimismo y aumenta el rendimiento intelectual, y lo demuestran. Las personas que hacen actividad física son más alegres y felices ante la vida.

Las **cualidades físicas básicas** son las que intervienen en el movimiento y la actividad física:

- **La fuerza:** nos permite vencer una resistencia mediante una acción muscular. Se usa en muchas actividades como, por ejemplo, los juegos de lucha, los saltos, los lanzamientos o el desplazamiento de objetos.

Dos operarios cargan un mueble durante una mudanza.

La competidora de halterofilia bielorrusa Maryna Shkermankova participa en los Juegos Olímpicos de Londres de 2012.

- **La resistencia:** hace posible el mantenimiento de un esfuerzo durante un tiempo prolongado. Se utiliza, por ejemplo, para hacer una larga caminata.

Un grupo de escursionistas practica senderismo en la montaña.

Kilian Jornet en una cronoescalada en Sierra Nevada (Granada).

Fuerza.

Flexibilidad.

Velocidad.

Resistencia.

- **La velocidad:** nos permite hacer los movimientos en menos tiempo. La empleamos para cruzar la calle rápidamente o para interceptar un objeto que cae antes de que llegue al suelo.

Usamos nuestra velocidad para alcanzar un autobús que se nos escapa.

La velocidad alcanzada por las atletas se hace patente en esta foto de llegada de la prueba de 110 m vallas.

- **La flexibilidad:** nos permite la realización de movimientos con toda la amplitud posible. Se usa al vestirnos con una camiseta ajustada o cuando ponemos el pie sobre un banco para abrocharnos el zapato.

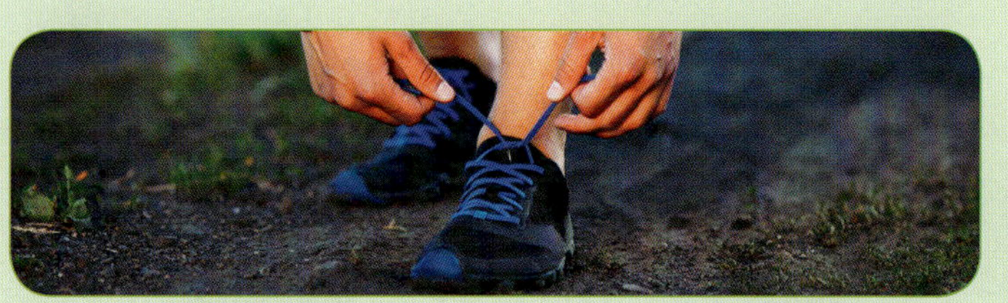

Un gesto tan cotidiano como atarnos el zapato requiere de nuestra flexibilidad.

La gimnasia es una disciplina que requiere de un intenso trabajo de flexibilidad.

Las **cualidades físicas complementarias** son las que intervienen en muchas actividades pero no de forma imprescindible, de manera que hacen posible actividades más complejas:

- **La coordinación:** permite simultanear o secuenciar movimientos de manera organizada. La empleamos para teclear un mensaje en el móvil o para botar una pelota mientras corremos y regateamos a un compañero.

Teclear en el móvil requiere de la coordinación de nuestros dedos.

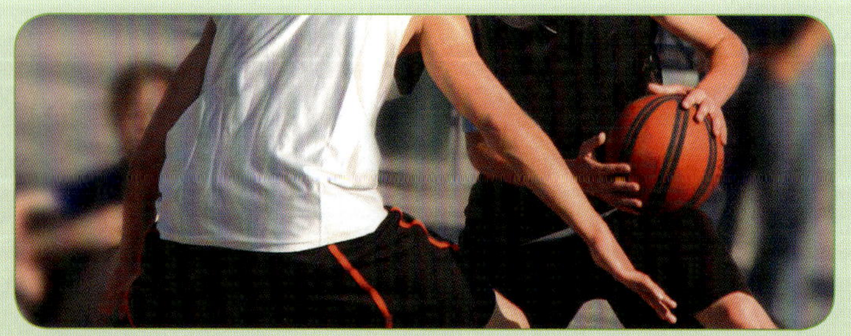

Los movimientos del baloncesto requieren de una gran coordinación.

• **El equilibrio:** sitúa el cuerpo de forma que las fuerzas que actúan se compensen y anulen de forma recíproca. Sirve para no caer después de un salto o para pasar por un paso estrecho.

Gracias al equilibrio nos aguantamos sobre las dos piernas sin caernos.

Ciertas disciplinas deportivas requieren de un gran equilibrio.

• **La agilidad:** es la combinación de la velocidad y la flexibilidad. La usamos para esquivar obstáculos que se presentan de forma repentina en el camino.

Desde pequeños aprendemos a usar la agilidad para superar obstáculos.

Deportes como el salto de vallas requieren de una gran agilidad.

Cada uno de nosotros tenemos una CF diferente; la edad, el peso, la altura, la genética, los hábitos deportivos y el entorno social nos hacen diferentes unos de otros.

Podemos hacernos una idea de cuál es nuestra condición física mediante las pruebas de las cualidades físicas básicas. Mostraremos algunos ejemplos en la unidad dedicada a cada una de las cualidades físicas.

Utiliza estas pruebas para conocerte mejor a ti mismo, no para compararte con los compañeros.

4. El cuerpo humano y la actividad física

Los aparatos locomotor, respiratorio, cardiovascular y digestivo y el sistema nervioso son los responsables de las cualidades físicas.

La salud y las cualidades físicas son como vasos comunicantes. La actividad física ayuda a mejorarlas hasta sus límites naturales. El exceso de actividad física puede tener efectos negativos como:

- Exceso de fatiga.
- Retardo en el crecimiento.
- Riesgo de problemas cardiovasculares.

Demasiado entrenamiento puede producirnos un exceso de fatiga.

El aparato locomotor: la función del aparato locomotor es realizar el movimiento. Sus componentes básicos son los músculos y los huesos; por eso también lo denominamos sistema *musculoesquelético*.

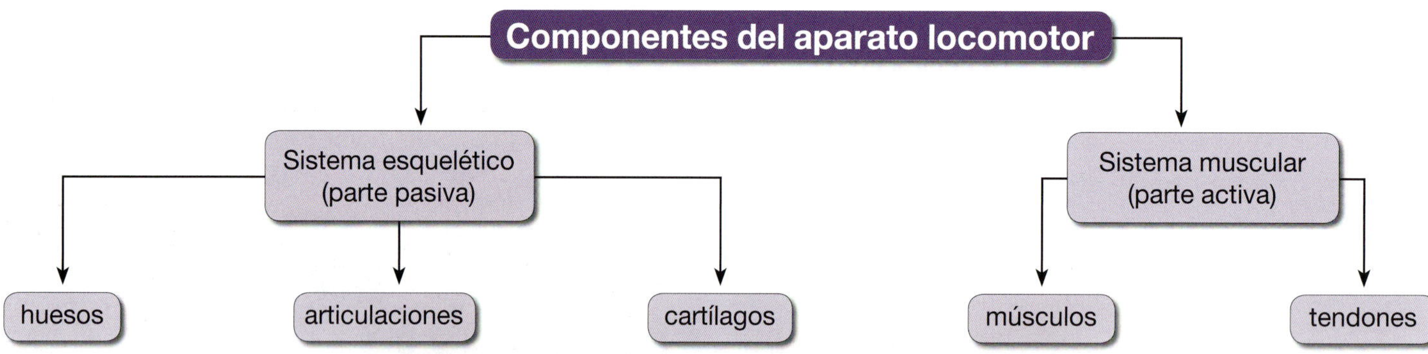

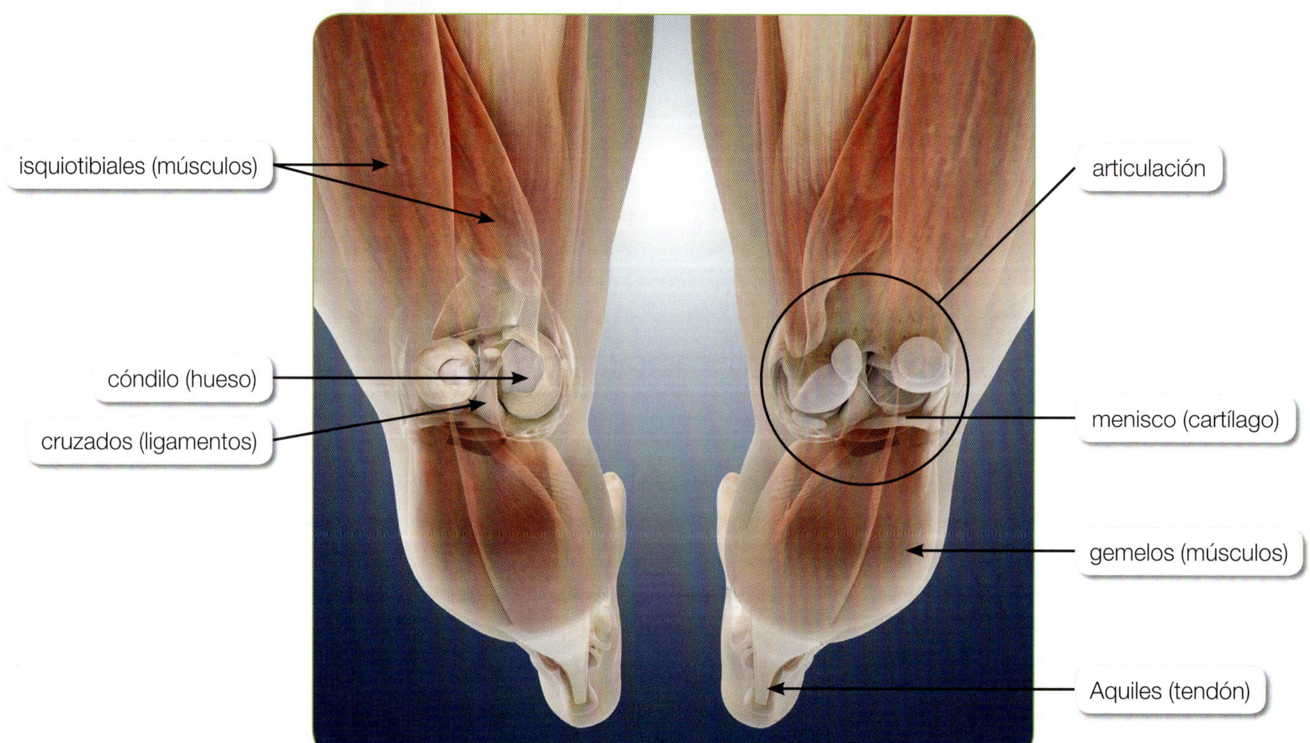

De los diferentes tipos de músculos que tiene el cuerpo, el responsable del movimiento voluntario es el músculo denominado **esquelético** (que recibe este nombre porque se une a los huesos del esqueleto) o **estriado** (porque tiene proteínas de actina y miosina que se organizan en forma de estrías, visibles al microscopio).

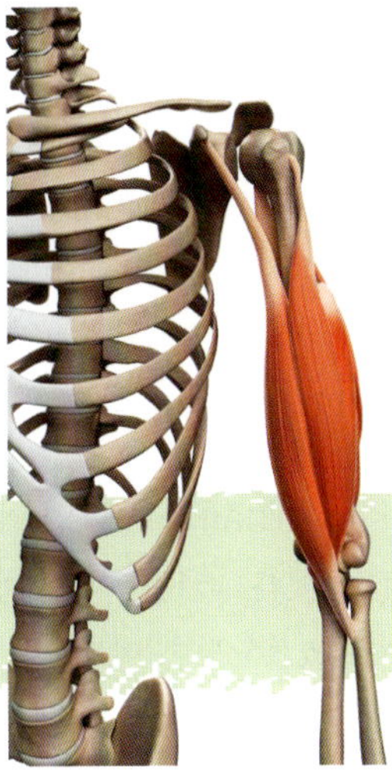

La capacidad contráctil del músculo es la responsable de la **fuerza**, y si la hacemos durar, también de la **resistencia**.

El aparato respiratorio: es el que se encarga de aportar el oxígeno que necesitamos para vivir y expulsa el dióxido de carbono que genera nuestro cuerpo.

En actividades de resistencia se intensifica la actividad del sistema respiratorio. Si nos ponemos a correr, a subir escaleras o a caminar por la montaña, estamos poniendo a prueba nuestra resistencia y notamos como respiramos con más intensidad.

La cantidad de oxígeno que transporta la sangre se denomina *nivel de saturación*; hay enfermedades que reducen el nivel de saturación de oxígeno y esto afecta negativamente la capacidad de resistencia.

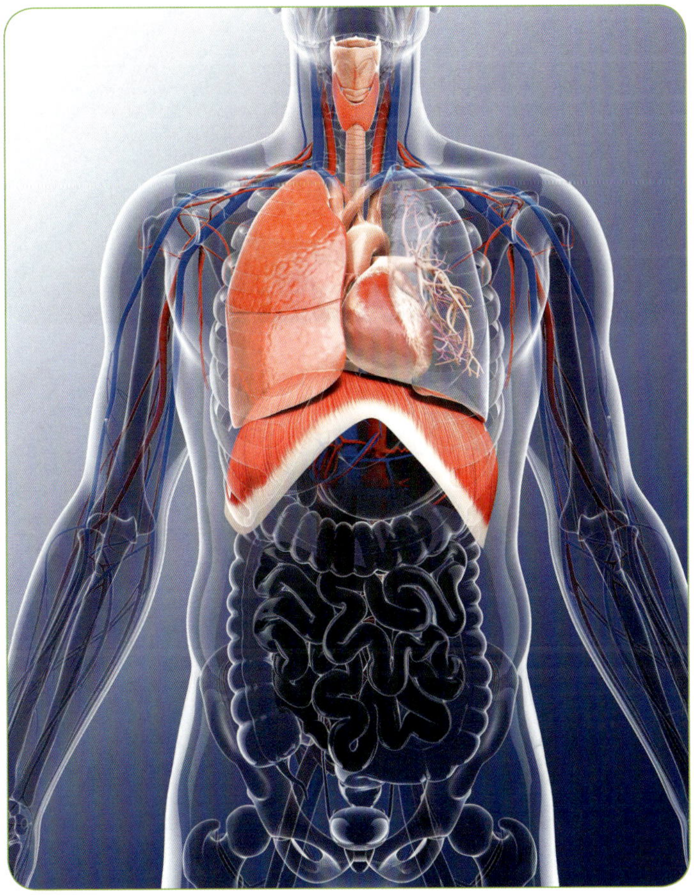

El aparato cardiovascular: tiene la función de transportar la sangre a todas las partes del cuerpo y está formado por el corazón, la sangre y los vasos sanguíneos.

Por eso, otro de los efectos del esfuerzo físico es la aceleración de las pulsaciones. Esta adaptación del corazón hace posible la resistencia ante el esfuerzo.

Otra de las funciones del sistema cardiovascular es la regulación térmica del cuerpo: por eso cuando nos atamos demasiado fuerte los zapatos podemos pasar frío en los pies, ya que obstaculizamos la circulación de la sangre.

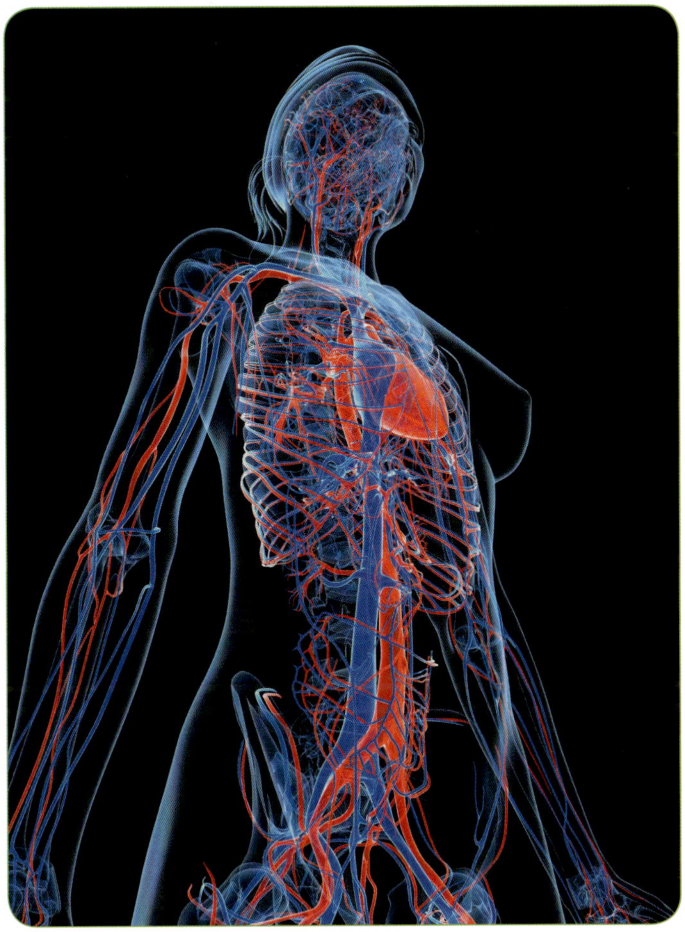

El sistema nervioso: una de sus funciones es la dirección y el control del movimiento. La importancia que tiene sobre la acción muscular afecta directamente las cualidades físicas de la fuerza y la velocidad.

Este sistema está formado por los centros nerviosos (encéfalo, medula espinal) y los nervios. Los primeros procesan la información de los órganos sensoriales y elaboran respuestas y los segundos conectan los centros nerviosos con el resto del cuerpo.

La orden de movimiento sale del cerebro y, por medio de los nervios, llega al músculo, que se contrae; esta contracción genera una información que retorna al cerebro a través de los nervios y permite el control del movimiento.

Hay actividades que piden mucha concentración, de forma que requieren activar el sistema nervioso a fondo para desarrollar al máximo la capacidad de coordinación.

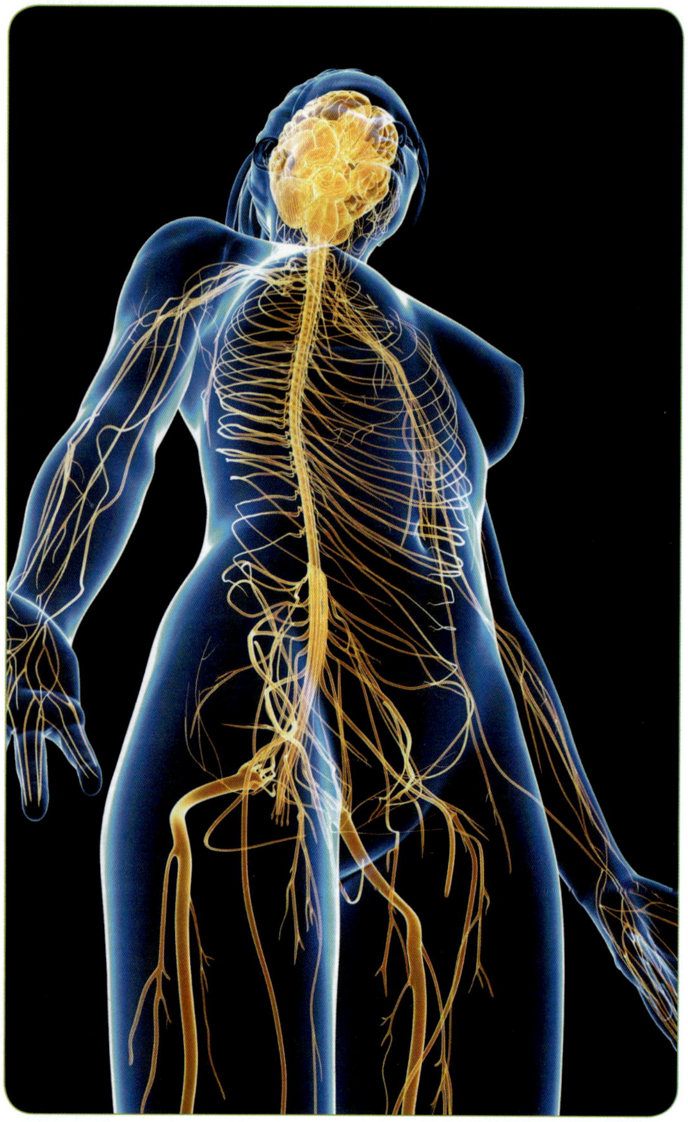

El aparato digestivo: es el encargado de transformar los alimentos en sustancias nutritivas simples, que pasan a la sangre. Está formado por dos elementos diferenciados:

- **El tubo digestivo:** formado por boca, faringe, esófago, estómago, intestino delgado e intesino grueso.

- **Las glándulas digestivas:** salivales, gástricas, pancreáticas, intestinales, así como el hígado, que se considera la glándula más grande del cuerpo humano.

Es fundamental para el ejercicio físico, de forma que la insuficiencia de alimentos puede tener efectos negativos como el temblor del pulso o el mareo.

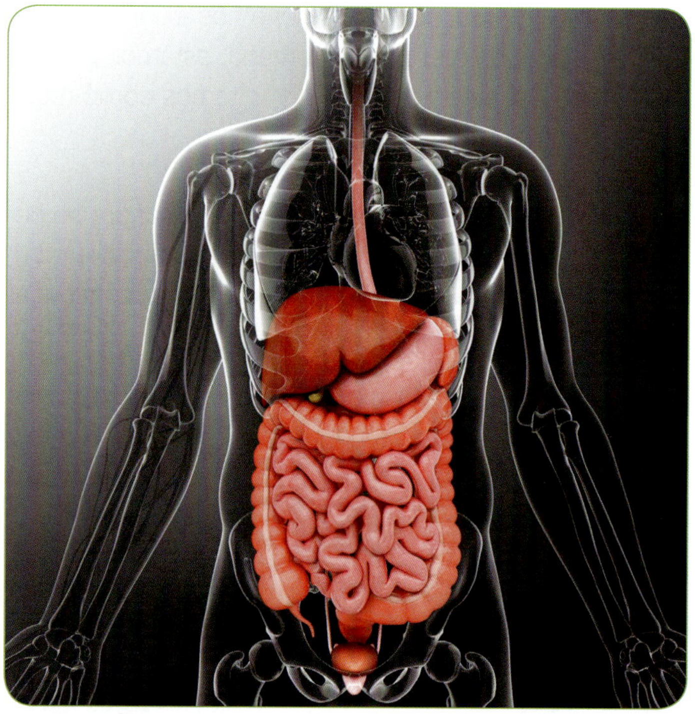

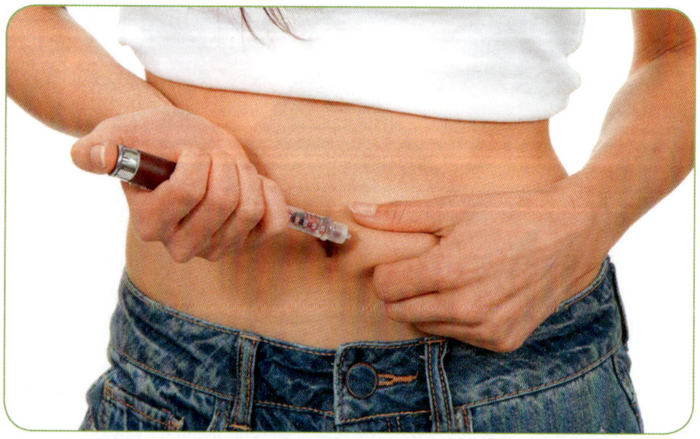

El fallo de las glándulas digestivas puede provocar enfermedades crónicas como la diabetes, que obliga a los pacientes a inyectarse la insulina que el páncreas no proporciona.

Y nosotros, ¿qué podemos hacer?

Hay aspectos de nuestro comportamiento diario que inciden directamente sobre la condición física:

- Debemos observar el ejercicio físico que hacemos semanalmente. La Organización Mundial de la Salud recomienda un ejercicio moderado de 60 minutos diarios.
- ¿Comemos de todo? Es recomendable comer de forma variada sin olvidar ninguno de los nutrientes básicos: hidratos de carbono, proteínas, grasas, vitaminas y minerales.
- Debemos dormir las horas necesarias. El descanso es importante, puesto que tiene una función regeneradora que permite iniciar el día llenos de energía.
- Es necesario evitar hábitos nocivos como el consumo de tabaco, alcohol o drogas. Esto ayuda a mantener correctamente nuestra condición física.

La falta de sueño puede afectar a nuestro rendimiento diario.

¿Sabías que...?

- La cantidad de actividad física que podemos realizar tiene un límite. Hacer más de la que nuestro organismo puede soportar tiene consecuencias negativas a corto o largo plazo. El profesor o profesora nos puede orientar para planificar nuestra rutina de ejercicio semanal.
- Hay estudios que demuestran que hacer ejercicio físico diariamente mejora la densidad ósea y tiene un efecto preventivo de la osteoporosis, una enfermedad que se caracteriza por la fragilidad de los huesos.
- Se ha demostrado que los programas de promoción de la actividad física de la población reducen el gasto sanitario de los países desarrollados.

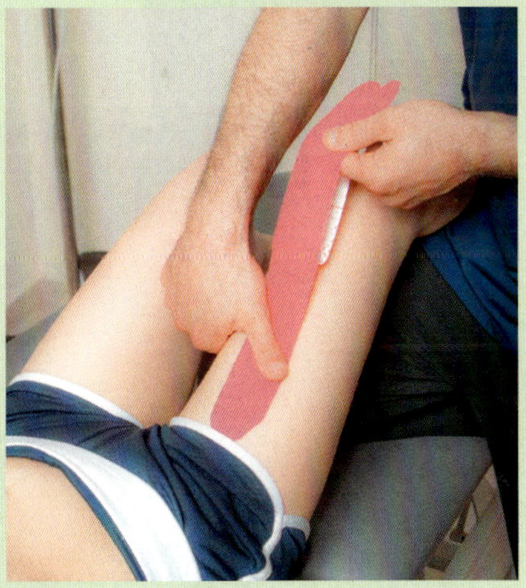

El exceso de actividad física puede tener efectos negativos como las lesiones musculares.

Objetivos competenciales (aportación en competencias)

- Aceptar el propio cuerpo y sus limitaciones, respetando siempre las diferencias entre los compañeros.
- Valorar la práctica habitual de las actividades fisicodeportivas como factor beneficioso para la salud.
- Hacer de forma autónoma actividades fisicodeportivas para el equilibrio de la rutina diaria.

La sesión

1. Antes de empezar
2. Las partes de la sesión

Y tú, cuando quieres hacer deporte, ¿cómo lo haces? Las recomendaciones que te exponemos en esta unidad te pueden ayudar.

#organízate

Las clases de educación física o los entrenamientos deportivos son actividades planificadas. Los profesores o entrenadores son quienes se encargan de programar lo que se quiere trabajar, cómo y para qué edad. De este modo, la sesión de ejercicio físico tiene una intencionalidad: aprender y disfrutar de la actividad física y el deporte.

A menudo jugamos con los amigos en el patio, en la playa o en la calle. Esta es una manera muy buena de practicar la actividad física, pero no tiene el componente de **intencionalidad y planificación** del ejercicio.

Los profesores o entrenadores proyectan las actividades teniendo en cuenta varias consideraciones: la edad de los participantes, el contenido que se quiere trabajar (resistencia, coordinación, baloncesto, juegos tradicionales...), el espacio de que se dispone, etc. No es lo mismo preparar una sesión enfocada a niños de cinco años que un entrenamiento de balonmano para chicos de quince.

En esta unidad veremos cómo hay que estructurar una sesión para practicar actividad física de una manera autónoma y con menos riesgo de lesiones.

1. Antes de empezar

El profesor o profesora planifica la sesión pensando en cuál es el objetivo de la clase, las actividades que se propondrán, el espacio del que se dispone, el material que habrá que utilizar y el tiempo que se dedicará.

Por nuestra parte, deberemos asistir preparados con ropa deportiva y con ganas de movernos. En la bolsa llevaremos ropa de recambio y todo lo necesario para la higiene después de hacer deporte: la toalla, el gel de ducha y las zapatillas de baño.

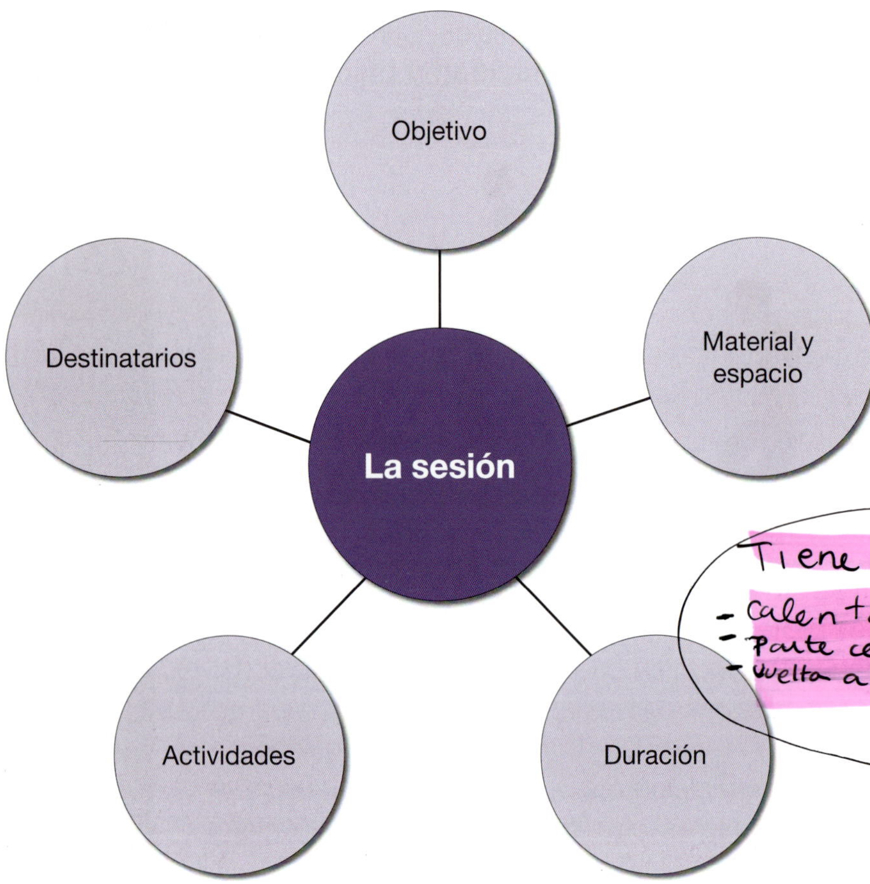

Tiene 3 partes
- calentamiento
- Parte central
- vuelta a la calma

Debemos estar preparados con todo lo necesario para realizar la práctica deportiva y la posterior higiene corporal.

2. Las partes de la sesión

La parte inicial. El calentamiento

Es la que sirve de preparación para la actividad física. También recibe el nombre de *parte de activación* o *calentamiento*. El profesor o profesora nos informará aquí de lo que haremos durante la sesión.

El **calentamiento** es el conjunto de ejercicios de preparación para la actividad física y sirve para aumentar la temperatura corporal y mejorar las condiciones físicas y mentales con vistas a la actividad. Tiene varios efectos sobre nuestro cuerpo:

Al mascar un chicle, este se calienta y se vuelve elástico; en cambio, si después de tenerlo un tiempo en el congelador intentamos estirarlo, se nos romperá en los dedos.

- **Sobre el sistema locomotor:** propicia el aumento de la temperatura muscular, lo que mejora la velocidad de contracción y relajación; también disminuye la viscosidad del músculo y, por tanto, reduce la posibilidad de roturas fibrilares o tendinosas de la musculatura.
- **Sobre el sistema cardiovascular:** acelera la frecuencia cardiaca, lo que permite al corazón bombear más sangre y, por tanto, llevar más oxígeno a los músculos.
- **Sobre el sistema nervioso:** activa mentalmente al individuo, mejorando la atención y la velocidad de reacción.

Si alguna vez te has mareado por hiperventilación, habrás comprobado que la aportación de oxígeno a la sangre aumenta con la velocidad de la respiración.

Las fases del calentamiento

1. Ejercicio suave y progresivo que involucre la totalidad del cuerpo.

2. Ejercicios de movilidad articular de todas las partes del cuerpo.

3. Ejercicios de estiramiento de los grandes grupos musculares.

Los tipos de calentamiento

- **Calentamiento general:** es el que activa grandes grupos musculares sin tener en cuenta una parte corporal concreta o la actividad posterior.
- **Calentamiento específico:** es el que se centra en los grupos musculares involucrados en la actividad física posterior.

Los ejercicios de calentamiento específico se centran en los grupos musculares involucrados en la actividad física que hay que desarrollar.

Normas para hacer calentamiento

- **Duración:** de 10 a 15 minutos.
- **Intensidad:** suave o moderada para no agotarnos.
- **Progresión:** gradual, de menor a mayor intensidad, sin interrupciones.
- **Movilidad:** gradual, desde movimientos globales hasta el trabajo de grupos musculares específicos relacionados con la actividad posterior.

Gracias al calentamiento podremos interceptar mejor una pelota o responder rápidamente a una finta del adversario. Estamos, pues, más atentos y proactivos.

La parte central

Es la que nos permite lograr los objetivos planteados. Trabajamos específicamente lo que queremos mejorar o desarrollar en la sesión.

Es la parte más larga, en la que se hace el trabajo más intenso y la que da sentido a la clase, con juegos y ejercicios de aprendizaje.

La parte final

Se trata del retorno a la calma, en que se reduce la intensidad del esfuerzo y se recuperan los ritmos y estados iniciales del organismo.

Ejemplo de actividad de retorno a la calma pueden ser los ejercicios de respiración y relajación, que veremos en la unidad 9.

Esta parte termina con la higiene personal. La ducha y el cambio de ropa son básicos y necesarios para la salud.

Es importante que la parte final de una sesión incluya ejercicios destinados a la relajación y el retorno a la calma.

Y nosotros, ¿qué podemos hacer?

- Es más aconsejable practicar deporte con los amigos que solos. Podemos utilizar las normas y los consejos expuestos anteriormente.

- Tenemos que prepararnos y pensar en lo que queremos hacer, en qué lugar llevaremos a cabo la actividad física, con qué material (ropa, calzado...), qué duración tendrá, en qué momento del día la haremos, cuál será la temperatura ambiental del momento, qué hidratación necesitaremos, cuál será nuestra condición física, etc.

- No podemos olvidar el calentamiento y el control de la intensidad del esfuerzo. Es necesario escuchar a nuestro cuerpo: las sensaciones extrañas nos informan de que algo no va bien; es preferible detenerse o reducir la intensidad del ejercicio para minimizar el riesgo de lesión.

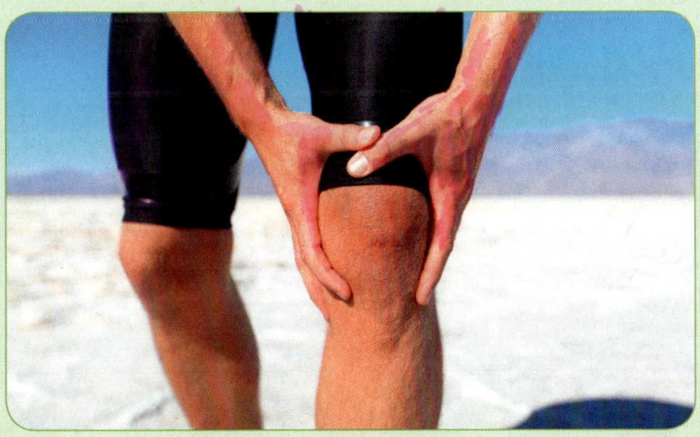

- No debemos olvidar hidratarnos a menudo cuando practicamos actividad física. Hay que llevar, pues, una botella de agua.

Objetivos competenciales (aportación en competencias)

- Hacer un calentamiento adecuado de acuerdo con la actividad física que se tenga que llevar a cabo.
- Hacer de una manera autónoma actividades fisicodeportivas para el equilibrio de la rutina diaria.

La resistencia

1. ¿Qué es la resistencia?
2. ¿Qué tipos de resistencia hay?
3. ¿Cómo podemos mejorar la resistencia?
4. Hacemos nuestra sesión de resistencia
5. ¡Beneficios para nosotros!

La resistencia es una de las cualidades físicas que determinan el nivel de la condición física de los individuos. La pérdida de resistencia es uno de los primeros síntomas de empeoramiento de la salud.

UNIDAD 3

#aguanta

Hay muchas actividades que nos resultan pesadas porque exigen activar la capacidad de resistencia: hacer una cola muy larga, practicar el turismo urbano, llevar a cabo tareas domésticas como fregar el suelo, pintar una pared, etc.

A lo largo del día acumulamos diferentes actividades que requieren esfuerzo, y este será más o menos soportable gracias a una cualidad física básica: la resistencia.

Esta cualidad física es el resultado de la adaptación del corazón al esfuerzo físico. El corazón, como el resto de los músculos, se puede entrenar y aumentar de volumen y espesor. Una manera rápida de saber cómo responde nuestro corazón ante el esfuerzo es medir la frecuencia cardiaca.

Como todas las cualidades físicas, la resistencia evoluciona a lo largo de la vida de las personas. Podemos distinguir una primera fase de adquisición (8-12 años), una segunda fase de mejora, hasta alcanzar un nivel máximo (20-30 años), y una tercera fase de disminución, que tiene lugar de una forma lenta en comparación con las capacidades de fuerza y velocidad.

¿Quién necesita la resistencia?

- Todos necesitamos resistencia para realizar tareas cotidianas pesadas como, por ejemplo, cargar bolsas en una larga sesión de compras o subir las escaleras de un piso alto.
- La necesitan especialmente los deportistas que basan su deporte en esfuerzos prolongados, como las carreras de esquí de fondo, las vueltas ciclistas, las carreras de montaña o las travesías a nado en mar abierto.

En las sesiones de educación física encontraremos unidades didácticas y/o deportes en los que la resistencia tiene un papel importante, como el rugby, el atletismo, los ejercicios de lucha, el aeróbic o los juegos de persecución.

Actividades cotidianas como hacer la compra requieren de nuestra capacidad de resistencia.

En deportes como el rugby la resistencia desempeña un papel muy importante.

1. ¿Qué es la resistencia?

Es la cualidad física que permite mantener un esfuerzo, retrasando la aparición de la fatiga, durante el máximo tiempo posible.

Cuando aumentamos la intensidad de un ejercicio y su duración, el corazón se acelera y se esfuerza hasta llegar a su límite, momento en que tenemos que parar.

Si el corazón es más fuerte y grande, el momento de fatiga que obliga a detenernos llegará más tarde, de manera que podremos realizar la actividad física con menos cansancio.

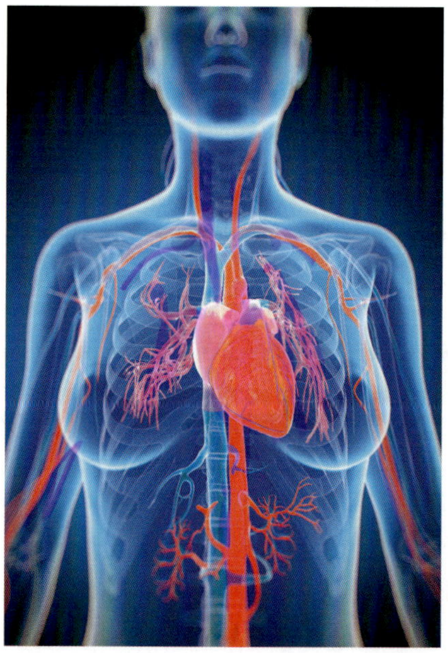

El corazón bombea la sangre que transporta el oxígeno por todo el cuerpo. Es el responsable, pues, de la resistencia.

¿Qué parte del cuerpo genera la resistencia?

Como hemos dicho, el corazón es el responsable de la resistencia. No se detiene nunca. Es difícil imaginar cuántas veces late en una hora, en un día o en toda una vida.

El corazón debe cuidarse, no sometiéndolo a esfuerzos por encima de sus posibilidades y entrenándolo con ejercicios de duración e intensidad adecuados que le permitan desarrollarse.

No todos los ejercicios son iguales: la intensidad y la duración de cada uno tiene un efecto diferente sobre el corazón. Los ejercicios de larga duración hacen que el corazón aumente de tamaño. En cambio, los ejercicios de gran intensidad hacen que sus paredes se hagan más gruesas y potentes. Es recomendable para la salud encontrar un equilibrio entre los dos tipos de ejercicios, que nos haga el corazón grande y potente.

El cuidado del corazón nos puede permitir realizar grandes esfuerzos a edades avanzadas.

Una forma de controlar la actividad del corazón ante el esfuerzo de resistencia es mediante la frecuencia cardiaca (FC). Podemos medir la frecuencia cardiaca, es decir, los latidos del corazón durante un minuto.

La técnica para medir la frecuencia cardiaca consiste en presionar el lateral del cuello (por donde pasa la arteria carótida) con los dedos índice y corazón. Contamos las pulsaciones durante 15 segundos y las multiplicamos por cuatro, de modo que obtenemos las pulsaciones por minuto (ppm).

En función del esfuerzo que esté haciendo el cuerpo en el momento de efectuar la medida, podemos distinguir cuatro tipos de frecuencia cardiaca:

- **FC basal:** es la que se tiene cuando dormimos o estamos totalmente inactivos.
- **FC de reposo:** es la que se tiene a lo largo del día en situación estática, como cuando estamos sentados.
- **FC de esfuerzo:** es la que se tiene en el momento de hacer un esfuerzo y la que nos indica su intensidad.
- **FC máxima:** representa el límite máximo de pulsaciones que, por seguridad, y en condiciones normales, no deberíamos superar. Hay diferentes fórmulas para su cálculo. Una de ellas es:

FC máxima = 220 - tu edad

La media de estas frecuencias, medidas repetidamente, nos da el valor medio de nuestra frecuencia cardiaca que podemos considerar normal. La alteración de este valor nos puede indicar que hay alguna anomalía.

Técnica de control de la frecuencia cardiaca.

2. ¿Qué tipos de resistencia hay?

La resistencia nos permite correr rápidamente un rato, pero también caminar durante un lapso de tiempo prolongado. En ambos casos, la resistencia que necesitamos es diferente.

La resistencia aeróbica es la más importante para la salud y la condición física; por eso es la que tu médico, profesor o entrenador te recomendará que entrenes.

Las cintas de correr se pueden regular en intensidad y velocidad, permitiendo el trabajo de distintos tipos de resistencia.

El triatlón es una disciplina de extrema dureza, que combina natación, ciclismo y carrera a pie.

La resistencia aeróbica

Es la que permite hacer esfuerzos de intensidad baja y de larga duración, durante los cuales el oxígeno que llega a los músculos a través de la respiración es suficiente.

Ejemplos: la maratón, el triatlón o el baile.

El entrenamiento de este tipo de resistencia hace que el corazón aumente de tamaño y que aumente el volumen de sangre que puede bombear en cada latido. Por este motivo, el corazón puede bajar la frecuencia cardiaca ante el esfuerzo.

La resistencia anaeróbica

Es la que permite hacer esfuerzos de intensidad elevada y de corta duración, durante los cuales el oxígeno que llega a los músculos a través de la respiración no es suficiente, lo que hace aparecer el agotamiento. Se trata de actividades de, como máximo, 2 o 3 minutos.

Ejemplos: las carreras de 100, 200 y 400 metros o la gimnasia artística.

El entrenamiento de este tipo de resistencia hace que las paredes del corazón se hagan más gruesas y potentes.

Las gimnastas desarrollan un enorme esfuerzo en un corto lapso de tiempo.

3. ¿Cómo podemos mejorar la resistencia?

Para mejorar la resistencia debemos comenzar por el entrenamiento de la resistencia aeróbica. Es la que nos interesa más para la salud y la calidad de vida. Podemos hacerlo, básicamente, con sistemas de entrenamiento continuos:

- **Carrera continua:** consiste en correr a un ritmo constante y con una intensidad moderada por un terreno llano una distancia determinada, que depende de la condición física del corredor.

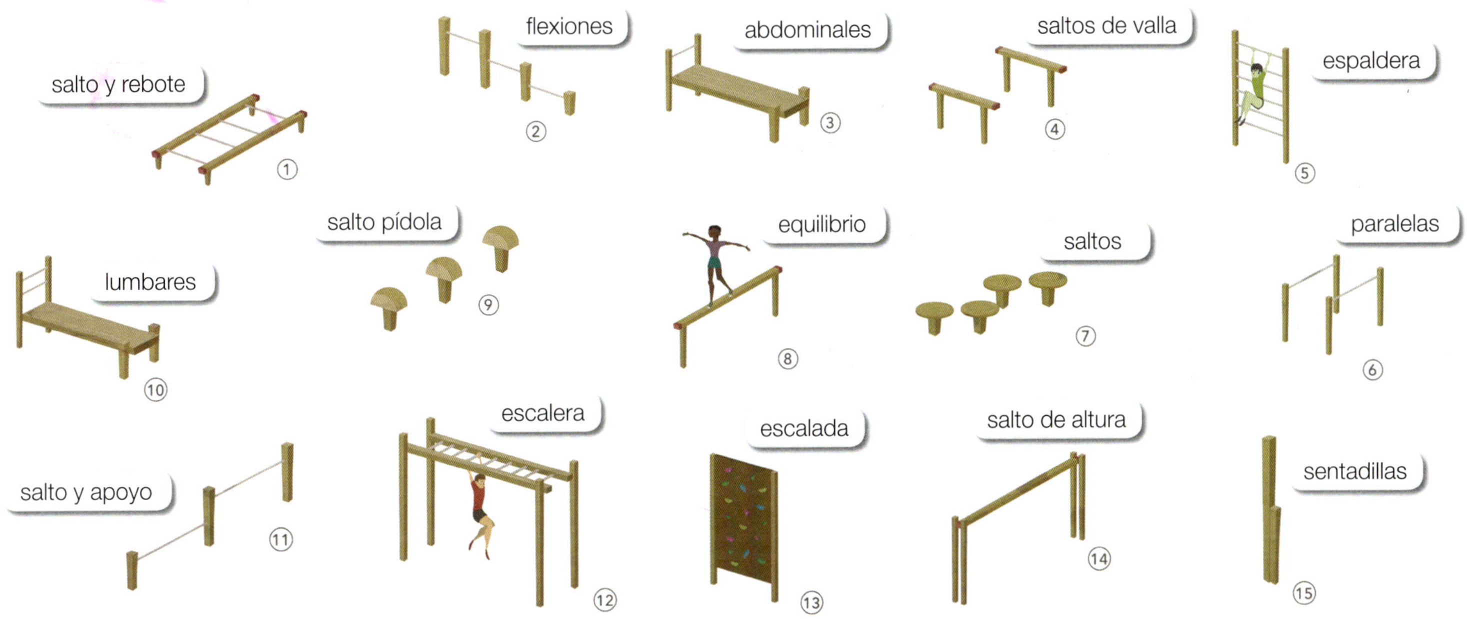

Circuito *indoor* para el trabajo de la resistencia.

Si a lo largo de la carrera continua se intercalan ejercicios (estaciones), como abdominales, saltos o flexiones de brazos, este entrenamiento se denomina *circuito natural*. Podemos encontrar circuitos naturales en algunos parques o bien los podemos diseñar nosotros mismos. Es conveniente intercalar, entre carrera y carrera, ejercicios variados, como abdominales, lumbares, saltos, flexión de brazos, equilibrios, etc.

- ***Fartlek*:** se trata de una carrera continua que incluye cambios de ritmo y distancia. Estos cambios de intensidad hacen que se trate de un sistema más exigente, que obliga a trabajar más el corazón.

Valora tu resistencia

Un prueba muy utilizada y sencilla es el test de Cooper, que consiste en correr la máxima distancia que nos sea posible en 12 minutos. Para hacerlo correctamente, hay que tener en cuenta las siguientes recomendaciones:

- Hacer un calentamiento previo.
- Buscar un calzado ergonómico y cómodo.
- La zona de la prueba debe ser plana, sin desniveles pronunciados.
- Se debe hacer a primera hora de la mañana o a última hora de la tarde.

Las pistas en un entorno natural son ideales para el desarrollo del *fartlek*, ya que favorecen los cambios súbitos de ritmo e intensidad.

4. Hacemos nuestra sesión de resistencia

- Comenzamos con 5 minutos de carrera continua. En sesiones posteriores aumentaremos periódicamente el tiempo de 5 en 5 minutos en función de la fatiga experimentada. El objetivo debe ser llegar a un mínimo de 15-30 minutos.
- Paralelamente, podemos practicar otras actividades para mejorar la resistencia: bicicleta, natación, patinaje o juegos de persecución con los amigos.
- Podemos planificar también un juego de persecución, como el juego de las fortalezas:
  - Distribuimos dos equipos de 10 a 15 personas en una pista de fútbol sala o de baloncesto. Cada uno de los campos es el territorio de uno de los equipos, en el cual está su fortaleza (la cesta o la portería).
  - El juego comienza con un prisionero del equipo contrario en la propia fortaleza. Cada uno de los equipos intenta salvar a sus prisioneros e impedir que salven a los del equipo contrario. Cualquier jugador debe considerarse prisionero si es tocado por un miembro del equipo contrario.
  - Gana el equipo que salva a todos sus miembros.

Las pruebas de carrera son imprescindibles en una sesión de resistencia.

Los juegos de persecución mejoran nuestra capacidad de resistencia.

- Es recomendable hacer la sesión con una intensidad de entre 140 y 150 pulsaciones por minuto.
- Podemos empezar el entrenamiento con una sesión semanal, para pasar gradualmente a dos o tres sesiones.

Otros deportes como la bicicleta o la natación son buenas alternativas a la carrera en el trabajo de resistencia.

Es aconsejable el control médico de nuestro estado de salud para hacer ejercicio sin riesgo. Explica al médico de cabecera tu intención de hacer un ejercicio saludable. Te propondrá una revisión médica deportiva.

5. ¡Beneficios para nosotros!

Es muy probable que no nos motive el entrenamiento de la resistencia, pero si observamos los beneficios que nos puede aportar, seguro que encontraremos bastantes alicientes:

- Aumenta el tamaño del corazón, por eso puede bombear más cantidad de sangre en cada latido.
- Disminuye la frecuencia cardiaca, de modo que el corazón necesita menos esfuerzo para bombear más sangre.
- Aumenta la capacidad pulmonar, lo que mejora la absorción de oxígeno en la sangre.
- Activa el metabolismo, lo que hace disminuir la grasa y el colesterol.
- Fortalece el sistema muscular.
- Mentalmente, mejora la capacidad de esfuerzo.

Mejorando la resistencia mejoras tu condición física. Esto te permitirá realizar las actividades cotidianas o deportivas sin agotarte.

¿Sabías que...?

- En Kenia, muchos niños recorren más de 10 km para ir a la escuela. Con este entrenamiento no es sorprendente que de mayores sean imbatibles en pruebas atléticas de larga distancia.
- El triatlón es el deporte de resistencia más duro; tiene tres modalidades:
  - **Sprint:** 750 m de natación, 20 km en bicicleta y 5 km de carrera a pie.
  - **Olímpica:** 1 500 m de natación, 40 km en bicicleta y 10 km de carrera a pie.
  - **Ironman:** 3,86 km de natación, 180 km de ciclismo y 42,2 km de carrera a pie (maratón).

Niños keniatas de camino a la escuela.

Objetivos competenciales (aportación en competencias)

- Aceptar el propio cuerpo y sus limitaciones, respetando las diferencias entre los compañeros.
- Hacer un calentamiento adecuado de acuerdo con la actividad física que se tenga que llevar a cabo.
- Conseguir autonomía suficiente en el progreso de la resistencia, fuerza, velocidad y flexibilidad, adecuado a la condición física de cada uno.
- Valorar la práctica habitual de las actividades fisicodeportivas como factor beneficioso para la salud.
- Practicar hábitos saludables e higiénicos para lograr una buena calidad de vida.
- Realizar de manera autónoma actividades fisicodeportivas para el equilibrio de la rutina diaria.

La flexibilidad

Si queremos hacer los movimientos habituales sin limitaciones, necesitamos amplitud de movimiento. Este es el objetivo del entrenamiento de la flexibilidad.

UNIDAD 4

#AmplitudMovimiento
#OutStiffness
#GanoCentímetros
#GanoMovimiento

A menudo, nos sorprende la flexibilidad de los niños y los bebés. En la infancia, hasta los 6 años, los **músculos y tendones** están dotados de gran elasticidad. El crecimiento, sin embargo, conlleva un aumento de la masa muscular, lo que implica la pérdida progresiva de esta flexibilidad.

Así pues, todas las capacidades físicas básicas aumentan con el crecimiento, excepto la flexibilidad: cada vez tenemos más fuerza y más resistencia (aunque no las entrenemos) y somos más rápidos. Sin embargo, **la flexibilidad muscular disminuye a partir de los 11-12 años**. Uno de los objetivos de un buen entrenamiento físico debe ser, pues, ralentizar esta regresión.

1. ¿Qué es la flexibilidad?
2. ¿Qué tipos de flexibilidad tenemos?
3. ¿Cómo podemos mejorar la flexibilidad?
4. Hacemos nuestra sesión de flexibilidad
5. ¡Beneficios para nosotros!

¿Quién necesita la flexibilidad?

- Todas las personas, ya que la flexibilidad permite mantenernos más ágiles y evitar lesiones y dolores provocados por tensiones musculares. A lo largo del tiempo, la estructura músculo-tendón se acorta, por lo que un buen trabajo de la flexibilidad ayudará a realizar tareas cotidianas, como abrocharse los zapatos, o a incrementar la movilidad de algunas articulaciones, del cuello o los hombros, por ejemplo.
- Todos los deportistas que practican una disciplina en que la flexibilidad tiene un papel primordial en la ejecución técnica: un gimnasta para abrir las piernas, una patinadora para realizar acrobacias, un luchador de taekwondo para ejecutar una patada o un atleta para saltar las vallas.
- Todos los deportistas que practican otras disciplinas como el tenis, el fútbol, el balonmano, etc., ya que la flexibilidad es importante para mantener las articulaciones en buen estado y para prevenir lesiones en acciones puntuales como, por ejemplo, chutar la pelota (en que a menudo hay que levantar mucho la pierna) o efectuar un mate de voleibol (que requiere una gran amplitud en el gesto).

Usamos la flexibilidad en muchas de nuestras tareas cotidianas.

El taekwondo es una disciplina donde la flexibilidad tiene un papel fundamental.

1. ¿Qué es la flexibilidad?

La flexibilidad es la cualidad física que permite realizar movimientos de gran amplitud con alguna parte del cuerpo.

La palabra *estiramiento* o *stretching* hace alusión a la flexibilidad. Define los ejercicios encaminados a desarrollar esta cualidad.

¿Qué parte del cuerpo genera la flexibilidad?

La **unidad músculo-tendón** es la parte del cuerpo que permite que la articulación tenga más amplitud de movimiento. El tendón es un cordón fibroso que une el músculo con el hueso. El músculo, por su parte, es el responsable de la contracción y, por tanto, del movimiento.

Los ejercicios de estiramiento permiten el desarrollo de la flexibilidad y tonifican el músculo, especialmente después de un ejercicio intenso.

La unidad músculo-tendón

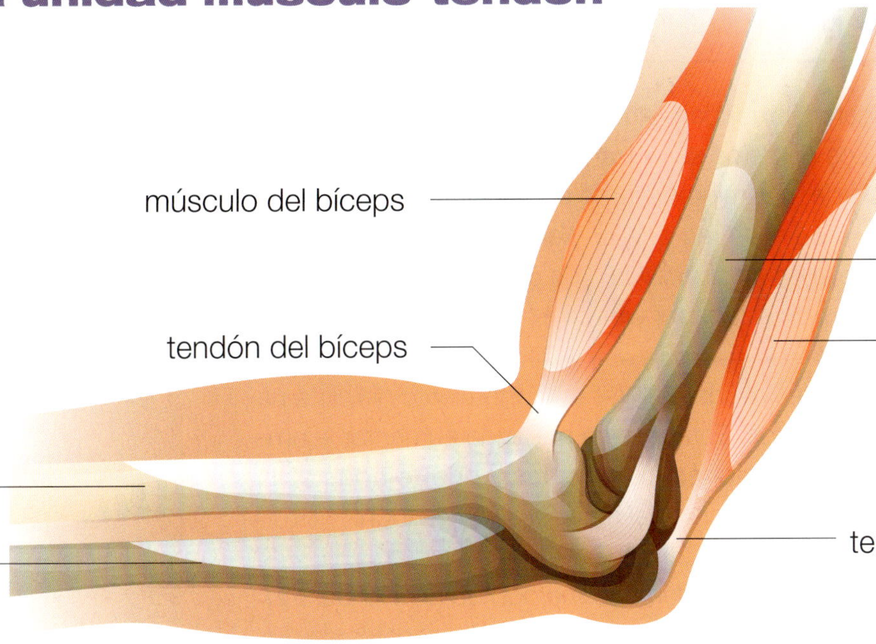

2. ¿Qué tipos de flexibilidad tenemos?

Se pueden distinguir dos tipos fundamentales de flexibilidad:

- **Flexibilidad estática:** es la que permite adoptar una posición determinada, a partir de la cual buscar un grado concreto de estiramiento. El trabajo de esta cualidad se debe mantener durante unos segundos, no debe llegar a producir dolor y no requiere un movimiento significativo.

Glosario

articulación: unión entre dos o más huesos. Son ejemplos el codo, la rodilla o el tobillo.

Usamos la flexibilidad estática al estirar el músculo de forma sostenida.

- **Flexibilidad dinámica:** se pone en práctica al efectuar un movimiento que requiere la máxima amplitud de una articulación y el máximo estiramiento muscular. El trabajo de este tipo de flexibilidad se distingue por la existencia de un desplazamiento importante de una o varias partes del cuerpo.

La flexibilidad dinámica nos otorga la máxima amplitud de una articulación en un movimiento.

3. ¿Cómo podemos mejorar la flexibilidad?

Hay muchos métodos para ganar flexibilidad, algunos son más incisivos y otros son más suaves y rítmicos. Los primeros se utilizan en la práctica de deportes que precisan mucha amplitud de movimiento, como el taekwondo, la gimnasia artística, el patinaje artístico, etc., mientras que los segundos se utilizan en la práctica de otros deportes, de la educación física o en diversas situaciones de la vida cotidiana (por cuestiones de salud, por ejemplo).

Una de las técnicas que nos pueden ayudar a evitar el acortamiento del sistema músculo-tendón son los estiramientos. Esta técnica pretende aumentar la amplitud de la articulación mediante **tensiones mantenidas y controladas** en la posición que favorece la máxima elongación del músculo y del tendón.

Un sistema de estiramiento particular es el llamado *método de Bob Anderson*. Consiste en mantener el estiramiento en una posición relajada y sostenida durante un lapso de tiempo de entre 10 segundos y un minuto. Este tiempo de estiramiento debe ir acompañado de 2 o 3 respiraciones completas y la concentración en el grupo muscular que se está trabajando.

La técnica consiste en dos fases diferenciadas: un estiramiento relajado y un estiramiento evolucionado. En la primera fase se mantiene en tensión el músculo en una actitud relajada durante un lapso de tiempo de entre 10 y 30 segundos. El grado de tensión muscular debe ser «cómodo». En la segunda fase se aumenta ligeramente el estiramiento manteniendo la posición. La tensión debe ser controlada y lenta.

Aplicando una tensión mantenida y controlada conseguimos que el músculo no pierda flexibilidad.

Para llegar a experimentar una ganancia en la flexibilidad, debes hacer los ejercicios 3 o 4 veces por semana, además de incidir en la musculatura que lo necesite más. Solo son 5 minutos al día.

Cuando notes tensión en el sistema músculo-tendón, debes mantener la posición de 10 a 30 segundos. Si acompañas la posición con respiraciones completas y lentas, notarás como la tirantez va disminuyendo.

Medimos nuestra flexibilidad

Para determinar nuestra flexibilidad, podemos hacer un test que mide esta característica en el tronco y la cadera.

Material necesario: un cajón o un banco, y una cinta métrica.

Ejecución: debemos sentarnos con las piernas juntas y extendidas, con las plantas de los pies apoyadas en el principio del banco. En este punto, situamos el inicio de la cinta métrica. A continuación, flexionamos el tronco hacia delante llevando las manos, con los brazos extendidos, tan lejos como nos sea posible. El desplazamiento debe ser suave y progresivo, sin tirones.

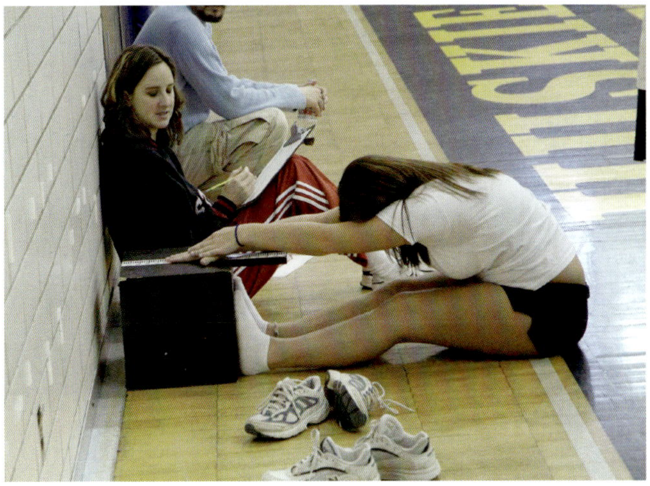

4. Hacemos nuestra sesión de flexibilidad

Para mantener y mejorar nuestra flexibilidad es recomendable la práctica de una serie de ejercicios. Deben efectuarse a partir de un orden muscular, empezando bien por los pies o bien por la cabeza. Cada una de las posiciones se ha de mantener durante 15 segundos.

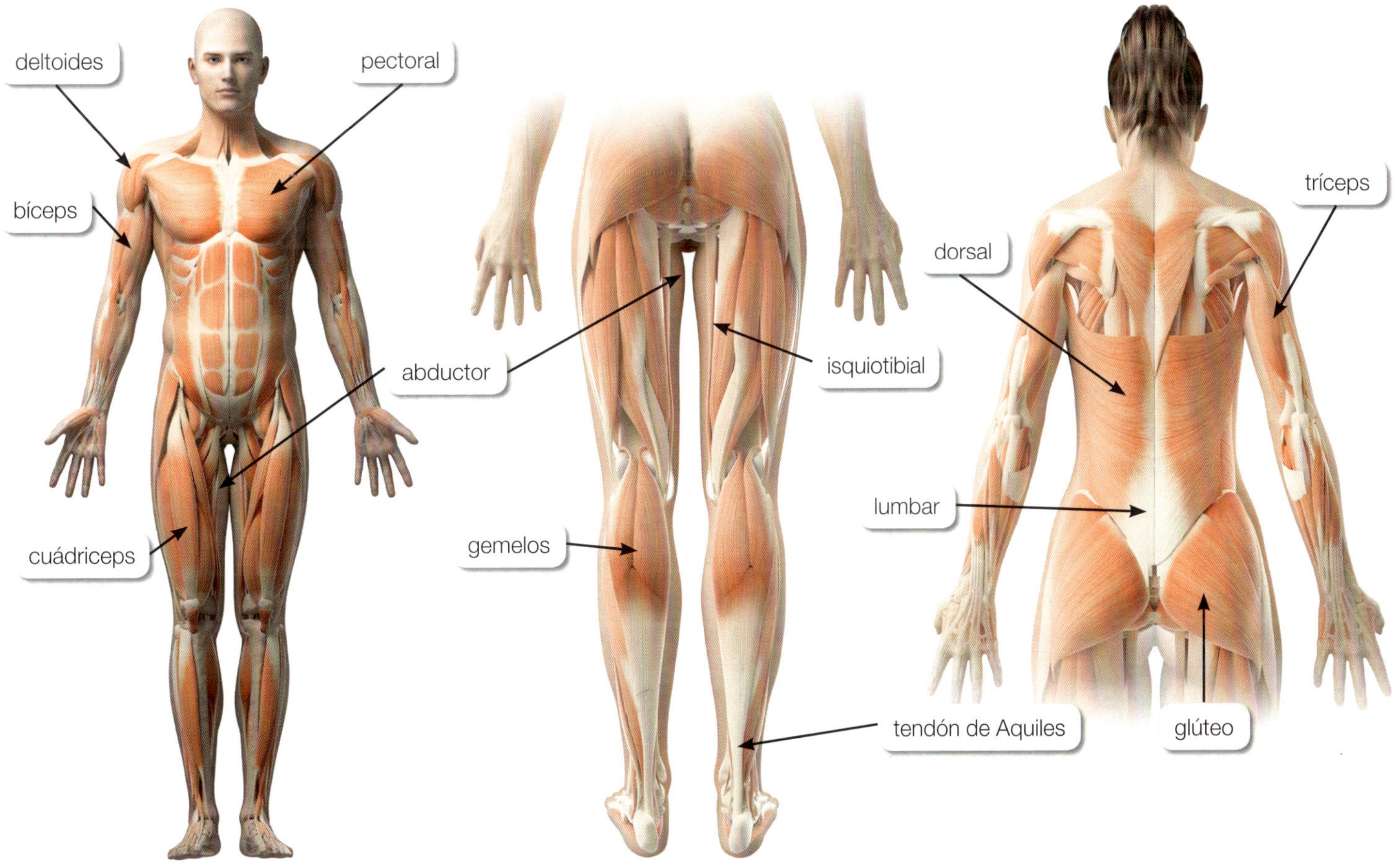

¿Qué músculos lo necesitan más?

- Los músculos posturales: son los que necesitan un trabajo de flexibilidad más intenso, ya que llevan a cabo un trabajo de contracción constante. Nos ayudan a mantener la postura, sea de pie, en una carrera o sentados en una silla. La contracción constante hace que esta musculatura tenga más tendencia a acortarse con el tiempo y, por tanto, es preciso estirarla más.
- Aunque tenemos musculatura postural delante y detrás, por el momento nos vamos a referir a dos músculos posturales principales: los isquiotibiales, los psoas, el iliaco y los lumbares/glúteos. Durante el Segundo Ciclo abordaremos el resto.
- Por otro lado, también hay que estirar los músculos que participan más en la actividad deportiva que llevemos a cabo habitualmente. Por ejemplo, un futbolista utiliza especialmente la musculatura de las piernas, en consecuencia, esta es la musculatura que debe estirar más: los isquiotibiales, los cuádriceps, los gemelos, etc.

El ser humano tiene tendencia a acortar la musculatura posterior, lo que puede llevar al mantenimiento de malas posturas, que conllevan dolor de espalda y movilidad limitada. Por esta razón, hay que estirar de una manera especial la musculatura posterior.

5. ¡Beneficios para nosotros!

El entrenamiento de la flexibilidad proporciona una serie de beneficios a nuestro cuerpo:

- Disminuye la tensión muscular y, por tanto, aumenta la amplitud de los movimientos de las articulaciones.
- Facilita la oxigenación del músculo y, por tanto, su recuperación, especialmente después de la práctica de actividad física. Por eso va bien realizar ejercicios de estiramiento después de hacer una caminata o correr.
- Actúa de una manera preventiva sobre lesiones como los tirones musculares. Un músculo fuerte y estirado resiste mejor la tensión que un músculo fuerte en contracción.
- Oxigena las fibras del músculo y, por tanto, mejora la irrigación. Es especialmente importante, sin embargo, el hecho de que también actúa sobre el tendón, que normalmente está menos irrigado. Con los estiramientos queremos, pues, actuar sobre la estructura musculotendinosa.

Es recomendable efectuar ejercicios de estiramiento después de correr o de una caminata.

¿Sabías que...?

- Cuando nos levantamos por la mañana, el cuerpo está más rígido. A medida que nos acercamos al mediodía alcanzamos la máxima movilidad y elasticidad, mientras que, a partir de ese momento, ambas disminuyen hasta llegar a la noche.
- Las mujeres son generalmente más flexibles que los hombres. Dado que tienen una musculatura más desarrollada, los hombres gozan de menos flexibilidad.
- Los contorsionistas padecen una enfermedad conocida como síndrome de Ehlers-Danlos. Se trata de un grupo de patologías hereditarias caracterizadas por la hiperelasticidad de la piel, la hiperlaxitud articular y la fragilidad de los tejidos.

La diferencia en la musculatura es la causa de la mayor elasticidad de las mujeres.

Objetivos competenciales (aportación en competencias)

- Aceptar el propio cuerpo y sus limitaciones, respetando las diferencias entre los compañeros.
- Realizar un calentamiento adecuado de acuerdo con la actividad física que se tenga que llevar a cabo.
- Conseguir autonomía suficiente en el progreso de la resistencia, fuerza, velocidad y flexibilidad, adecuado a la condición física de cada uno.
- Valorar la práctica habitual de las actividades fisicodeportivas como factor beneficioso para la salud.
- Practicar hábitos saludables e higiénicos para lograr una buena calidad de vida.
- Conocer y utilizar las mejores posturas y acciones motrices para el desarrollo de las actividades diarias.
- Hacer de una manera autónoma actividades fisicodeportivas para el equilibrio de la rutina diaria.

La fuerza

1. ¿Qué es la fuerza?
2. ¿Qué tipos de fuerza tenemos?
3. ¿Cómo podemos mejorar la fuerza?
4. Hacemos nuestra sesión de fuerza
5. ¡Beneficios para nosotros!

Ahora estás en la adolescencia (12-16 años). El entrenamiento de la fuerza tiene un papel fundamental en tu formación y lo tendrá a lo largo de tu vida.

UNIDAD 5

#MúsculoFuerte #CalidadDeVida

Cuando llevamos la mochila a la escuela, salimos en bicicleta con los amigos o esperamos de pie a que llegue el autobús, nuestros músculos están en contracción.

Cualquier acción deportiva o cotidiana, incluso mantener el peso de nuestro cuerpo, requiere una cualidad física básica: **la fuerza**.

Tener una musculatura fuerte y equilibrada aporta muchos beneficios saludables. Por el contrario, la atrofia muscular puede dar problemas posturales y funcionales, especialmente a las personas mayores, pero también a los jóvenes.

En este Primer Ciclo aprenderemos cuál es el concepto de fuerza y sus beneficios. También veremos una introducción sobre su entrenamiento. El logro de estos conocimientos nos permitirá, más adelante, elaborar un entrenamiento autónomo para mejorar esta capacidad a lo largo de nuestra vida.

¿Quién necesita la fuerza?

- Todos necesitamos la fuerza: para levantar una silla, para cargar la bolsa de la compra, para calzar la moto sobre el caballete, etc.
- Los deportistas, además, la necesitan para su actividad: chutar la pelota, efectuar una salida en una carrera de velocidad, encestar en la canasta de baloncesto, hacer un mate de voleibol, levantar un peso, etc.

La fuerza, junto con la resistencia y la flexibilidad, son los tres pilares básicos para disfrutar de salud y de una buena condición física.

En las sesiones de educación física hay unidades didácticas y/o deportes en los que la fuerza tiene una importancia especial, como es el caso de la gimnasia artística, el acrosport o los ejercicios de lucha.

Tareas como pintar una pared ponen a prueba la fuerza de nuestros brazos y nuestra capacidad de resistencia.

Disciplinas como la gimnasia artística, en este caso las anillas, requieren de un intenso trabajo de fuerza.

1. ¿Qué es la fuerza?

La fuerza es la cualidad física que permite vencer u oponernos a una resistencia mediante una acción muscular. Se vence una resistencia al transportar, lanzar, levantar, chutar, empujar algo...

¿Qué parte del cuerpo genera la fuerza?

El aparato locomotor: los músculos y las articulaciones (huesos, tendones y ligamentos).

La fuerza se genera a través de la tensión producida por la contracción del músculo. Esta contracción provoca una tracción sobre el hueso, que genera el movimiento de la articulación.

Este competidor de *strongman* debe levantar (vencer la resistencia) del coche sin más ayuda que la de su fuerza.

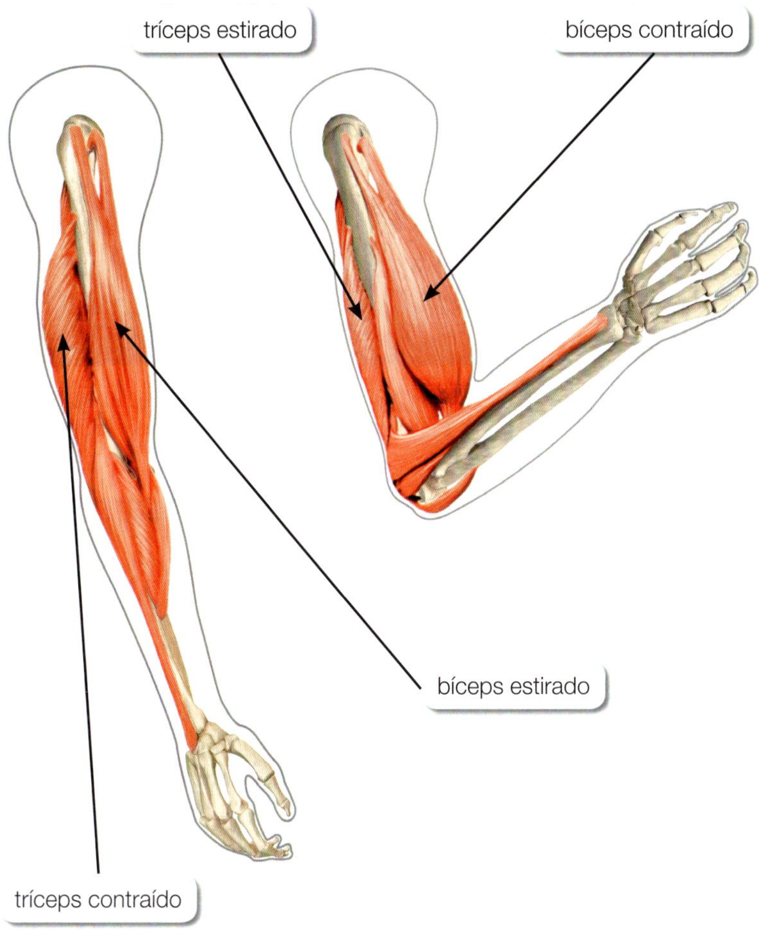

La mayoría de los músculos trabajan por parejas, uno contra el otro. En la ilustración vemos que, cuando el bíceps se contrae (se encoge), el tríceps se relaja (o se alarga) y el codo se dobla. Cuando el tríceps se contrae, el bíceps se relaja y la articulación del codo se estira.

Los músculos están ligados al hueso mediante los tendones, que son unas tiras de una proteína resistente llamada *colágeno*.

El músculo está formado por miles de células llamadas *fibras musculares*, que normalmente se encogen cuando el músculo se contrae.

Para que esta contracción se produzca, el músculo recibe órdenes del cerebro (en concreto del sistema nervioso central), que actúa como centro de control de todo el cuerpo.

Cuanto más y mejor entrenes la fuerza, mayor facilidad tendrán tus músculos para contraerse y más habituado estará el cerebro a dar las órdenes necesarias para ejecutar actividades y movimientos habituales como saltar, remar, correr, lanzar una pelota, montar en bicicleta, nadar, etc.

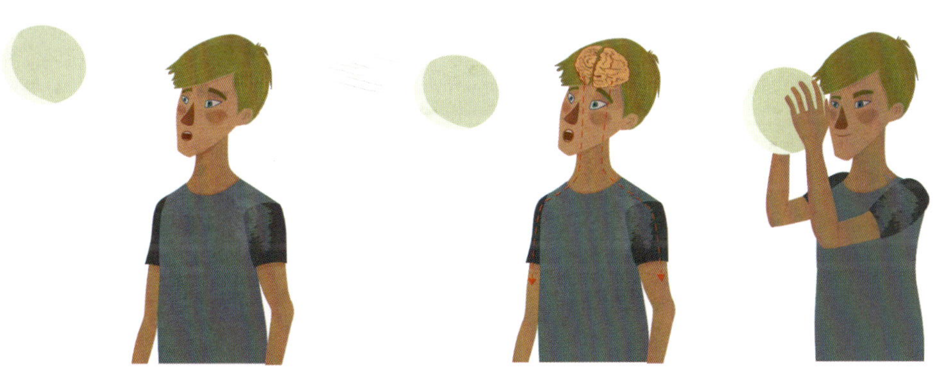

El sistema nervioso central emite una orden a los músculos de los brazos para que intercepten la pelota.

2. ¿Qué tipos de fuerza tenemos?

Cuando imaginamos una persona fuerte, posiblemente nos vienen a la cabeza los practicantes de halterofilia, los boxeadores o los culturistas, debido al desarrollo de su musculatura. Estos deportistas practican un tipo de fuerza llamada **máxima**. Sin embargo, entre los 12 y los 16 años debemos entrenar otro tipo de fuerza, la **fuerza-resistencia**. Así pues, podemos distinguir tres tipos de fuerza:

- **Fuerza máxima:** consiste en la capacidad del cuerpo de movilizar una carga máxima. Un buen ejemplo del uso de este tipo de fuerza es la halterofilia, disciplina que consiste en levantar una cantidad de peso máxima. Los deportistas de alto rendimiento o los profesionales de cualquier deporte introducen este tipo de entrenamiento en periodos determinados de su preparación.
- **Fuerza-resistencia:** es la capacidad de mantener una fuerza a un nivel constante durante el tiempo que dure una actividad o un gesto deportivo. Son ejemplos prácticas como el piragüismo, el ciclismo, nadar de manera continuada, o bien acciones concretas en un partido de baloncesto, de fútbol, de rugby, etc. En los gimnasios y en las clases dirigidas generalmente se trabaja este tipo de fuerza, con vistas a mejorar la salud y a crear una buena base muscular.
- **Fuerza explosiva:** es la que trata de superar la resistencia con la máxima velocidad de contracción muscular o en el mínimo tiempo posible. Algunos ejemplos de aplicación de este tipo de fuerza son el salto de longitud, el lanzamiento de disco, el lanzamiento de jabalina, etc.

En las competiciones de halterofilia, el atleta pone a prueba su fuerza máxima.

La natación requiere el mantenimiento constante de un nivel moderado de fuerza.

El lanzamiento de jabalina requiere una gran velocidad de contracción muscular.

3. ¿Cómo podemos mejorar la fuerza?

Hemos aprendido que durante la adolescencia se debe entrenar un tipo de fuerza muy concreta, la fuerza-resistencia. Esto implica la realización de ejercicios con una carga media o alta, pero nunca máxima:

- Ejercicios o juegos de lucha como, por ejemplo, el juego de estirar la cuerda.
- Ejercicios o juegos de transporte como, por ejemplo, llevar a un compañero entre dos haciendo la sillita con los brazos cruzados.
- Ejercicios individuales en los que se utiliza el peso del propio cuerpo como resistencia, como por ejemplo, los abdominales y las flexiones de brazos.

Las repeticiones y la duración de estos ejercicios siempre dependerán de la carga desplazada. Recomendamos 10-20 repeticiones, o bien una duración de entre 30 segundos y un minuto.

A tu edad y hasta los 18 años **tienes que entrenar la fuerza con resistencias medias o bajas**, nunca máximas. Tus huesos aún están creciendo y entrenar con cargas muy pesadas es contraproducente para tu cuerpo.

Ejemplos prácticos de juegos y ejercicios de transporte, lucha y colaboración

Transporte:

- **Transporte por parejas: la carretilla.** El ejercicio consiste en sujetar a un compañero o compañera por las piernas a la altura de las rodillas mientras apoya las manos en el suelo, como si fuera una carretilla. En esa posición hay que hacer un recorrido de unos 15 metros, después del cual se intercambian los papeles. Este ejercicio tiene la virtud de hacer trabajar a los dos miembros del equipo, el que carga y «la carretilla».
- **Transporte en grupo.** El ejercicio consiste en disponer grupos de cuatro personas que tienen que desplazar unos 15 metros a un compañero o compañera que está tendido sobre un colchón.

La carretilla.

Lucha:

- **Lucha por parejas.** Este ejercicio se realiza por parejas dispuestas espalda contra espalda. El objetivo es empujar al compañero o compañera fuera de una zona más o menos grande que delimitamos con conos.
- **Lucha en grupo.** Para hacer este ejercicio situamos grupos de cinco personas dentro del círculo central o del área de lanzamiento de tiros libres de la pista de baloncesto. El objetivo es empujar a los compañeros fuera de los límites del círculo.

Lucha por parejas.

Colaboración:

- **Flexión de piernas por parejas.** Este ejercicio se realiza en parejas dispuestas espalda contra espalda con los brazos entrelazados. En esta posición se deben flexionar las piernas hasta que las rodillas lleguen a una posición de 90°. Este ejercicio requiere fuerza y coordinación, ya que los dos participantes deben empujar a la vez uno contra el otro.

Ejemplos prácticos de ejercicios individuales

La realización de estos ejercicios se puede dividir en función de tres grandes grupos musculares, el trabajo se puede alternar en el orden que se desee.

1. **Grupo muscular de brazos o extremidades superiores.** Lo forman los bíceps **(1)** y los tríceps **(2)** de los brazos, los pectorales **(3)**, los deltoides **(4)** y los dorsales **(5)**.

   - **Flexiones de brazos.** Mediante la extensión de los brazos, levantamos del suelo el cuerpo, que debe estar dispuesto boca abajo, completamente recto, con las piernas juntas y apoyado sobre las puntas de los pies.

A la hora de realizar flexiones de brazos podemos establecer tres niveles de dificultad:
- Apoyando las rodillas en el suelo.
- Sin apoyar las rodillas en el suelo.
- Separando una mano del suelo. en el momento en que tenemos los brazos extendidos (por ejemplo, para tocarse el ombligo).

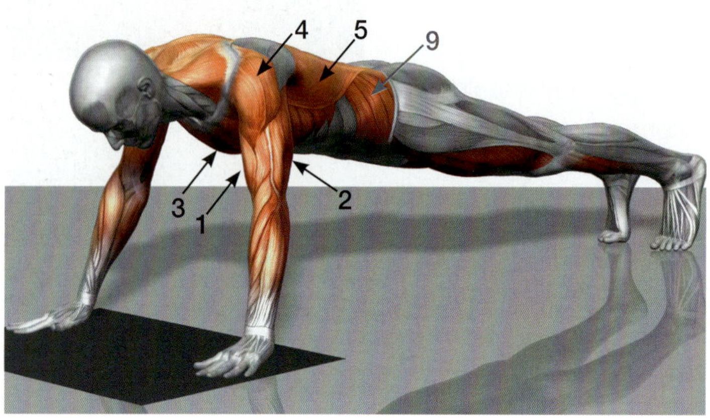

Trabajo muscular de las flexiones de brazos.

Rodillas en el suelo.

   - **Flexiones de tríceps.** Sentados en el suelo, de espaldas a un banco, ponemos las palmas de las manos sobre el banco de manera que podamos levantar el cuerpo estirando los brazos. Las piernas deben estar rectas y apoyadas en el suelo por los talones.

Sin apoyo de rodillas.

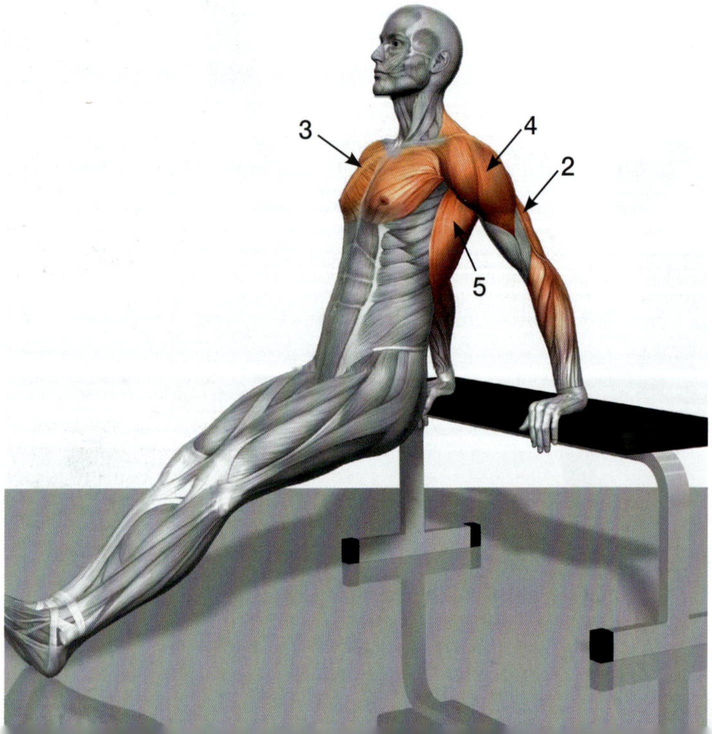

Trabajo muscular de las flexiones de tríceps.

Separando una mano del suelo.

2. **Grupo muscular de piernas o extremidades inferiores.** Lo forman los cuádriceps **(6)**, los isquiotibiales **(7)** y los gemelos **(8)**.

- **El *bridge* o puente.** Un ejercicio que consiste en tumbarse en el suelo con las piernas flexionadas, tras lo cual levantamos la pelvis hasta formar una línea diagonal desde las rodillas hasta los hombros.
- **Flexión de piernas o *squat*.** Se trata del ejercicio más habitual para entrenar este grupo muscular. Consiste en flexionar las piernas y la cadera para bajar el cuerpo sin perder la verticalidad. Los pies deben estar separados y alineados verticalmente con las caderas.
- **Zancada frontal o *lunge*.** Desde una posición erguida, con los pies separados y alineados verticalmente con la anchura de los hombros, damos un paso adelante de modo que la rodilla de la pierna trasera quede flexionada en un ángulo de 90° y casi tocando el suelo.

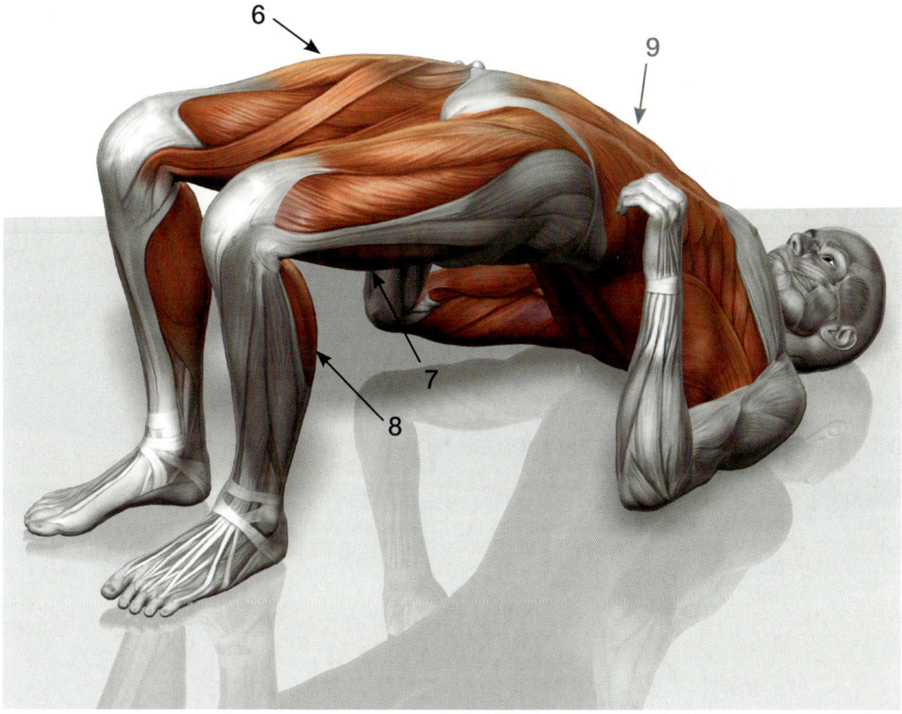

Trabajo muscular del puente.

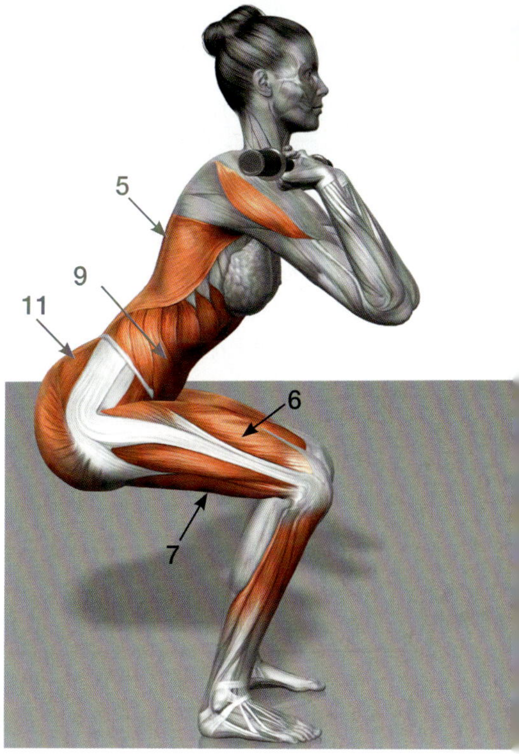

Trabajo muscular de las flexiones de piernas.

- **Salto de cuerda.** El ejercicio consiste en saltar una cuerda que hacemos pasar por debajo de nuestros pies y por encima de la cabeza. Los pies deben estar juntos.

- **Subir escaleras o un banco sueco.** El ejercicio consiste en subir y bajar una superficie elevada muchas veces (un banco sueco, una plataforma, los peldaños de las escaleras...).

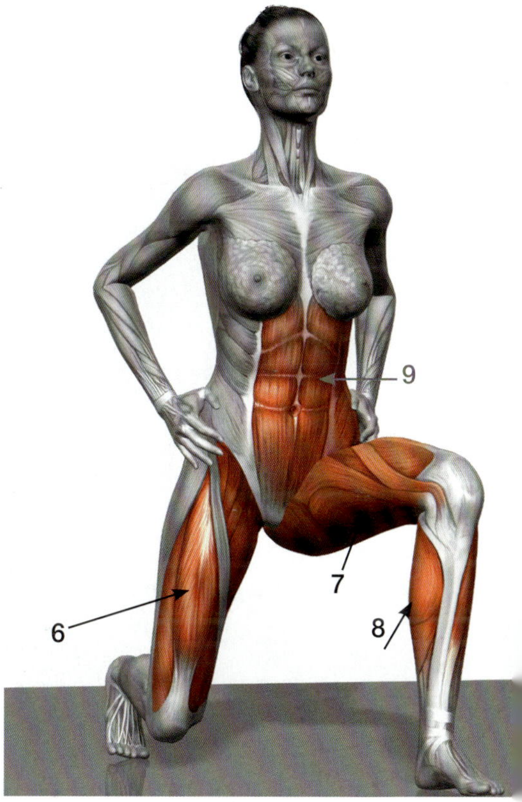

Trabajo muscular de la zancada frontal.

3. **Grupo muscular del centro o *core*.** Lo forman los músculos abdominales **(9)**, los lumbares **(10)** y los glúteos **(11)**.
   Conocemos la importancia de tener una zona abdominal bien trabajada. Dada la fuerte incidencia que tiene en la columna vertebral, debemos ejecutar los ejercicios del grupo medio correctamente. Para ello, primero debemos realizar una preactivación de los abdominales de la siguiente forma:

- **Paso 1:** tumbados en el suelo boca arriba realizamos una retracción pélvica, es decir, procuramos que la zona lumbar permanezca en contacto con el suelo. Para asegurarnos de ello podemos colocar los dedos bajo las lumbares y comprobar que estas tocan los dedos. Esta presión sobre la zona lumbar no debe variar durante el ejercicio.
- **Paso 2:** empujamos el ombligo hacia el suelo y presionamos con la zona lumbar sobre la colchoneta.

Una vez realizada esta preactivación, podemos realizar cualquier ejercicio relacionado con el trabajo de los abdominales.

- **La tabla.** Este ejercicio consiste en colocar el cuerpo recto boca abajo, apoyado con los codos y la punta de los pies, como si fuera una mesa. Podemos empezar el ejercicio con intervalos de unos 20 segundos. Si queremos aumentar el nivel de dificultad podemos extender uno de los dos brazos alternativamente.
- Tumbados en el suelo con las rodillas flexionadas y las plantas de los pies en el suelo hacemos elevaciones del tronco en series de repeticiones.
- También tendidos en el suelo, hacemos elevaciones de las piernas. Deben estar rectas y juntas.
- Tendidos en el suelo, esta vez de lado, hacemos elevaciones de piernas o tronco alternativamente o al mismo tiempo.

Glosario

***core*:** palabra de origen inglés que significa 'centro' y sirve para designar el grupo de músculos que están situados en la parte central del cuerpo y que se encargan de iniciar todas las acciones motrices.

Por eso, cuando chutamos un balón, pasamos una pelota de balonmano o efectuamos un *drive* de tenis, es importante que el centro del cuerpo sea fuerte y estable para que el movimiento de las extremidades sea firme y preciso.

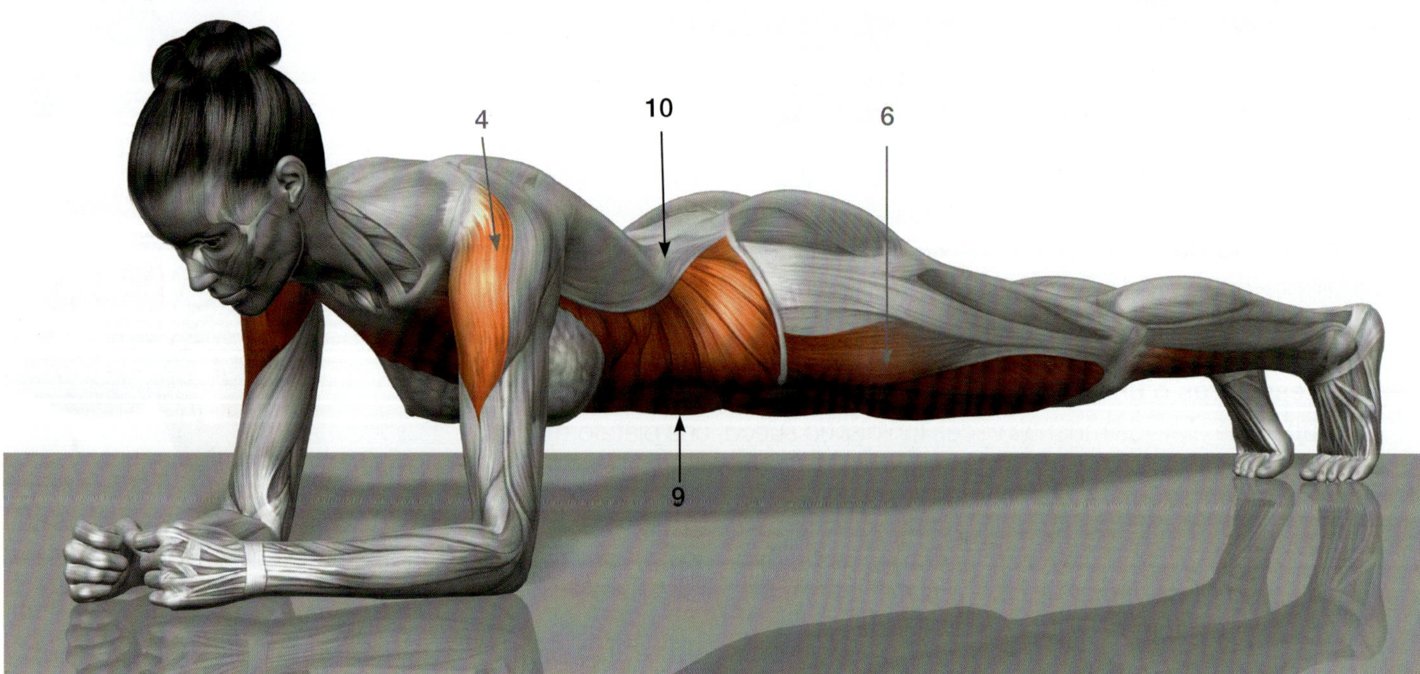

Trabajo muscular de «la tabla».

Hay ejercicios que nos permiten trabajar los tres grupos musculares a la vez, como por ejemplo el *burpee*, también conocido como «el militar».

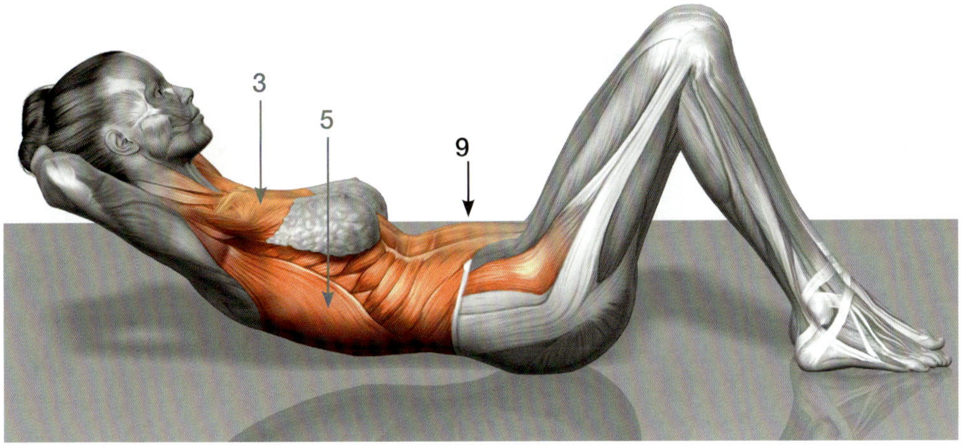

Trabajo muscular específico de abdominales.

Existen también ejercicios para el trabajo específico de **glúteos**. Para ello nos situaremos boca abajo con las rodillas y las palmas de las manos apoyados en el suelo. Alternativamente estiramos una pierna y el brazo opuesto hasta situarlos en un ángulo de 180° respecto de la espalda.

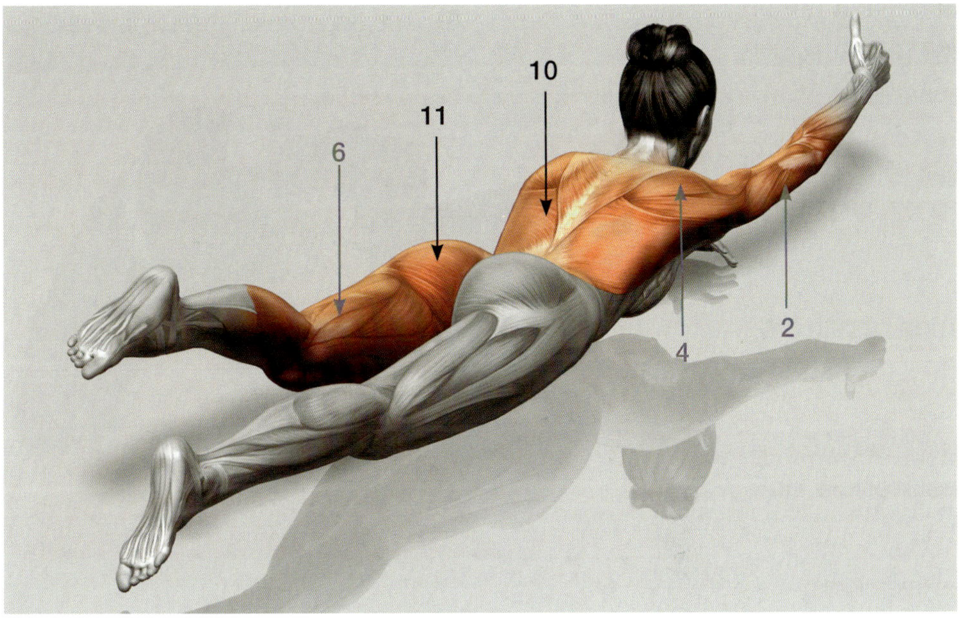

Alternativa al trabajo de glúteos: con el abdomen en contacto con el suelo alzamos un brazo y la pierna contraria alternativamente.

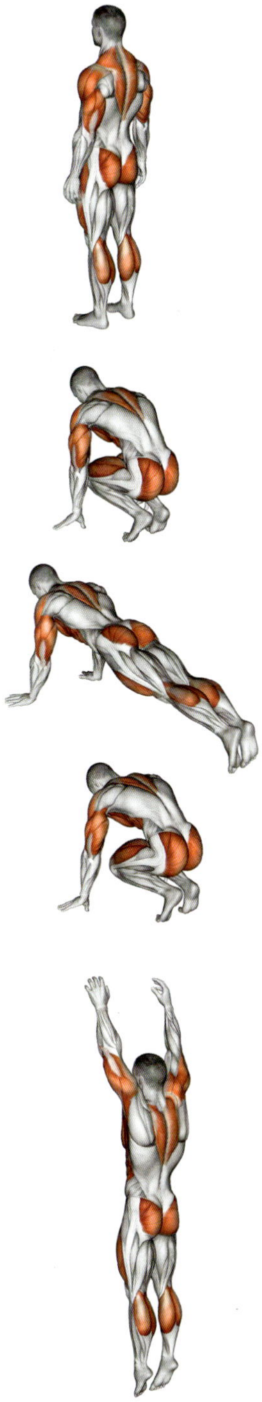

El *burpee* o militar en sus fases.

Valoramos nuestra fuerza

Un ejemplo de test para valorar la fuerza es la flexión de brazos. Se trata de hacer el mayor número de flexiones sin límite de tiempo. Deben hacerse con las manos un poco más abiertas que los hombros y las piernas rectas. Podemos rebajar el nivel de dificultad apoyando las rodillas.

La flexión de brazos es un buen test para valorar la fuerza de los brazos.

4. Hacemos nuestra sesión de fuerza

- Para realizar correctamente una sesión de fuerza, esta no debe durar más de 30 minutos.
- Debe trabajar los tres grandes grupos musculares de forma alterna para entrenar todo el cuerpo y hacer un trabajo equilibrado. La combinación es mejor si se intercala algún ejercicio de resistencia o de carrera.
- Durante la sesión se harán de 10 a 20 repeticiones. El estado inicial de nuestra condición física marcará la progresión del número de repeticiones.

Los circuitos por estaciones

Los circuitos por estaciones son una buena manera de trabajar la fuerza en casa o en clase. Cada estación de trabajo equivale a un ejercicio de los que hemos visto. La duración de cada estación está determinada por un número concreto de repeticiones, por ejemplo 15, o bien por un límite temporal, por ejemplo 30 segundos.

Llamamos *serie* a la realización de todas las estaciones. Si programamos un circuito de 5 a 8 estaciones, se pueden efectuar un total de 3 series.

En casa es recomendable la realización de circuitos de 4 o 5 estaciones.

Es importante hacer ejercicios de estiramiento al final de la sesión.

Ejemplo de circuito de fuerza y resistencia de 8 estaciones:

- **Carga total:** tres series de 8 estaciones (ejercicios).
- **Carga por estación:** 30 segundos.
- **Descanso:** 3 minutos entre cada serie (entre estaciones no hay descanso).

1
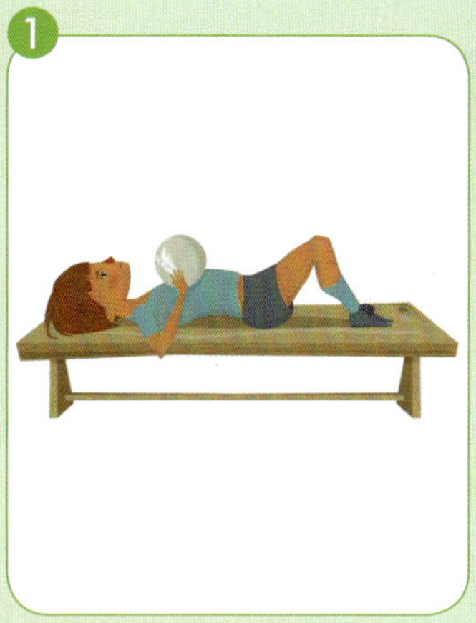
Tumbados en el banco sueco, de espaldas con las piernas dobladas, elevamos una pelota medicinal.

2

Con una pierna sobre el banco, subimos tan alto como nos sea posible. Alternamos las dos piernas.

3

Tumbados de espaldas en el suelo, con las piernas levantadas y las rodillas dobladas, tocamos con el codo la rodilla opuesta.

4

Flexiones de tríceps con las manos en el banco, los pies en el suelo y las piernas rectas.

5

Con las puntas de los pies sobre el banco, subimos y bajamos el cuerpo estirando los tobillos.

6

Flexiones de brazos sobre el banco.

7

Subimos las piernas y llevamos las rodillas al pecho, agarrados a la espaldera.

8

Lanzamientos de pelota medicinal contra la pared, por encima de la cabeza.

5. ¡Beneficios para nosotros!

Los beneficios del entrenamiento de la fuerza para nuestro cuerpo son:

- **Aumento del tamaño del músculo y los tendones e incremento de la fortaleza de los ligamentos.** Todas estas mejoras contribuyen a prevenir lesiones y ayudan a evitar que las articulaciones se sobrecarguen.

  Imaginemos la recepción en el suelo después de un salto. El peso de todo el cuerpo recae principalmente sobre las rodillas y los tobillos. Una buena musculatura en las piernas hace que las articulaciones no sufran.

Los saltos requieren de una musculatura desarrollada en sus dos fases, la elevación y la recepción.

- **Mejora de la postura del cuerpo.** Hay zonas del cuerpo en las que la musculatura está poco desarrollada (a menudo los abdominales), mientras que en otras la musculatura es demasiado fuerte y no se relaja (por ejemplo, los trapecios). El paso del tiempo y los malos hábitos pueden hacer que la musculatura se desarrolle de una manera desigual y poco equilibrada. Si fortalecemos la musculatura de forma general, mejorará nuestra postura corporal.
- **Circulación más fluida de la sangre.** El entrenamiento regular de la fuerza produce un incremento de los vasos sanguíneos que irrigan el músculo y hace que llegue más oxígeno y más nutrientes.
- **Prevención de lesiones.** Un músculo fuerte ayuda a evitar que las articulaciones se sobrecarguen. La mayoría de los esguinces de tobillo se podrían evitar si la musculatura, los ligamentos y los tendones implicados en el movimiento estuvieran más fuertes.

La fortaleza muscular puede ayudarnos a mantener una buena postura y que no se sobrecarguen determinados músculos como los trapecios.

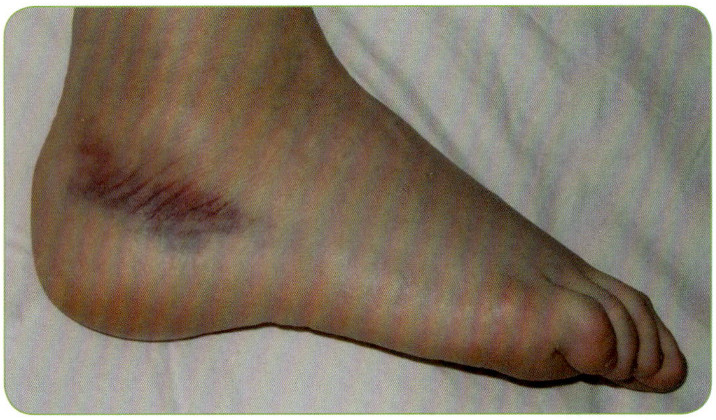

Un esguince, en este caso de tobillo, es una lesión de los ligamentos por distensión, estiramiento excesivo, torsión o rasgadura.

A partir de los 30 años e incluso antes, si no se mantiene la musculatura activa, se puede perder entre 1 y 2 kg de tejido muscular cada 10 años. Por lo tanto, a los 70 años se habrá perdido una tercera parte de la musculatura que se tenía a los 30.

- **Rehabilitación de lesiones.** Tras la inmovilización de una articulación lesionada la musculatura se atrofia. Para volver a una funcionalidad plena, hay que recuperar la fuerza de la musculatura afectada.

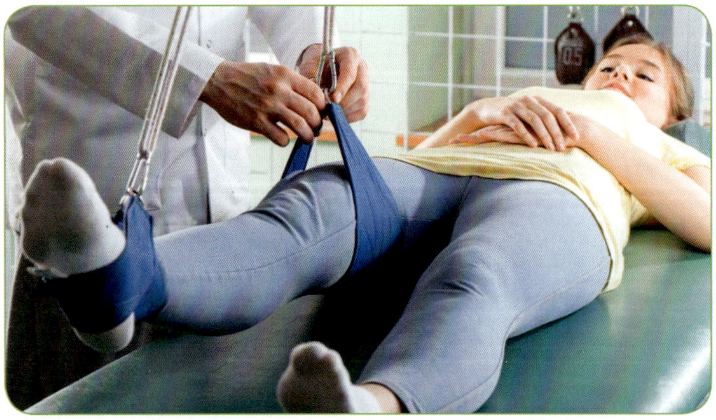

Sesión de rehabilitación en un hospital. Los accidentados tardan un tiempo en recuperar la plena movilidad y la masa muscular.

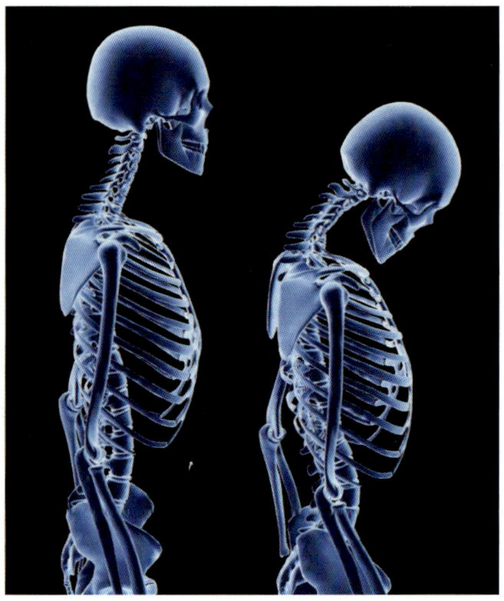

A la izquierda, columna vertebral de una persona joven. A la derecha, columna de una persona mayor afectada por una osteoporosis severa.

- **Prevención de la osteoporosis** (desgaste de los huesos cuando nos hacemos mayores). Las tensiones que el músculo provoca sobre el hueso durante el entrenamiento de la fuerza y de muchas otras actividades físicas ayudan a aumentar la masa ósea (densidad ósea).

¿Sabías que...?

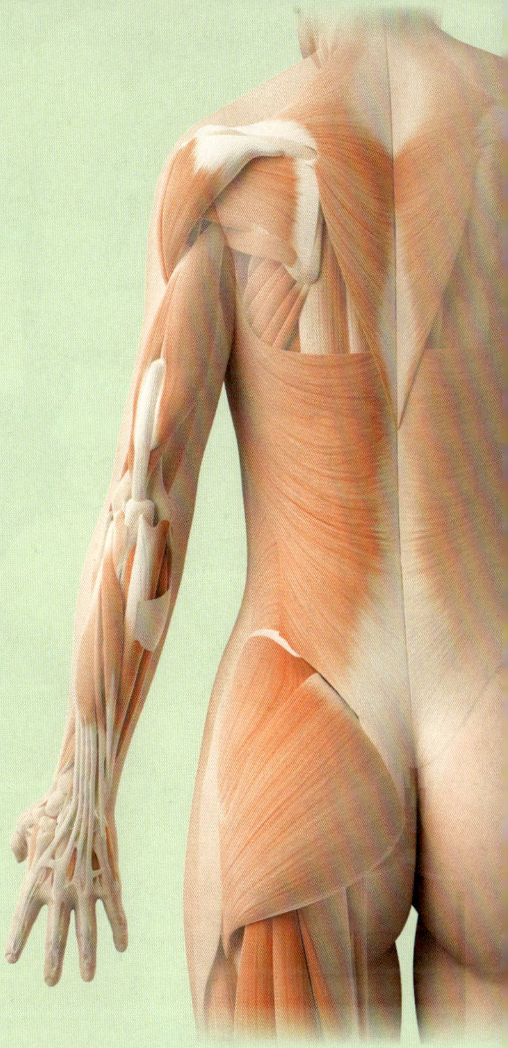

- A partir de la pubertad los chicos ganan fuerza con mucha más facilidad que las chicas, porque segregan más cantidad de una hormona llamada *testosterona*. La hormona que segrega la mujer es el *estrógeno*.
- Tenemos aproximadamente 650 músculos, de los cuales más de 50 están en la cara. Se utilizan 17 para sonreír, pero más de 40 para fruncir el ceño. Los músculos representan casi el 40 % del peso total del cuerpo en los hombres y algo menos en las mujeres. En conjunto pesan mucho más que los huesos.
- El músculo más grande es el glúteo mayor y el más pequeño es el músculo estapedio (o músculo del estribo), que está en el oído y tiene un tamaño de 0,27 mm. Su función es evitar lesiones en el oído medio e interno.
- Hay dos músculos en el cuerpo que no descansan nunca: el músculo cardiaco, que se contrae 60 o 70 veces por minuto, y el músculo liso del intestino, que no cesa de moverse.
- La mayoría de las rampas que nos sobrevienen son el resultado del sobreesfuerzo de un músculo o del mantenimiento prolongado de una misma posición. Para rebajar el dolor debemos estirar el músculo afectado para que vuelva a su estado original.
- Los tirones musculares se producen cuando se fuerza demasiado un músculo hasta romper algunas de las fibras musculares. Algunas de estas microrroturas se pueden confundir con el dolor provocado por las agujetas.

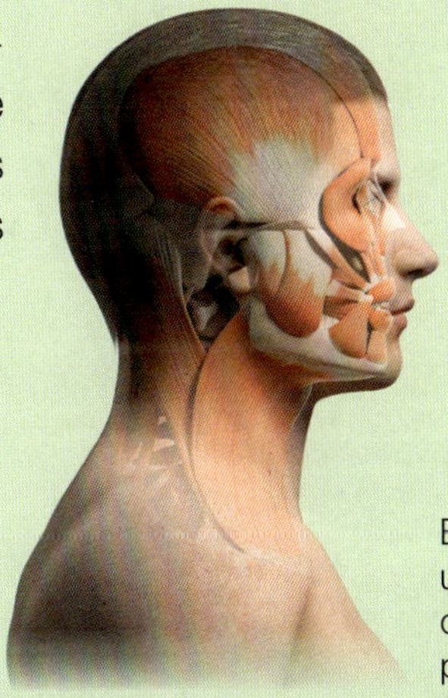

El cuerpo humano está compuesto por unos 650 músculos el más grande de los cuales es el glúteo mayor y el más pequeño, el estapedio. De todos ellos, 50 están localizados en la cara.

Objetivos competenciales (aportación en competencias)

- Aceptar el propio cuerpo y sus limitaciones, respetando las diferencias entre los compañeros.
- Hacer un calentamiento adecuado de acuerdo con la actividad física que se tenga que llevar a cabo.
- Conseguir autonomía suficiente en el progreso de la resistencia, fuerza, velocidad y flexibilidad, adecuado a la condición física de cada uno.
- Valorar la práctica habitual de las actividades físicas como factor beneficioso para la salud.
- Practicar hábitos saludables e higiénicos para lograr una buena calidad de vida.
- Conocer y utilizar las mejores posturas y acciones motrices para el desarrollo de las actividades diarias.
- Hacer de una manera autónoma actividades físicas para el equilibrio de la rutina diaria.

La velocidad

1. ¿Qué es la velocidad?
2. ¿Qué tipos de velocidad tenemos?
3. ¿Cómo podemos mejorar la velocidad?
4. Hacemos nuestra sesión de velocidad

Cuando ejecutas una técnica deportiva con velocidad, significa que la dominas y que alcanzas un objetivo de efectividad.

6 UNIDAD

#CorreyVuela

En nuestra actividad diaria se pueden dar situaciones en las que hay poco tiempo para actuar y debemos movernos con rapidez: correr para no perder un autobús, cruzar un paso de peatones antes de que cambie el semáforo, atrapar un objeto para evitar que caiga al suelo...

Como vemos, la velocidad está presente en muchos momentos de la vida cotidiana. Del mismo modo, es imprescindible para la práctica del deporte: chutar, lanzar, correr o regatear más rápidamente nos garantiza un mejor rendimiento.

No siempre se tiene la misma velocidad, sino que evoluciona de forma paralela a la fuerza: mejora sensiblemente a partir de los 7-8 años hasta los 12-13 años; a partir de esa edad, se sigue desarrollando hasta que llega al máximo nivel entre los 18-23 años, momento en que se estabiliza y comienza a disminuir debido a la pérdida progresiva de coordinación y, más adelante, de fuerza.

¿Quién necesita la velocidad?

- Todos necesitamos la velocidad en la vida cotidiana: para correr o para reaccionar a cualquier señal inesperada.
- Los deportistas, además, la necesitan para su actividad: para interceptar un pase de pelota, para ganar una carrera, para hacer un mate en el bádminton o para manejar el florete en la esgrima.

En las sesiones de educación física, sobre todo en las unidades didácticas relacionadas con el deporte, la velocidad tiene una importancia muy especial: atletismo, bádminton, voleibol... Hay muchas acciones técnicas como las fintas (engaños) o la interceptación de la pelota, en las que la velocidad de la acción tiene una gran importancia.

Todos necesitamos la velocidad ocasionalmente en nuestras actividades cotidianas.

Salida de la prueba de los 100 metros lisos. En deportes como el atletismo, la velocidad es fundamental.

1. ¿Qué es la velocidad?

La velocidad es la cualidad física que nos permite hacer un gesto, un movimiento o un desplazamiento en el menor tiempo posible...

En la unidad dedicada a la fuerza vimos que los músculos trabajan por parejas. Cuando uno se contrae, su pareja se relaja; de esta coordinación entre músculos depende la velocidad.

¿Qué parte del cuerpo genera la velocidad?

El sistema neuromuscular es el responsable de la rapidez de la contracción muscular. Los músculos son accionados por nervios motores que regulan la contracción y por nervios sensitivos que informan al cerebro de su estado y de su intensidad.

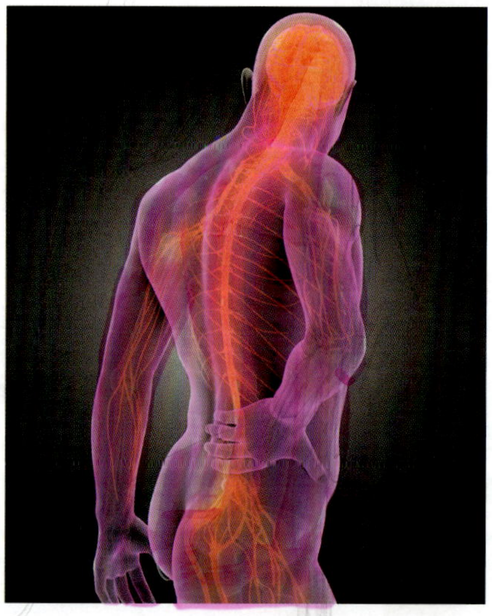

A través del sistema nervioso el cerebro envía órdenes a los músculos y a su vez es informado de su estado.

¿Cuáles son los factores que determinan la velocidad?

1. **Factor muscular.** Todos nacemos con un tipo de musculatura heredada que no se puede cambiar; hay individuos que tienen los músculos más rápidos y hay otros que los tienen más lentos. La causa de esta diferencia es el porcentaje de fibras rápidas y lentas que forman el músculo.

La rapidez de la respuesta muscular depende en gran medida de la intensidad de la orden emitida por el cerebro, como es el caso de la reacción instintiva a una amenaza o un peligro.

Sin embargo, hay otros factores que sí pueden modificar la velocidad a nivel muscular, como la tensión, la capacidad de estiramiento y la masa. Así pues, la mejora de la fuerza propicia una mejora de la velocidad.

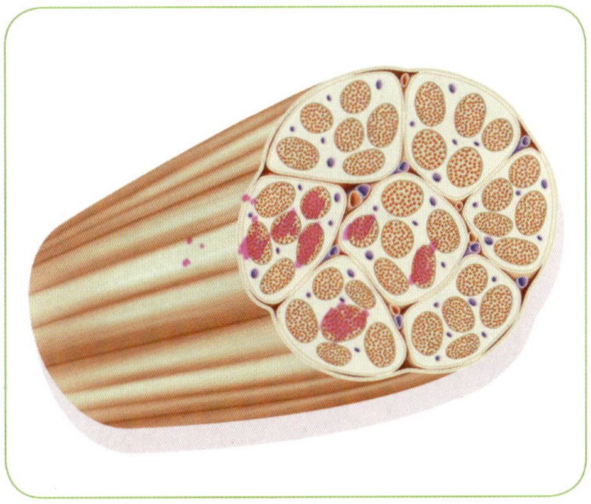

Fibras lentas > fibras rápidas
Músculo lento

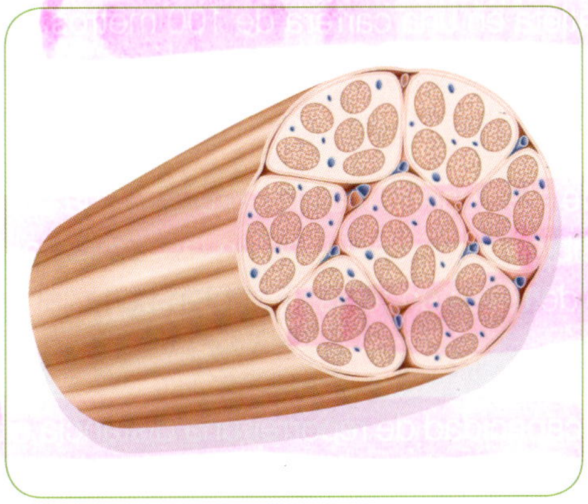

Fibras rápidas > fibras lentas
Músculo rápido

2. **Factor nervioso.** El cerebro es el que envía la orden al músculo para que se contraiga rápidamente. Esta orden, transmitida por el sistema nervioso, puede ser más o menos intensa, de lo que dependerá la rapidez de la acción muscular final. Como hemos visto en la unidad dedicada a la fuerza (unidad 5), los músculos trabajan por parejas: cuando uno se contrae, el contrario se relaja. Si lo hacen de manera coordinada, la acción resultante es más rápida.

Cuanta más intensidad de estímulo, más velocidad de contracción.

3. **Factores físicos.** Son los que afectan a la condición física general. Por ejemplo, el exceso de peso es perjudicial para la velocidad. El sobrepeso tiene el mismo efecto en la velocidad que ir cargados con elementos como una mochila.

La condición física general afecta en gran medida a la velocidad.

2. ¿Qué tipos de velocidad tenemos?

Cuando imaginamos una persona veloz, probablemente nos vienen a la cabeza los corredores de atletismo de los 100 metros lisos. Estos deportistas ponen en práctica el tipo de velocidad más visible, la **velocidad de desplazamiento**, pero hay otros tipos de velocidad que intervienen en las acciones muy rápidas.

- **Velocidad de reacción.** Es la capacidad de responder a un estímulo determinado en el menor tiempo posible. Desde el instante en que el sistema nervioso lanza la orden de movimiento hasta que esa orden llega a las fibras musculares y hace que se contraigan, hay un intervalo de tiempo. La duración de este intervalo determina la velocidad de reacción.
  Podemos poner como ejemplos de este tipo de velocidad la acción de parar un portero la pelota o la salida de un atleta en una carrera de 100 metros. Este tipo de velocidad está caracterizada por aspectos hereditarios y es poco mejorable con el entrenamiento.
- **Velocidad gestual.** Es la capacidad de efectuar un movimiento con una parte del cuerpo en el menor tiempo posible, por ejemplo, en un lanzamiento a portería en balonmano o en un golpe de revés en tenis. También se la llama *velocidad segmentaria*.
- **Velocidad de desplazamiento.** Es la capacidad de recorrer una distancia en el menor tiempo posible, como por ejemplo la prueba de 100 metros braza de natación. En este tipo de velocidad hay un desplazamiento de todo el cuerpo gracias a la realización de movimientos cíclicos o de repetición continua, como el braceo en el agua o la zancada en una carrera.

La velocidad de reacción es clave para el tiro al plato, donde el estímulo es el lanzamiento del plato y la reacción el disparo.

Un jugador de balonmano desarrolla una gran velocidad gestual en sus lanzamientos.

3. ¿Cómo podemos mejorar la velocidad?

Velocidad de reacción:

Para mejorar la velocidad de reacción, podemos utilizar cualquier ejercicio que consista en echar a correr al oír una señal acústica, visual o táctil.

El trabajo de fuerza de piernas nos sirve para entrenar la velocidad.

Un atleta en pleno uso de su velocidad de desplazamiento.

Puedes mejorar la velocidad trabajando la fuerza, pero hay un factor genético que no podemos modificar.

Velocidad de desplazamiento:

Para mejorar la velocidad de desplazamiento, podemos llevar a cabo ejercicios que fortalezcan los músculos de las piernas, como la comba, hacer series de subir escaleras o correr en pendiente.

Velocidad gestual:

Para mejorar la velocidad gestual, podemos hacer repeticiones de cualquier gesto técnico a la máxima velocidad o con carga/oposición.

La repetición de un gesto técnico, como el tiro a canasta, permite mejorar la velocidad de realización de dicho gesto.

Fortalecer los músculos de la pierna saltando a la comba o con series de carrera en pendiente permiten mejorar la velocidad de desplazamiento.

Velocidad general:

También podemos desarrollar la velocidad por medio de juegos como el 1, 2, 3. En este juego, los participantes se ponen de pie uno al lado del otro, y el profesor o entrenador dice una cifra del 1 al 3. Si oyen el 1, se quedan en pie; si oyen el 2, se sientan, y con el 3, se tumban en el suelo. El último en efectuar la acción y/o el que se equivoca son eliminados.

Los juegos de velocidad, como el 1, 2, 3 u otros similares, nos permiten mejorar la velocidad gestual y de reacción. Si le añadimos alguna variante de carrera, también estaremos trabajando la velocidad de desplazamiento.

Valoramos nuestra velocidad

Para valorar nuestro nivel de condición física en lo que respecta a la velocidad, podemos llevar a cabo una sencilla prueba de **velocidad de desplazamiento**, un test de carrera de 50 metros que consiste, simplemente, en recorrer esta distancia en el menor tiempo posible.

La carrera de los 50 metros es un buen test para medir el progreso de nuestra velocidad.

4. Hacemos nuestra sesión de velocidad

Podemos planificar nuestra sesión de velocidad en función de la realización de series de carrera. En este caso, hay que tener en cuenta que la distancia recorrida no puede ser nunca superior a 250 metros. Por ejemplo, podemos planificar 5 series de 20 metros para empezar y llegar a un máximo de cinco series de 50 metros. A la hora de planificar la sesión deberemos tener en cuenta los siguientes puntos:

- La intensidad de la carrera debe ser máxima, al 100 % de nuestras posibilidades.
- La duración de la sesión no puede superar 15 minutos. Si superáramos este límite, estaríamos haciendo una sesión de resistencia.
- El trabajo de la velocidad no tiene que ser continuo. De esta manera evitaremos la aparición de la fatiga.
- Debemos planificar las sesiones para trabajar los tres tipos de velocidad, es decir, de desplazamiento, gestual y de reacción. Para ello intercalaremos ejercicios de trabajo específico de velocidad gestual y de reacción con las pruebas de carrera.
- En este tipo de entrenamiento es fundamental la búsqueda de la motivación. La motivación es clave para la mejora del rendimiento.

El voleibol es un buen deporte para entrenar los tres tipos de velocidad.

Esquema de una sesión de velocidad.

¿Sabías que...?

- Los músculos más rápidos son los músculos elevadores de los párpados: pueden abrirlos y cerrarlos 5 veces por segundo.
- El estornudo humano se produce a una velocidad de 160 km/h.
- El récord mundial de velocidad de una carrera de 100 metros lisos está en posesión de Usain Bolt, que recorrió esa distancia en 9,58 segundos. Hay estudios que sitúan el límite humano en 9,48 segundos, aproximadamente.
- El récord de velocidad en natación (estilo libre en piscina de 50 m) de 50 y 100 metros está en manos de un brasileño, César Cielo, que recorrió estas distancias en 20,91 y 46,91 segundos, respectivamente.
- Las señales nerviosas pueden viajar por las fibras nerviosas a 322 km/h.

Los músculos más rápidos del cuerpo humano son los de los párpados, que tienen el objetivo de humedecer y proteger los ojos (del exceso de luz y de los cuerpos extraños).

Los récords mundiales de las principales pruebas de velocidad, los 100 y los 200 m lisos, están en posesión de Usain Bolt.

Objetivos competenciales (aportación en competencias)

- Aceptar el propio cuerpo y sus limitaciones, respetando las diferencias entre los compañeros.
- Hacer un calentamiento adecuado de acuerdo con la actividad física que se tenga que llevar a cabo.
- Conseguir autonomía suficiente en el progreso de la resistencia, fuerza, velocidad y flexibilidad, adecuado a la condición física de cada uno.

Hábitos saludables e higiénicos

1. ¿Qué es un hábito saludable?
2. El hábito alimentario
3. El hábito de consumo de agua: la hidratación
4. El hábito del ejercicio físico
5. El hábito de dormir bien
6. El hábito de la higiene
7. Tiempo de ocio y para relacionarnos

Los hábitos saludables son esenciales para mantenernos sanos y en forma: hacen que tengamos una vida mejor.

UNIDAD 7

#HealthyHabits #SomosLoQueComemos

Cuando hablamos de hábitos nos referimos a ciertas conductas que podemos modificar para mantener una buena salud y una buena calidad de vida.

- Dormir correctamente y las horas necesarias: mientras descansamos se producen la mayor parte de los procesos de crecimiento, mantenimiento y reparación del cuerpo.

- Mantener una dieta equilibrada: debemos saber en qué consiste, qué alimentos son beneficiosos y cuáles deben evitarse.

En esta unidad trataremos los hábitos que podemos incorporar o evitar en nuestro día a día para tener una vida más saludable: la alimentación, el descanso, el agua y la hidratación, el tabaco y el alcohol, la práctica de ejercicio físico y la higiene, etc.

¿Quién necesita hábitos saludables?

Todos nosotros necesitamos desarrollar hábitos saludables para disfrutar de una mayor calidad de vida. Desde 1958 se lleva a cabo en Estados Unidos un estudio sobre el envejecimiento, llamado Estudio Longitudinal de Baltimore. Este trabajo ha demostrado que las características del envejecimiento están determinadas en un 30 % por la genética (calidad celular), y un 70 % están relacionadas con el estilo de vida y la farmacología.

La esperanza de vida ha ido aumentando y la población occidental está más concienciada de la necesidad de introducir hábitos saludables para poder disfrutar de un cuerpo y una mente de buena calidad el mayor tiempo posible.

Un 70 % de las características de nuestro envejecimiento dependerá de nuestros hábitos de vida.

La población occidental está concienciada de la necesidad de mantener hábitos saludables.

1. ¿Qué es un hábito saludable?

Es una costumbre que incorporamos a nuestro comportamiento habitual, que perdura en el tiempo y que nos permite hacer una vida saludable.

Para tener unos buenos hábitos hay que reconocerlos, nombrarlos y saber cuáles son. Si conseguimos convertirlos en una parte de nuestro estilo de vida, nos sentiremos mejor y con más energía.

La etapa más importante para estimular los hábitos saludables es de los 6 a los 16 años. Durante este periodo debemos tener en cuenta dos factores fundamentales:

- Mantener una dieta saludable como factor primordial.
- Practicar ejercicio físico regularmente.

La etapa entre los 6 y los 16 años es fundamental para la introducción de hábitos saludables.

2. El hábito alimentario

El alimento es nuestra energía. La etapa de la adolescencia se caracteriza por grandes cambios físicos y emocionales. Es la edad de crecimientos rápidos, y una buena dieta nos permite crecer con plenitud, prevenir enfermedades y mantener un rendimiento intelectual y deportivo óptimo.

Entre los 12 y los 16 años surgen cambios de humor y emocionales derivados del proceso de crecimiento. En determinados periodos podemos tener mucha hambre y en otros menos, pero siempre es importante que nuestra alimentación sea sana.

Nuestra sociedad nos presenta una oferta alimentaria muy amplia. Comer bien es fácil, solo hay que saber qué tipos de alimentos son convenientes y qué proporción es la recomendable.

En los mercados y supermercados hallamos una amplia oferta alimentaria que nos facilita el mantenimiento de una dieta equilibrada.

¿Cómo debe ser la dieta?

Nuestra dieta debe ser variada y debe incluir los nutrientes fundamentales que puedes ver en la tabla de la página siguiente: proteínas, hidratos de carbono, grasas, vitaminas y minerales, agua y fibra.

- **La fruta y la verdura.** Son fundamentales cada día. Por ejemplo, los **zumos de fruta**, ricos en vitamina C, contribuyen a evitar que bajen las defensas en un momento de cambio como la adolescencia.
- **Los lácteos.** La ingesta diaria de productos lácteos potencia el crecimiento y aporta el calcio necesario para nuestro organismo.
- **El pescado y el marisco.** Es especialmente recomendable el **pescado azul** (atún, sardina, salmón, caballa), porque aporta altas concentraciones de vitaminas A y D, muy necesarias en la época de crecimiento. Los **calamares**, la **sepia** y los **mejillones** también son productos muy aconsejables.
- **Las proteínas.** Son vitales para conseguir una buena base muscular y también para un buen funcionamiento del cerebro. Si no consumimos suficientes proteínas, falla la capacidad intelectual. En consecuencia, no debemos olvidar **desayunar correctamente** para tener un buen rendimiento en clase.
- **Las grasas.** Son necesarias para cumplir funciones muy importantes, pero hay que moderar su consumo. Se debe controlar la ingesta de comida rápida y prefabricada, pastas industriales o embutidos.
- **Los hidratos de carbono.** Son el combustible de nuestro cuerpo. Como son de absorción lenta, es ideal consumirlos antes de la práctica deportiva. Por la misma razón, no es aconsejable ingerirlos a la hora de la cena, ya que, mientras dormimos, cuesta más quemarlos. Los hidratos deberían formar el 50 % de nuestra dieta.

Una dieta equilibrada debe adaptarse a las necesidades de nuestro cuerpo. Por ejemplo, en edad de crecimiento el calcio o las vitaminas son especialmente importantes.

Nutrientes fundamentales		Localización	
Macronutrientes	Hidratos de carbono		Pasta, cereales, arroz, pan y verduras.
	Proteínas		Carne, pescado, huevos, quesos.
	Grasas		Quesos, mantequilla, aceite, frutos secos.
Micronutrientes	Vitaminas		Frutas.
	Minerales		Hortalizas, legumbres y vegetales.
Agua	No está dentro de ninguno de los anteriores grupos de nutrientes, pero es fundamental para la vida.		
Fibra		Salvado de trigo, pan integral, patatas, col, zanahoria, manzana, lechuga, apio, naranja.	

Proporción saludable de cada tipo de alimento

Comer de todo, sin embargo, no es suficiente, también hay que **repartir la ingesta calórica** entre los diferentes tipos de nutrientes tal y como se muestra en el diagrama de sectores. No hay que olvidar la ingesta de verduras, hortalizas y frutas, ya que aportan vitaminas y minerales imprescindibles.

Según la frecuencia de consumo recomendado, podemos hacer una composición en forma de pirámide, la «pirámide de los alimentos», que nos puede ayudar a organizar nuestra dieta diaria.

Ingesta calórica

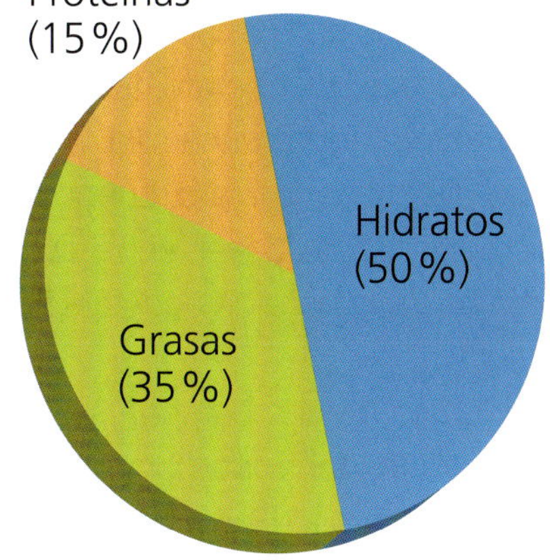

En España, una de cada 5 personas adultas padece obesidad. En la mayoría de los casos, la causa de este problema deriva de la falta de actividad física.

3. El hábito del consumo de agua: la hidratación

El agua es imprescindible: dos terceras partes del cuerpo humano están formadas de agua.

Un adulto pierde entre 1,5 y 2 litros de agua al día. La mitad se va a través de la orina y el resto se evapora con la respiración y el sudor. Por ello, necesitamos ingerir entre 1,5 y 2 litros de agua al día, que nos llegan a través de las bebidas y los alimentos. Por ejemplo, el pan está compuesto por un 40 % de agua.

La práctica de la actividad física hace que sudemos más y, por tanto, que perdamos más agua. Es recomendable llevar siempre una botella de agua cuando asistimos a una clase de educación física o cuando practicamos alguna actividad física, especialmente si es de larga duración, como por ejemplo una excursión por la montaña o un paseo en bicicleta. Cuando hace calor el cuerpo también necesita un aporte mayor de agua.

El calor o el ejercicio físico, especialmente si es prolongado, provoca una pérdida extraordinaria de agua que debe ser corregida con la ingesta de líquido.

4. El hábito del ejercicio físico

Imaginemos una jornada diaria de un chico o una chica de 17 años que estudia segundo de Bachillerato. La mañana la dedica íntegramente al estudio, básicamente sentado en una silla. Al mediodía, come en casa y se sienta en el sofá para descansar un rato. Luego hace deberes y dos días a la semana va a clase de inglés. Al atardecer, cena y chatea un poco, y estudia o ve una película en el sofá hasta la hora de acostarse.

Hablamos de una persona **sedentaria** que no dedica tiempo a hacer ejercicio físico. Esta inactividad origina una pérdida de masa muscular e incrementa la falta de energía. Se va perdiendo la condición física, cada vez se está menos ágil y más rígido, incluso para realizar las actividades cotidianas. Una persona que hace actividad física está más activa y más dinámica.

Practicar actividad física mejora y fortalece el sistema osteomuscular, mejora la capacidad cardiorrespiratoria y contribuye a la mejora de la calidad de vida.

Practicar ejercicio físico con exceso (de una manera extrema y continuada) puede provocar los efectos contrarios. La búsqueda del alto rendimiento en la práctica profesional del deporte puede generar desgaste en el cuerpo humano en general, y a nivel muscular y articular en particular.

La OMS (Organización Mundial de la Salud) recomienda la práctica de actividad física al menos 30 minutos 3 días a la semana.

El estilo de vida sedentario repercute negativamente en nuestra condición física.

5. El hábito de dormir bien

El sueño es el mejor recuperador. Después de una actividad agotadora, el cuerpo necesita reposo. Por medio del sueño nos recuperamos de la actividad diaria, se cumple una función reparadora de los tejidos y crecen nuevas células. Como media deberíamos dormir 8 horas, pero cuando estamos en un proceso de recuperación de una enfermedad o de una lesión, esta necesidad se incrementa.

Necesitamos dormir menos horas a medida que vamos creciendo: un bebé necesita 16 horas de sueño; un niño de 12 años necesita 9; un joven, 7 horas y 20 minutos, y una persona de 65 años, 6 horas.

Descansar bien no solo significa dormir las horas necesarias. Algunas prácticas nos ayudan a tener un descanso correcto:

- Debemos dejar pasar, como mínimo, una hora y media entre la cena y la hora de acostarse. En una jornada normal deberíamos evitar ingerir alimentos sólidos más allá de las 9 de la noche.
- Antes de ir a dormir, prácticas como chatear o conectarse a Internet nos alteran y dificultan nuestro descanso.
- Debemos procurar que la habitación donde dormimos esté bien ventilada y a una temperatura correcta, sin frío ni calor.
- El té y el café son excitantes y dificultan conciliar el sueño. Hay que evitar su ingesta en exceso, sobre todo antes de acostarse.
- La práctica de ejercicio físico favorece el descanso y el sueño.
- Determinados ejercicios de respiración (unidad 9) nos pueden ayudar a hacer más lento el ritmo de la respiración y, así, relajarse y descansar.

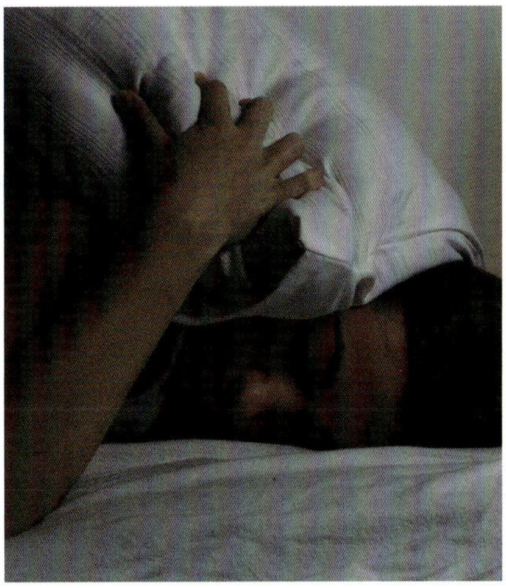

Las preocupaciones, la práctica de actividades excitantes o el consumo de sustancias estimulantes antes de irnos a dormir puede dificultar nuestro descanso.

La correcta posición corporal en la cama

La posición fetal: es la ideal para dormir, de lado con las piernas encogidas y una almohada no muy alta, que permita una buena alineación de la espalda.

Boca arriba: hay que usar una almohada que no levante demasiado la cabeza y flexione la nuca. Es recomendable el uso de otro cojín a la altura de las rodillas, para evitar la sobrecarga de las lumbares.

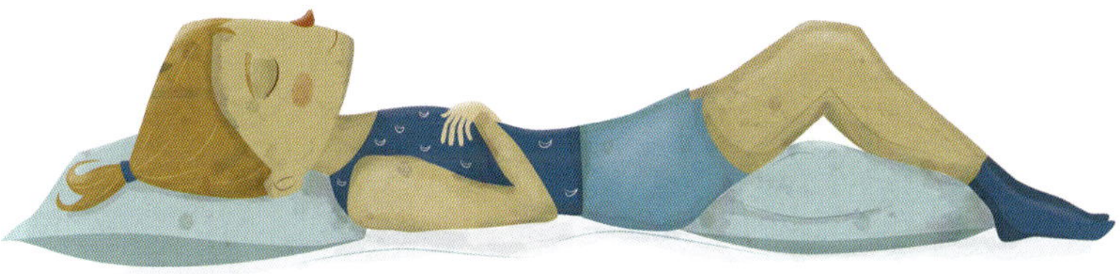

Boca abajo: es la posición menos recomendable, porque somete el cuello a una torsión excesiva y arquea la espalda. En caso de que tengamos esta costumbre, es recomendable coger el cojín como si lo abrazásemos y levantar una pierna lateralmente.

6. El hábito de la higiene

Los cambios hormonales propios de la pubertad hacen necesarios unos buenos hábitos de higiene personal. La higiene no es solo una cuestión superficial y estética: su mantenimiento tiene que ver con la salud personal.

- Hay que ducharse cada día, especialmente después de la práctica deportiva. Es recomendable el uso de jabones neutros para no deteriorar las defensas propias de la piel.
- Hay que cepillarse los dientes un mínimo de 2 minutos después de cada comida.
- Hay que hacer un uso racional de los productos de limpieza. Debemos ser críticos con la publicidad, a menudo engañosa, de determinados desodorantes, colonias, productos de afeitar o de depilación, que nos prometen el mantenimiento de nuestro aspecto.

El mantenimiento de una buena higiene personal es un hábito que conviene adquirir durante la adolescencia.

7. Tiempo de ocio y para relacionarnos

Es necesario que salgamos y nos relacionemos con nuestros amigos. Disfrutar de la naturaleza, tocar un instrumento musical, practicar el deporte de una manera lúdica, hacer teatro, ir a bailar, etc., son prácticas que nos ayudan a cuidar de nosotros mismos, especialmente si evitamos el consumo de tabaco y drogas o el abuso del alcohol y de las grasas. Las cuatro sustancias son perjudiciales para el corazón y su consumo acaba pasando factura a nuestro cuerpo.

Es necesario que nuestros hábitos de ocio se basen en prácticas y actividades saludables para nosotros mismos.

El tabaco perjudica gravemente nuestra salud. Sus componentes, como la nicotina o el alquitrán, generan adicción, dificultan el crecimiento, hacen que nos cansemos más, cambian nuestro estado de ánimo y aumentan el riesgo de padecer enfermedades cardiovasculares.

¿Sabías que...?

- Una persona que vive en un país occidental, industrializado y rico, consume aproximadamente 30 toneladas de comida a lo largo de la vida.
- El 40 % de los niños y niñas no comen la cantidad recomendable de verduras y fruta (tres piezas diarias).
- Las compañías de tabaco gastan 13 millones de dólares diarios en publicidad. Una gran parte de esta publicidad se dirige a los adolescentes. Quien empieza a fumar en la adolescencia probablemente se convertirá en un adulto fumador; por el contrario, quien no empiece a fumar durante esta etapa de la vida, no lo hará nunca.
- Al practicar ejercicio físico nuestro cuerpo segrega una hormona, la endorfina, que provoca un estado de placer y bienestar.
- Nuestro cuerpo produce diariamente cerca de un litro o un litro y medio de saliva. La función de este fluido es envolver los alimentos y facilitar su deglución.
- El cuerpo segrega la hormona del crecimiento fundamentalmente durante los periodos de sueño. Es por ello que dormir tiene tanta importancia durante la niñez y la adolescencia.
- Dormir una media de 8 horas al día equivale a un total de 20 años a lo largo de nuestra vida.

La mayoría de los fumadores adultos adquieren su hábito durante la adolescencia.

La endorfina es la responsable de que nos sintamos bien después de hacer ejercicio.

Objetivos competenciales (aportación en competencias)

- Valorar la práctica habitual de las actividades físicas como factor beneficioso para la salud.
- Practicar hábitos saludables e higiénicos para lograr una buena calidad de vida.
- Identificar los aspectos básicos de una alimentación equilibrada, especialmente si se realizan actividades físicas y deportivas.
- Hacer de una manera autónoma actividades físicas para el equilibrio de la rutina diaria.

Coordinación, agilidad y equilibrio

1. ¿Qué es la coordinación?
2. ¿Qué tipos de coordinación tenemos?
3. ¿Cómo podemos mejorar la coordinación?
4. La agilidad y el equilibrio

Una buena coordinación origina movimientos compensados que podrás hacer con menos esfuerzo.

UNIDAD 8

#ControlMovimiento

La ejecución de un movimiento con precisión requiere de una serie de capacidades que favorecen la eficacia del movimiento, teniendo en cuenta factores como el espacio y el tiempo necesarios, el momento de la acción, los segmentos corporales implicados o el orden y la secuencia de las acciones que constituyen el movimiento.

Vemos, pues, que ante un movimiento con una cierta complejidad el sistema nervioso central interviene para asumir el control.

En las sesiones de educación física encontraremos unidades didácticas que plantean el aprendizaje de habilidades motrices y de capacidades coordinativas.

1. ¿Qué es la coordinación?

La coordinación te proporciona control sobre tu movimiento; es por ello que nos interesa trabajarla.

La coordinación es la capacidad que permite regular los movimientos con eficacia y exactitud a fin de ejecutar la acción precisa para llevar a cabo la idea deseada.

Cuanta más complejidad tiene un movimiento, más coordinación se necesita para ejecutarlo.

Tirar un papel a una papelera es sencillo. Es más complicado, sin embargo, encestar la pelota de baloncesto, rodeado de defensores, en un tiro en suspensión.

Cuanto más complicado es un movimiento, más necesaria es la coordinación para ejecutarlo.

¿Por qué necesitamos la coordinación?

Alguna vez nos habrá ocurrido que hemos chutado al aire cuando queríamos impulsar una pelota con los pies; nos ha caído un papel al suelo cuando lo queríamos tirar a la papelera; o hemos derribado un obstáculo que teníamos que saltar en una carrera... Estos son ejemplos de acciones en que la coordinación ha fallado.

Desde los movimientos más globales, como saltar o bailar, hasta las acciones más precisas, como escribir, teclear un documento en el ordenador o utilizar el mando de una consola de juego requieren, todos ellos, nuestra capacidad coordinativa.

¿Qué parte del cuerpo genera la coordinación?

El sistema nervioso es el que regula la coordinación de los movimientos. Esto lo lleva a cabo decidiendo qué músculos deben moverse, con qué intensidad y en qué momento.

Muchos niños pequeños no han alcanzado algunas capacidades coordinativas determinadas porque su sistema neuromuscular está en desarrollo y aún no les permite hacerlo. Pintar sin salir de la línea del dibujo o saltar sobre un pie son dos ejemplos.

Durante la ESO y el Bachillerato se produce la maduración sexual y el desarrollo general del cuerpo. Estos dos factores provocan un retroceso temporal de la capacidad coordinativa. Una vez pasada esta etapa, la capacidad coordinativa mejora en función del desarrollo de las cualidades físicas.

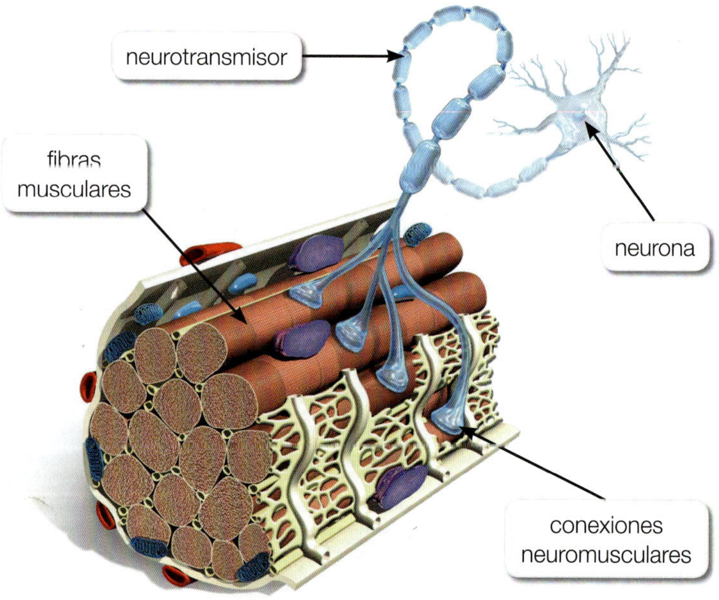

La fibra muscular recibe las órdenes del sistema nervioso central a través de las conexiones neuromusculares.

2. ¿Qué tipos de coordinación tenemos?

Como hemos visto, la coordinación es una habilidad imprescindible que depende de nuestro sistema nervioso. Sin embargo, según el grado de intervención del cuerpo, podemos diferenciar dos tipos:

- **Coordinación dinámica general.** Es la que permite realizar tareas que implican la globalidad del cuerpo. Interviene cuando corremos, giramos, saltamos o hacemos equilibrio. Se caracteriza por una gran participación muscular.
- **Coordinación dinámica especial.** Es la que permite hacer movimientos que implican la interacción de las diferentes partes del cuerpo con los objetos, como los lanzamientos, las recepciones, las conducciones, los desvíos o los malabarismos.

Los juegos malabares o los lanzamientos requieren una gran coordinación dinámica especial.

Además de las dos categorías anteriores, dado que para manipular cualquier objeto nos ayudamos de la vista, podemos hablar también de *coordinación óculo-manual* en las acciones que requieren el uso de las manos u *óculo-pédica* en las acciones en que utilizamos los pies.

Coordinación óculo-manual.

Coordinación óculo-pédica.

La coordinación dinámica general permite la realización de tareas que implican la globalidad del cuerpo.

3. ¿Cómo podemos mejorar la coordinación?

La coordinación se mejora con ejercicios que necesitan una gran variedad de movimientos, con un aumento progresivo de la complejidad.

Ejercicios de mejora de la coordinación dinámica general

Para **mejorar las habilidades de marcha y de carrera**, haremos ejercicios que incluyan la variación de diferentes factores: el tipo y el orden de los apoyos, la velocidad global del cuerpo o de algún segmento corporal, la amplitud y la frecuencia de la zancada o las superficies que se utilizan.

Este trabajo se puede llevar a cabo con un circuito específico que incluya diferentes tipos de desplazamiento: haciendo cuadrupedias (de cuatro patas), de espaldas, con cruzamiento de piernas, de lado, sobre un banco o una barra de equilibrio, gateando, colgados de una cuerda o una escalera de trepar, etc.

Para **mejorar las habilidades de salto**, haremos ejercicios que incluyan la modificación de diferentes factores: la altura del salto, el plano de salida y caída, la superficie de impulso, o el movimiento global del cuerpo o de algún segmento corporal en la fase de vuelo.

Este trabajo se puede llevar a cabo por medio de recorridos que incluyan multisaltos y saltos con los pies juntos o con un pie, así como la utilización de diferentes obstáculos y elementos, como el banco, el plinto, un trampolín o un minitrampolín.

Para **mejorar las habilidades de giro**, haremos ejercicios que modifiquen las posiciones de partida o los puntos de apoyo.

Este trabajo se puede llevar a cabo mediante series de ejercicios que incluyan rodar por el suelo lateralmente (haciendo la croqueta), volteretas, giros sobre una barra, piruetas de diferente recorrido (90°, 180° o 360°), etc.

Se pueden hacer circuitos que combinen diferentes habilidades motrices de coordinación dinámica general:

- Primer tramo: desplazamiento por encima y saltos alternativos de lado a lado de una superficie reducida (banco sueco).
- Segundo tramo: volteretas; cuadrupedia; salto con giro de 360° y recepción dentro de una anilla; correr y dar una voltereta.
- Tercer tramo: correr hasta las anillas; saltar a la pata coja dentro de las anillas; correr de espaldas hasta la señal.
- Cuarto tramo: correr de cara sobre el primer banco; correr a cuatro patas por el segundo banco.
- Quinto tramo: correr en zigzag esquivando conos.

Ejercicios de mejora de la coordinación dinámica especial o segmentaria

Se trata de circuitos para mejorar las habilidades de lanzamiento, recepción, conducción y golpeo, con ejercicios que incluyan la modificación del objeto manipulado, la situación espacial, las condiciones de tiempo y el segmento de contacto (mano, pie, cabeza).

Por ejemplo, podemos diseñar un circuito que incluya los siguientes ejercicios: desplazarse haciendo botar una pelota, lanzar la pelota al aire y hacer un giro antes de recibirla, conducir el balón por el suelo con los pies o chutar el balón contra una pared y cogerlo a continuación con las manos antes de que bote.

Este trabajo también se puede llevar a cabo por medio de cualquier juego malabar. Este tipo de juegos representan un reto de coordinación dinámica especial. Podemos probar lanzar dos pelotas de tenis con una sola mano o tres pelotas con las dos manos.

Malabares con dos pelotas de tenis y una sola mano.

No siempre tendrás la misma capacidad coordinativa. Irá cambiando en función del desarrollo del sistema nervioso y de las fases de crecimiento corporal.

Malabares con tres pelotas de tenis y dos manos.

4. La agilidad y el equilibrio

La agilidad es la capacidad de moverse con facilidad y rapidez. Es el resultado de combinar la velocidad y la flexibilidad y se manifiesta necesariamente en la práctica deportiva.

El equilibrio es el control corporal que nos permite vencer la fuerza de la gravedad. Podemos decir que tenemos equilibrio cuando mantenemos el cuerpo y los segmentos corporales en una posición adecuada en el espacio. Un equilibrio correcto es fundamental para la coordinación dinámica general (CDG).

La agilidad se manifiesta en la práctica deportiva.

¿Qué clase de equilibrio tenemos?

Según estemos quietos o en movimiento, podemos hablar de dos tipos de equilibrio:

- **Equilibrio estático:** es el que nos permite mantener una postura sin desplazamiento.
- **Equilibrio dinámico:** es el que nos permite desplazarnos contra la fuerza de la gravedad, sin caer.

Equilibrio estático.

Equilibrio dinámico.

¿Sabías que...?

- Los gimnastas tienen un alto nivel de coordinación, ya que su disciplina exige un gran dominio de la técnica.
- Las atletas de gimnasia rítmica tienen un alto nivel de coordinación dinámica especial, mientras que las de gimnasia artística lo tienen de coordinación dinámica general.
- Durante la adolescencia se puede producir un estancamiento en la mejora de la coordinación debido a los cambios corporales.
- La aceleración del crecimiento dificulta el control de los segmentos corporales. Su cambio de tamaño hace necesario un tiempo de adaptación.

Objetivos competenciales (aportación en competencias)

- Aplicar las propias posibilidades motrices con relación a los demás, con diferentes objetos y en diversos medios.
- Lograr un dominio corporal y postural con la mejora de la condición física.

Respiración y relajación

Prueba a suspirar profundamente o bostezar... Obtendrás un estado de bienestar y relajación. El oxígeno bien repartido es la herramienta ideal para normalizar los estados de nerviosismo y ansiedad.

UNIDAD 9

#InspirarEspirar
#LiberoTensiones
#CalidadDeVida

Si nos paramos a pensar cuántas veces respiramos a lo largo del día, nos sorprenderemos. La respiración y el latido del corazón no se detienen nunca.

Los bebés respiran de una manera profunda, lenta y natural, y su abdomen sube y baja a cada respiración.

A menudo se pierde esa manera natural y profunda de respirar a medida que crecemos. La respiración se acelera y llena menos los pulmones, lo que provoca una reducción de la capacidad pulmonar.

Aprender a respirar correctamente ayuda a estar más tranquilos y a superar con éxito situaciones difíciles de la vida cotidiana, como los nervios que se pasan antes de un examen u otras situaciones que generan tensión.

En esta unidad conoceremos nuestro cuerpo y nuestra respiración, y aprenderemos técnicas para relajarnos.

1. ¿Qué es la respiración?
2. ¿De qué maneras podemos respirar?
3. ¿Cómo podemos mejorar nuestra capacidad respiratoria?
4. ¿Qué es la relajación?
5. ¡Beneficios para nosotros!

1. ¿Qué es la respiración?

La respiración es el proceso que permite la entrada y la salida de aire del cuerpo. Es un proceso automático y sencillo, que podemos controlar modificando la manera de respirar y el volumen de aire inspirado y espirado.

Esta entrada de aire hace que el **oxígeno** (O_2), mediante el aparato respiratorio, llegue a todas las partes del cuerpo. El oxígeno es imprescindible para el funcionamiento de las células, los tejidos y los órganos.

La respiración tiene cuatro fases:

- **Inspiración.** Es la entrada de aire en los pulmones, que permite la absorción y el suministro posterior de oxígeno por todo el cuerpo.
- **Apnea.** Es la retención del movimiento respiratorio al final de la inspiración. Durante esta fase no entra ni sale aire.
- **Espiración.** Se trata de la salida de aire de los pulmones, que permite la expulsión de un gas de desecho, el dióxido de carbono (CO_2), generado por el cuerpo.
- **Disnea.** Es la detención del movimiento respiratorio que sigue a la espiración. Durante esta fase tampoco entra ni sale aire.

Glosario

diafragma: tejido musculotendinoso que divide el cuerpo en dos partes: el abdomen y el tórax. Tiene forma de cúpula o de paracaídas.

¿Qué parte del cuerpo genera la respiración?

El responsable de la respiración es el aparato respiratorio. Los órganos que lo constituyen son:

- La nasofaringe, los conductos por donde entra el aire en el cuerpo.
- La laringe, una zona de paso del aire que también evita que se introduzca aire al sistema.
- La tráquea, otra zona de paso que conduce el aire hasta los bronquios.
- Los bronquios y los pulmones, donde se produce el intercambio de gases.

En este sistema, hay un tejido que desempeña un papel muy importante en la respiración, el diafragma, gracias a su capacidad de contraerse o relajarse.

Durante la inspiración, el diafragma se contrae, baja y permite que la cavidad torácica se amplíe. En esta fase, el diafragma comprime órganos del abdomen (sobre todo, el estómago). Durante la espiración, el diafragma sube, se relaja y el aire es expulsado de los pulmones. En esta fase aumenta el espacio de los órganos internos del abdomen.

Como puedes ver, la respiración moviliza la parte central de tu cuerpo; por tanto, respirar correctamente tiene mucha influencia sobre tu postura corporal y tu calidad de vida.

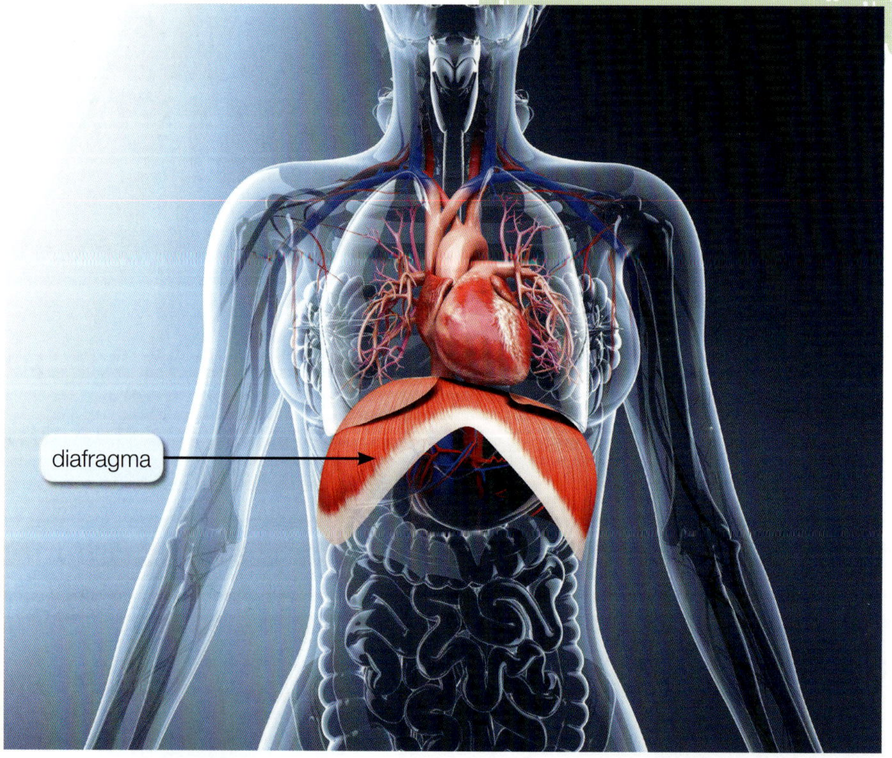

2. ¿De qué maneras podemos respirar?

Glosario

tórax: es la parte del cuerpo situada entre la base del cuello y el diafragma.

No siempre respiramos del mismo modo. Fundamentalmente, hay tres maneras diferentes de respirar :

- **Respiración clavicular o alta:** se hace con la parte alta de los pulmones y conlleva poca entrada de aire.
- **Respiración torácica:** se trata de la respiración más habitual y se produce de una manera natural. Se hace principalmente en la parte central de los pulmones, el tórax, a través de los músculos intercostales, lo que da lugar a que se ensanche la caja torácica.

Túmbate boca arriba, con la mano sobre el pecho, y siente cómo sube y baja con la respiración. Prueba a poner un papel sobre el pecho y observa cómo se mueve en cada inspiración y cada espiración.

- **Respiración abdominal:** localizada en la zona del abdomen, en la parte baja del diafragma, se lleva a cabo fundamentalmente con los movimientos del diafragma.

  Esta respiración es más completa, ya que el aire va a la parte más baja de los pulmones. Requiere una cierta concentración y ayuda a renovar el aire de esta zona. Por eso es muy importante a la hora de hacer ejercicios de relajación.

Una respiración fluida y natural mejora la calidad de vida.

La respiración por la nariz favorece la respiración abdominal y la respiración por la boca favorece la respiración torácica.

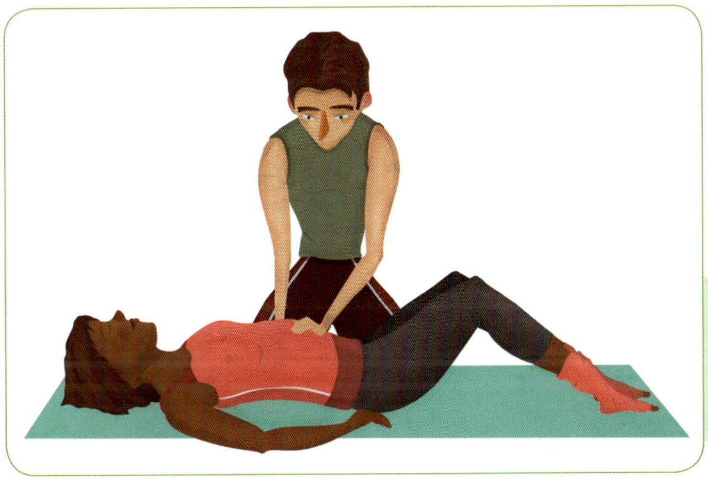

Túmbate boca arriba y pon la mano sobre el abdomen. Inspira y siente cómo sube el abdomen. Expulsa el aire y nota cómo baja.

- **Respiración completa:** es la combinación de las tres. Es la menos utilizada, ya que requiere una concentración especial.

3. ¿Cómo podemos mejorar nuestra capacidad respiratoria?

La respiración es un reflejo automático de nuestro cuerpo, de modo que no hay que pensar para llevarla a cabo. Sin embargo, con el paso de los años se vuelve más superficial y los músculos y los órganos que participan van adquiriendo mayor rigidez. Para mejorar nuestra capacidad respiratoria podemos realizar una serie de ejercicios:

- Practicar un ejercicio físico que genere un esfuerzo y un aumento de la ventilación, como correr, nadar, bucear, ir en bicicleta, etc.
- Tocar instrumentos de viento.
- Practicar ejercicios específicos que favorezcan el mecanismo de los componentes de la respiración.

Tocar un instrumento de viento aumenta nuestra capacidad respiratoria.

Juegos de respiración

El vaso de agua (respiración abdominal)

Nos acostamos (aunque también lo podemos hacer sentados o de pie), mientras un compañero o compañera nos lee, poco a poco, el párrafo que destacamos a continuación:

- Imagina tu cuerpo como un vaso de agua. El oxígeno debe hacer el mismo recorrido que el agua al llenar el vaso.
- Inspira, notarás cómo el agua baja directamente hasta el abdomen. Hincha la barriga.
- Llena los pulmones. Las costillas suben y se abren y el vaso ya está lleno.
- Ahora, retén la respiración. Dos segundos.
- Espira. Debemos vaciar el vaso. Deja que el agua salga poco a poco y vacía los pulmones. Las costillas se cierran y bajan.
- Ahora tenemos que vaciar el abdomen, sopla muy despacio y esconde la barriga.
- El vaso ya está vacío. Relájate y vuelve a empezar.

Soplar la pelota de papel

Este ejercicio se hace también en parejas. Cada uno dispondrá de una bola de papel de seda u otro tipo de papel muy ligero. Desde una línea de salida deben empujar la bola soplando. Gana quien la hace llegar antes a la línea de meta.

Los juegos de respiración mejoran nuestra capacidad pulmonar y ayudan a mantenerla a lo largo de los años.

¡Bombas fuera!

En un gimnasio o en un espacio cerrado se forman cuatro equipos. Se marca en el suelo un recuadro subdividido en cuatro recuadros iguales, dentro de los cuales se sitúa cada uno de los equipos. El ejercicio consiste en inflar globos y desplazarlos hasta el campo contrario. Cada equipo dispondrá de 20 globos. Gana el que tenga menos globos en su campo cuando se haya agotado el tiempo.

4. ¿Qué es la relajación?

Relajación es tranquilidad. Relajar significa aflojar, liberar, soltarnos. Quiere decir, en definitiva, hacer un paréntesis para eliminar tensiones y estrés. Cuando estamos relajados nos encontramos mejor y la capacidad de concentración aumenta.

Hay muchos métodos de relajación. El **masaje** es una buena manera de relajarse, pero hay otras, como el **método Jacobson**. Este método busca la relajación progresiva de todo el cuerpo, tomando conciencia de cada región corporal (tórax, abdomen, espalda, extremidades, cuello y cara) y contrayendo y relajando los músculos. La música y una respiración correcta son las herramientas que necesitamos para alcanzar un estado de relajación.

Unos minutos de relajación después de una sesión intensa de ejercicio.

Juegos de relajación

Un minuto relajados

Tumbados en el suelo y con los ojos cerrados hacemos la respiración completa. Cuando creamos que ha pasado un minuto, nos incorporamos. Gana quien se acerque más al minuto (lo controla el profesor o profesora).

Nos relajamos (método Jacobson)

En parejas, nos situamos de pie, cara a cara y cogidos de la mano. Tiramos en sentido contrario haciendo fuerza con todo el cuerpo durante seis segundos. A continuación, disminuimos la tensión y nos dejamos caer sobre el compañero o compañera sin perder el contacto. Nos relajamos cada vez más hasta que no podamos mantenernos de pie y, poco a poco, acabemos en el suelo. Se puede repetir el ejercicio con contacto de espalda con espalda.

El método Jacobson se basa en el contraste entre tensión y relajación muscular.

Todo pesa

Nos tumbamos en el suelo y empezamos a hacer una respiración completa. A continuación, debemos concentrarnos en las palabras del profesor o profesora, que enumera diferentes partes del cuerpo, sobre las cuales tenemos que imaginar una gran sensación de peso, hasta completar todo el cuerpo.

Apnea y disnea

Se trata de un ejercicio de iniciación a la relajación. Tumbados en el suelo, cogemos aire muy lentamente hasta que llegue a la zona abdominal. Retenemos el aire durante 3 segundos (apnea) y lo soltamos muy despacio. A continuación, repetimos el ejercicio, pero en lugar de la apnea, aguantamos sin nada de aire en el cuerpo durante 3 segundos después de soltarlo (disnea).

5. ¡Beneficios para nosotros!

La respiración:

- La respiración profunda permite una distribución adecuada del oxígeno por el cuerpo, elimina tensión muscular y favorece el logro de un estado de relajación.
- Si hay una buena oxigenación, aumenta la capacidad de resistencia.
- La práctica de ejercicios sencillos de respiración es buena para superar situaciones de estrés y nerviosismo, como los periodos anteriores a una prueba, un examen o una competición.
- Una respiración correcta beneficia la circulación, ya que aporta más cantidad de oxígeno a la sangre y a los órganos.
- El aprendizaje de una respiración completa ayuda a descansar mejor. La mente está más clara y serena.

La práctica de ejercicios sencillos de respiración y relajación es buena para superar situaciones de estrés y nerviosismo.

La relajación:

La práctica de los ejercicios de relajación...

- mejora el autocontrol emocional,
- ayuda a tener una actitud positiva,
- incrementa la memoria,
- elimina la tensión física y ayuda a combatir la ansiedad y el estrés,
- ayuda a combatir el insomnio.

La relajación ayuda a combatir la tensión, a tener autocontrol emocional y a mantener una actitud positiva.

Si hay una buena oxigenación, aumenta la capacidad de resistencia.

¿Sabías que...?

- Para las civilizaciones orientales la respiración pausada y completa es una forma de vida.
- El humo del tabaco contiene alquitrán y otras sustancias químicas que se adhieren a la parte interior de los alvéolos y los conductos de aire. Esto hace que respirar sea más difícil, lo que influye negativamente en la forma física.
- El asma es una enfermedad que dificulta la respiración. Los conductos más pequeños de los pulmones se hacen más estrechos y no se puede respirar con normalidad. Los médicos recomiendan, en la mayoría de los casos, la actividad física como método para mejorar la calidad de la capacidad respiratoria. Sin embargo, una persona asmática debe llevar siempre un inhalador por si sufre una crisis.
- El pulmón izquierdo es más pequeño que el derecho porque debe dejar espacio al corazón.
- Casi la mitad del agua que bebemos es expulsada a través de la respiración.
- La frecuencia normal de respiración en un adulto es de 12 veces por minuto. Cada minuto entran en las vías respiratorias 6 litros de aire.
- El bostezo produce un efecto equilibrador de la tensión del cuerpo. Equilibra la relación entre CO_2 y O_2 en la sangre y elimina tensiones físicas y psíquicas.

Las personas que sufren asma deben llevar un inhalador en caso de insuficiencia respiratoria.

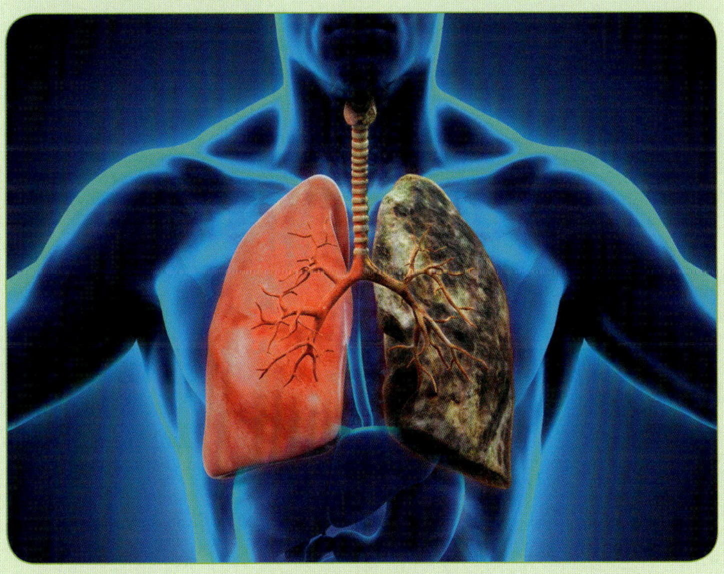

Diferencia entre un pulmón sano (izquierda) y el de una persona fumadora. El humo del tabaco disminuye la capacidad pulmonar y repercute negativamente en nuestra forma física.

Objetivos competenciales (aportación en competencias)

- Lograr un dominio corporal y postural con la mejora de la condición física.
- Aplicar técnicas básicas de respiración y relajación para reducir las tensiones psicofísicas y favorecer el autocontrol en situaciones cotidianas y deportivas.
- Hacer de una manera autónoma actividades físicas para el equilibrio de la rutina diaria.

Juegos y deportes

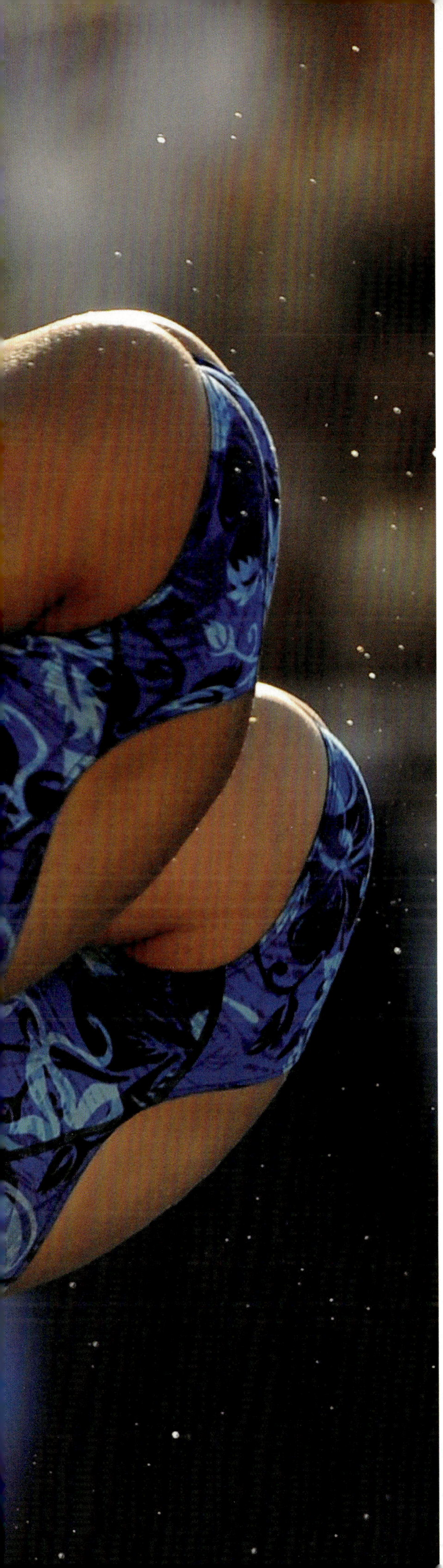

BLOQUE II

Todos los atletas que practican deportes individuales tienen en común el espíritu de sacrificio, el esfuerzo constante, la voluntad de superación de las marcas personales y la capacidad de luchar contra los adversarios. Estos elementos son los que caracterizan los deportes individuales y los hacen más espectaculares.

Por su parte, los deportes de equipo ayudan a desarrollar las capacidades físicas y psicomotrices básicas. Con el entrenamiento se pueden mejorar la técnica y la táctica, pero también se aprende a realizar una labor colectiva y a relacionarse con compañeros y adversarios.

Ambas modalidades forman parte de un mundo, el del deporte, que ha reglamentado y pautado la inclinación natural del ser humano hacia el juego.

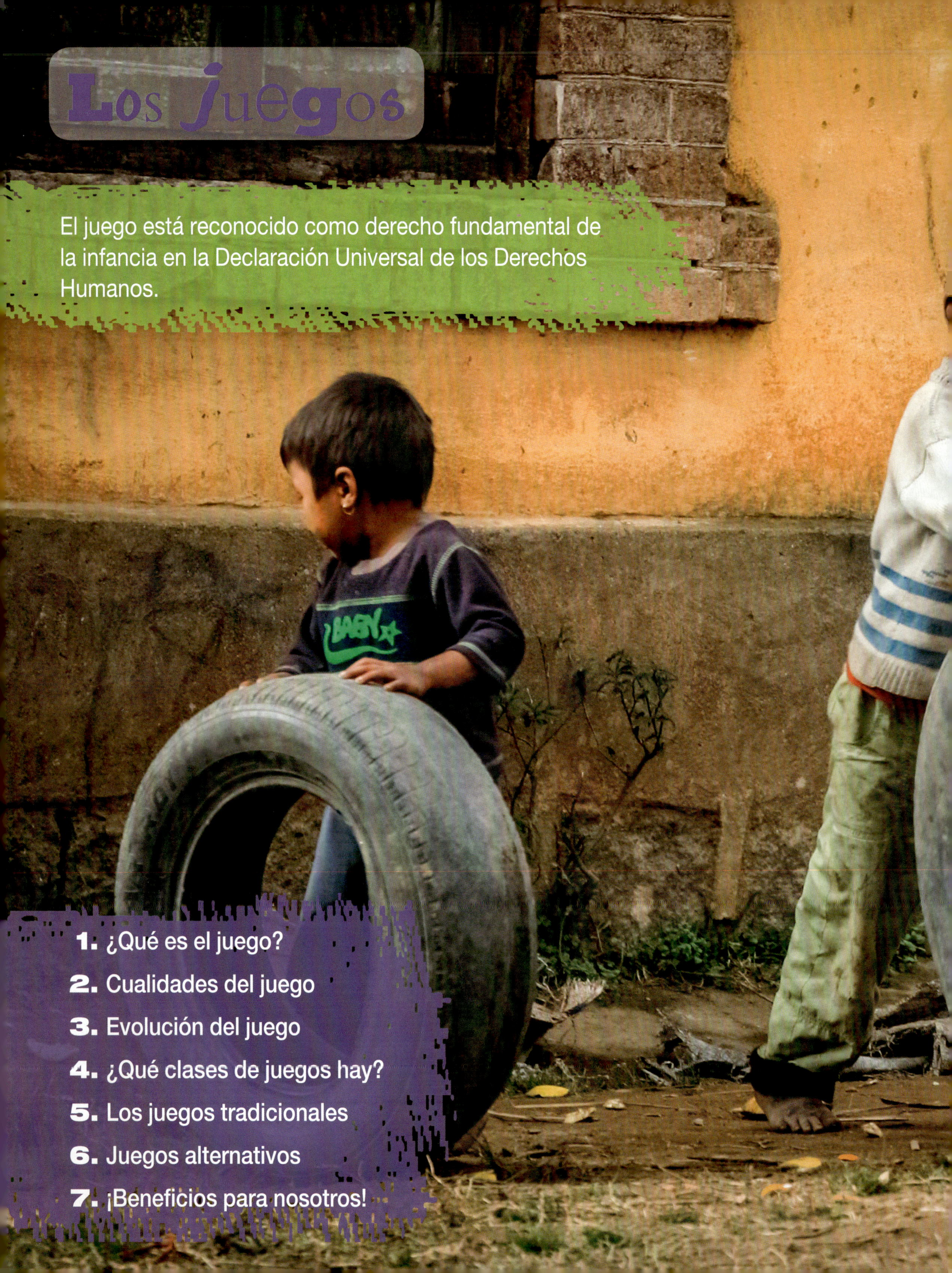

Los juegos

El juego está reconocido como derecho fundamental de la infancia en la Declaración Universal de los Derechos Humanos.

1. ¿Qué es el juego?
2. Cualidades del juego
3. Evolución del juego
4. ¿Qué clases de juegos hay?
5. Los juegos tradicionales
6. Juegos alternativos
7. ¡Beneficios para nosotros!

UNIDAD 10

#jugamos #disfrutamos

El juego forma parte de la cultura y nos ha acompañado a lo largo de nuestra existencia. Desde su origen ha cambiado de forma y objetivos, sin embargo, nunca ha dejado de formar parte del comportamiento humano.

De una forma u otra, todo el mundo juega, si bien en la infancia lo hacemos más a menudo que de adultos. Los niños de Educación Infantil y Primaria juegan, y los chicos de la ESO y el Bachillerato también, aunque cada grupo lo hace de maneras diferentes.

Pese a que el juego es una de las actividades que caracterizan al ser humano, hay que decir que este no es el único que juega: otros animales también lo hacen, sobre todo los mamíferos más inteligentes.

1. ¿Qué es el juego?

A todos nos gusta jugar, pero ¿cómo podemos definir el juego? Hay muchas definiciones; una buena explicación es la que dice que juego es toda actividad que se lleva a cabo con una finalidad recreativa y que representa una diversión para quien la practica.

Un grupo de niños y niñas juegan a la comba en Tailandia. Este juego es uno de los preferidos en ese país.

Si queremos valorar un juego desde el punto de vista de la educación física, nos interesa conocer sus características y definir unos parámetros cuantitativos y cualitativos para convertirlo en una actividad física saludable.

2. Cualidades del juego

Hay unos rasgos cualitativos comunes y definitorios de todos los juegos, que se manifiestan en mayor o menor grado. Así, podemos decir que un juego debe ser:

- Voluntario, ya que los participantes juegan libremente, porque quieren.
- Divertido, porque resulta agradable para los participantes.
- Espontáneo, dado que surge sin planificación o causa previa.
- Incierto, tanto en el desarrollo como en el resultado.
- Variable, ya que se puede adaptar a necesidades, gustos y circunstancias diferentes.
- Fantasioso, es decir, entregado a la imaginación.
- Reglado, porque se somete a unas normas autoimpuestas, que se deben respetar.

Juegos tradicionales como la rayuela, pillar o el escondite reúnen la mayoría de las cualidades que deben caracterizar un juego.

3. Evolución del juego

Los juegos sencillos y espontáneos que perduran en el tiempo se pueden reglamentar e institucionalizar, con el desarrollo de un reglamento oficial y la creación de organismos (asociaciones o federaciones) responsables de velar por su conservación y su divulgación. De esta forma, muchos juegos se han convertido en deportes.

JUEGO Espontáneo y variable		
Juego espontáneo	↓	Golpear una pelota al vuelo con un palo
Juego reglamentado e institucionalizado		Pichi
Deporte		Béisbol
DEPORTE planificado y estable		

4. ¿Qué clases de juegos hay?

El juego se ha estudiado desde muchos ámbitos y se han hecho muchas clasificaciones. Desde el punto de vista de la educación física, hay que valorar las características que definen cada juego y que nos permiten clasificarlos a partir de los siguientes elementos:

- Los participantes: los juegos pueden ser individuales, por parejas o grupos.
- El espacio o terreno de juego: se pueden practicar en la calle, en la naturaleza, en una pista deportiva, en el agua, en el aula, en una mesa, etc.
- El material: hay juegos sin material y juegos con objetos (pelotas, cartas, etc.).
- La organización de los participantes: pueden ser juegos de equipo, de oposición, de colaboración, de contacto, de dispersión, de rol, etc.
- Objetivo y/o tipo de actividad: podemos hablar de juegos de carrera, de precisión, de fuerza, de lucha, de velocidad, de atención, de estrategia, malabares, etc.
- Procedencia y/o localización: pueden ser juegos tradicionales, inventados, autóctonos, foráneos, etc.

Arriba, salto de potro, juego tradicional de agilidad por parejas que se practica sin ningún accesorio. Abajo, tirar a la cuerda, juego tradicional de fuerza que se practica en grupo con una cuerda.

Con todos estos datos se puede elaborar una «ficha de juego», en un formato que nos permita clasificar los diferentes tipos de juego y divulgar la práctica.

Un, dos, tres, pica pared (nombre del juego)	1 (número de ficha)
Objetivo	Acercarse sin ser visto al compañero que «para» de cara a la pared.
Espacio o terreno de juego	Cualquier espacio abierto (10-15 m como mínimo).
Material	Ninguno.
Participantes	Los que quepan en el espacio disponible.
Reglas y desarrollo	Un participante se coloca de cara a la pared y los demás, en el otro extremo del espacio, de pie y formando una hilera uno al lado del otro. Quien está de cara a la pared canta «Un, dos, tres, pica pared, un, dos, tres», momento en que los demás jugadores deben avanzar hasta que el compañero o compañera termine la cantinela y se gire. Quienes sean vistos en movimiento deben volver a la línea de salida. En el momento en que alguien pueda tocar la pared o la espalda del que para, todos los jugadores deben escapar hacia la línea de salida. Si alguien es atrapado por el que para, le toca colocarse en la pared.

5. Los juegos tradicionales

Todos los lugares y todas las culturas tienen sus juegos, que se practican con unas reglas propias. A menudo, los juegos se transmiten de una generación a otra. A partir de que esto ocurre, se pueden llamar *juegos tradicionales*. Si, además, son propios de un lugar concreto, también se denominan *juegos autóctonos*.

Los bolos son un ejemplo de juego tradicional, que ha pasado de padres a hijos y, además, se ha modificado a gusto de cada territorio. Hay muchas variantes, y cada una es, a su vez, un juego autóctono.

Torneo de bolos tradicionales en Barcelona.

Bolos	2
Objetivo	Derribar el mayor número posible de bolos.
Espacio o terreno de juego	Cualquier espacio abierto al aire libre, que sea llano y permita marcar un carril de las dimensiones que marca cada variante.
Material	6 bolos y 3 mazas o bolas, según la versión.
Participantes	Un número indeterminado. Normalmente, los equipos son de 4 miembros.
Reglas y desarrollo	El juego consiste en lanzar una maza a un grupo de bolos situados a una cierta distancia, con el objetivo de derribar, al menos, 5 de los 6. Según la variante, se puntúa de una manera u otra: un punto por bolo, o más de un punto si los bolos se derriban de una determinada forma. En función de la edad de los jugadores, las bolas o mazas se lanzan desde una distancia u otra. El juego ya se practicaba en Egipto en el 5200 a.C. y ha llegado a nuestros días por medio de la civilización grecorromana y después de haber sobrevivido durante la Edad Media.

6. Juegos alternativos

Son juegos de creación reciente que utilizan materiales no convencionales o alternativos. A veces, se construyen incluso con materiales de reciclaje. Algunos han evolucionado y han dado lugar a deportes aún poco conocidos, llamados también *alternativos*.

Disco volador (*frisbee*)	3
Objetivo	Coger al vuelo el disco volador.
Espacio o terreno de juego	Cualquier espacio abierto de dimensiones suficientes como para hacer volar el disco. En la versión deportiva, se trata de un terreno de juego de 64 × 37 m.
Material	Un disco volador o *frisbee*.
Participantes	Un número indeterminado. En la versión deportiva, se enfrentan dos equipos de 7 jugadores.
Reglas y desarrollo	El juego consiste en hacer pases de precisión con el disco para que un compañero lo coja. También se puede jugar por equipos, y en este caso hay que hacer un número concreto de pases para poder puntuar. La versión deportiva se llama *ultimate*. Se juega por equipos y se puntúa cuando se consigue hacer un pase dentro de la zona de gol, situada al extremo del campo (hay una en cada extremo). Como muchos deportes alternativos, se caracteriza por la filosofía de juego limpio.

Una curiosa variante del disco volador es el *golf disc*, juego que consiste en encestar el *frisbee* en una canasta con unas reglas parecidas a las del golf.

El balón gigante	4
Objetivo	Golpear la pelota para hacerla llegar a una línea de meta.
Espacio o terreno de juego	Cualquier espacio abierto de tamaño suficiente como para impulsar la pelota. En la versión deportiva, se juega en un campo de 20 × 20 m.
Material	Una pelota de grandes dimensiones.
Participantes	Un número indeterminado. En la versión deportiva, se enfrentan tres equipos de 8 jugadores (solo 4 en la pista).
Reglas y desarrollo	Se puede jugar en equipo golpeando la pelota con las manos para marcar un gol, que se consigue cuando se supera la línea de fondo. La particularidad del juego es que muchos jugadores pueden golpear la pelota al mismo tiempo. El *kin-ball* es la evolución deportiva del juego con la pelota gigante. Su principio es el juego colaborativo. Se enfrentan tres equipos a la vez. Uno de ellos, el atacante, se encarga de poner la pelota en juego. El objetivo de los atacantes es conseguir que la pelota toque el suelo, mientras que el de los otros equipos es evitarlo.

Sesión de iniciación al *kinball*.

Indiaca	5
Objetivo	Hacer que una pieza llamada *indiaca* caiga al suelo en el campo contrario.
Espacio o terreno de juego	Cualquier espacio abierto capaz de contener una red montada sobre dos postes o soportes. La versión deportiva se juega en un campo de 16 × 6 m.
Material	Una indiaca y una red.
Participantes	Número indeterminado. En la versión deportiva, se enfrentan dos equipos de 5 jugadores.
Reglas y desarrollo	Se trata de un juego de red en que hay que golpear la indiaca para intentar que cruce la red y toque el suelo en el campo del equipo contrario. Este juego proviene de los indígenas brasileños. También se organiza como deporte. Tiene su reglamento oficial y existe la Asociación Internacional de Indiaca (IIA). Después de un saque inicial desde la línea de fondo, los miembros de cada equipo hacen rotaciones para intercambiar sus posiciones en el campo. La indiaca se puede golpear con las manos, los pies o, incluso, otras partes del cuerpo, como el codo o el muslo.

Un chico juega con una indiaca en una playa de Francia.

Una indiaca profesional.

Colpbol	6
Objetivo	Marcar un gol introduciendo una pelota en una portería.
Espacio o terreno de juego	Pista polideportiva de 20 × 40 m.
Material	Una pelota y dos porterías de 2 × 3 m.
Participantes	Cada equipo consta de un máximo de 12 jugadores, de los que solo hay 7 en el campo.
Reglas y desarrollo	El juego consiste en golpear la pelota con las manos, los brazos o la parte superior del cuerpo, para conseguir introducirla en la portería del equipo contrario. Ningún jugador puede coger la pelota, golpear dos veces seguidas o golpearla con los puños cerrados. Los partidos tienen una duración de 60 minutos: dos partes de 25 minutos con un descanso de 10 minutos. Para categorías inferiores, hasta 18 años, la duración de los partidos es más corta.

El *colpbol* tiene como principal objetivo fomentar la participación y el trabajo en equipo.

7. ¡Beneficios para nosotros!

- El juego nos proporciona placer y satisfacción y permite mejorar el autoconocimiento.
- Es una fuente de aprendizaje de valores y normas de conducta.
- Mejora la capacidad de resolución de conflictos, aprendiendo a ganar o perder.
- Es un medio importante de relación con los demás y mejora la autoconfianza.
- Permite explorar posibilidades, reconocer peligros y límites.
- Es un buen recurso para ocupar el tiempo de ocio y tener una buena calidad de vida.

Un grupo de niños de origen árabe jugando al fútbol en las calles de Jerusalén.

Objetivos competenciales (aportación en competencias)

- Utilizar los juegos y los deportes como medio de relación con los demás.
- Valorar positivamente el esfuerzo.
- Apreciar el carácter sociocultural de los eventos deportivos y respetar a todos los que forman parte de la manifestación deportiva.
- Saber trabajar en equipo y valorar la participación más que la obtención de resultados.
- Valorar la práctica de la actividad física como una forma agradable de ocupar el tiempo libre.

Deportes. Habilidades motrices

1. ¿Qué es el deporte?
2. ¿Qué clases de deportes conocemos?
3. Iniciación a los deportes
4. ¿Cómo podemos mejorar las habilidades motrices?
5. Conceptos generales de los deportes de equipo

La actividad física y el deporte que practicas en centros recreativos, centros deportivos extraescolares, o con la familia y los amigos, enriquecen tu «mochila motriz».

UNIDAD 11

#EnjoySport #HabilidadSports

¿Es lo mismo «practicar deporte» que «practicar ejercicio físico»? Cuando jugamos al baloncesto, estamos practicando un deporte, pero si salimos en bicicleta con los amigos, estamos practicando ejercicio físico.

El ejercicio físico es, pues, cualquier práctica motriz exenta de normativa. Puede tener, sin embargo, una planificación establecida. Ir en bicicleta, caminar, nadar, ir al gimnasio... son ejemplos de ejercicio físico. Los objetivos de estas prácticas suelen ser la mejora de la condición física, la diversión o el bienestar general.

El deporte, en cambio, requiere del conocimiento de las normas que lo regulan, elaboradas por una federación o una institución. Además, necesita del dominio de ciertas habilidades motrices para poderlo practicar. En esta unidad nos centraremos en enriquecer nuestra mochila motriz, lo que nos otorgará una base general para practicar diferentes deportes.

1. ¿Qué es el deporte?

«Lo esencial en la vida no es vencer, sino luchar bien», Pierre de Coubertin.

El barón Pierre de Coubertin (1863-1937), fundador de los Juegos Olímpicos modernos, definió el deporte como «la ejecución de ejercicio muscular, habitual y voluntario, con el deseo de progresar, asumiendo cierta dosis de riesgo».

Las características esenciales del deporte son:
- Incluye un componente de competición.
- Tiene carácter lúdico.
- Requiere un esfuerzo físico constante.
- Está regulado por unas normas establecidas por una federación o institución.

2. ¿Qué clases de deportes conocemos?

La práctica deportiva está sujeta a un gran número de clasificaciones. Sin embargo, nosotros solo utilizaremos dos: **deportes individuales** y **deportes colectivos o de equipo**.

Deportes individuales

Se trata de los deportes en que el practicante se encuentra solo en un espacio, donde ha de superarse a sí mismo con relación a parámetros como el tiempo, una distancia, unas ejecuciones técnicas o una puntuación, que pueden ser comparados con ejecuciones llevadas a cabo por otros deportistas en igualdad de condiciones.

Algunos ejemplos son la gimnasia deportiva o artística, el judo, la escalada, la gran mayoría de las modalidades de atletismo, etc.

Los deportes individuales tienen unas características comunes:

- La competición que plantean consiste en la superación de uno mismo batiendo las propias marcas.
- Los entrenamientos suelen ser muy intensos y en solitario.
- Miden los resultados basándose en parámetros como el tiempo, el espacio, el peso, la puntuación...
- Exigen una gran condición física.
- Requieren más exigencia técnica que táctica.
- Predomina la ejecución de movimientos antes que la percepción y la toma de decisiones.
- Facilitan el autoconocimiento y la concentración.
- Esencialmente no requieren comunicación.
- Utilizan aparatos o artefactos reglamentarios.

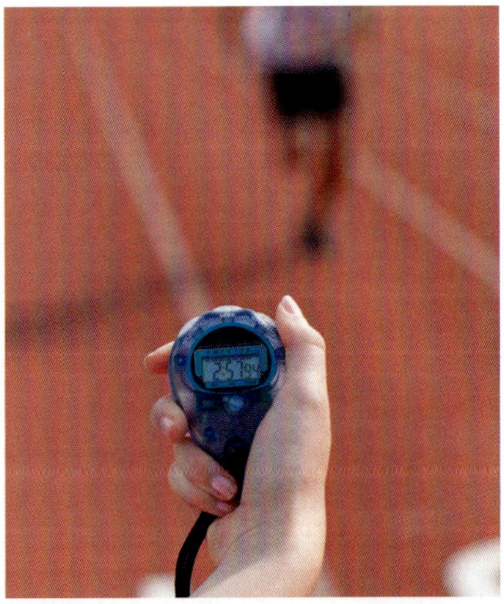

Entrenarse con intensidad y constancia y batir las marcas personales son características de los deportes individuales.

Deportes colectivos

Se trata de las actividades deportivas en las que participa un grupo de personas con unos objetivos comunes. El grupo trata de alcanzar una misma finalidad deportiva siguiendo unas reglas establecidas.

En los deportes colectivos, el éxito no depende solo de las habilidades individuales y de la condición física de cada componente del equipo, sino también de la táctica colectiva y la cohesión del grupo. El hockey, el voleibol, el fútbol, alguna modalidad de ciclismo, etc., son ejemplos de deportes colectivos.

Los deportes colectivos o de equipo tienen unas características comunes:

- Los equipos están formados por varios deportistas, dos como mínimo.
- La cooperación entre los componentes del equipo es fundamental.
- El carácter competitivo se centra en la superación del rival.
- Predominan los factores de decisión y percepción antes que la ejecución de movimientos.
- Exigen una gran condición física.
- La táctica tiene un papel más importante que la técnica individual.
- La comunicación entre los componentes es esencial.

Hay deportes que pueden entrar en las dos clasificaciones, porque se pueden practicar en modalidad individual o por equipos, como, por ejemplo, el tenis, el bádminton, la vela...

La coordinación entre los miembros de un equipo es fundamental en deportes como el remo.

Las hermanas Williams, enfrentadas en numerosas ocasiones en competición individual, han desarrollado una gran compenetración en dobles.

La comunicación resulta esencial en deportes como el voleibol. Arriba, una jugadora marca la táctica a su compañera. Abajo, una jugadora deja la pelota lista para que rematen sus compañeras.

3. Iniciación a los deportes

Aprendemos las habilidades motrices básicas

Después de los primeros cinco años de vida, todos aprendemos una serie de tareas motrices, como caminar, correr, saltar, girar, rodar, reptar, lanzar, coger, golpear, trepar, etc. Todas estas tareas son el abecedario del movimiento, son parte de las **habilidades motrices básicas**.

¿Sabes correr de espaldas sin caer de culo? ¿Y hacer desplazamientos laterales? ¿Y saltar sobre un pie? ¿Y sostenerte sobre un pie en equilibrio?... Es necesario dominar todas estas habilidades.

De gatear a caminar. Muchas de las habilidades motrices básicas se aprenden en los primeros años de vida.

Estas habilidades básicas mejoran con la práctica y ganan complejidad cuando manipulamos un aparato manual o móvil, como, por ejemplo, una pelota. Si adaptamos estas habilidades básicas a un deporte concreto, las llamaremos **habilidades motrices específicas**. Por ejemplo, para hacer un pase de fútbol en movimiento, primero debemos aprender a correr y dominar nuestro cuerpo en equilibrio sobre un pie, después tenemos que aprender a hacer pases de pelota en movimiento y finalmente hemos de aprender a decidir a quién pasamos la pelota. Todas estas acciones motrices que debemos desarrollar para dominar nuestro cuerpo se denominan **tareas motrices**.

Más adelante, en otras unidades, presentaremos las tareas motrices acompañadas de ejercicios y con juegos o formas jugadas.

Un pase, un chut, una recepción... son movimientos que requieren del trabajo de habilidades motrices específicas.

4. ¿Cómo podemos mejorar las habilidades motrices?

Podemos mejorar las habilidades motrices practicando ejercicio físico y deportes variados. Si practicas las tareas motrices de esta unidad didáctica con concentración, los aprendizajes te servirán para siempre.

recepción

Habilidades motrices básicas

- Correr (de cara, de espaldas, *skipping*...).
- Desplazamiento lateral (flexionado, estirado, sin cruzar los pies, carioca...).
- Desplazamientos con diferentes partes del cuerpo (a cuatro patas, sobre las manos, rodando sobre la espalda...).
- Paradas en equilibrio (sobre dos pies o sobre uno, pivotes...).
- Saltos (apoyos y batidas sobre un pie o sobre dos).
- Giros (90°, 180°, 360°...).
- Cambios de ritmo en carrera y cambios de dirección.
- Iniciación a los apoyos invertidos (pino) y voltereta.

pase

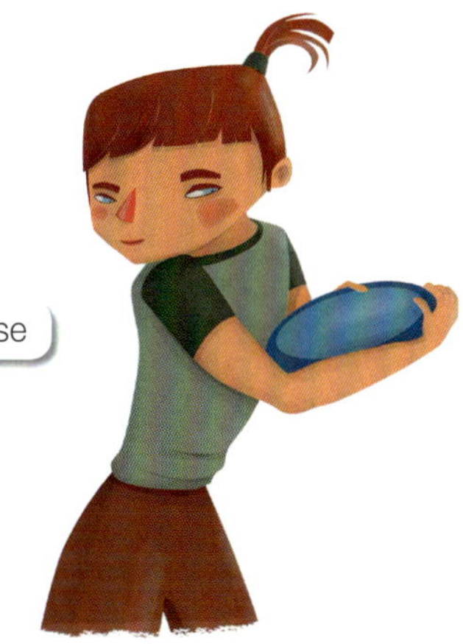

corriendo en *skipping*

equilibrio sobre una pierna

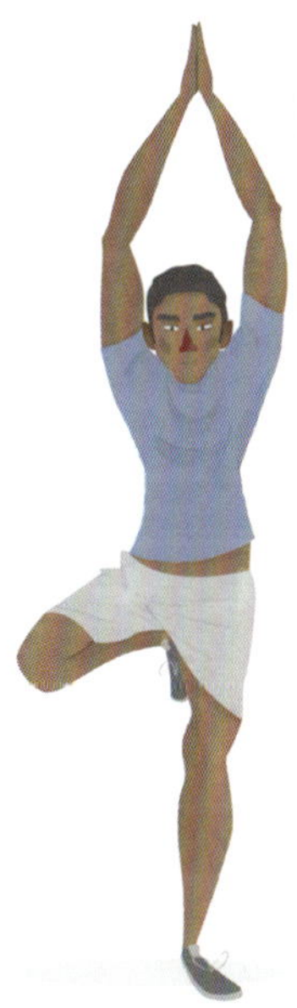

voltereta

parada

conducción

Habilidades motrices específicas de los deportes de equipo

- pases y recepciones;
- lanzamientos e interceptaciones;
- botes, impactos, toques y paradas;
- manipulaciones y conducciones de móviles y pelotas con efectividad.

5. Conceptos generales de los deportes de equipo

El juego de ataque y de defensa: se trata de fases constantes en deportes de equipo como el baloncesto, el fútbol, el balonmano, el hockey, el fútbol sala, etc. Sin embargo, estas fases no sirven para el voleibol u otros deportes de red.

Si nuestro equipo tiene la pelota: atacamos	Si nuestro equipo no tiene la pelota: defendemos
Hay que avanzar hacia el objetivo tan rápido como sea posible y conservar la posesión de la pelota.	Tenemos que ir a defender rápidamente nuestra canasta, portería u objetivo del punto. Todo el equipo debe replegarse atrás.
Debemos crear espacio para el jugador que tiene la pelota. Hay que separarse para que tenga espacio para tomar decisiones.	Debemos organizarnos rápidamente de manera que un jugador marque al que tiene la pelota y los demás a los otros jugadores del equipo contrario.
Si hay un jugador solo más avanzado que nosotros, hay que pasarle la pelota.	Debemos evitar que dos defensores marquen a un solo atacante, ya que entonces uno de los atacantes se quedará solo y creará una situación de superioridad.
Debemos desmarcarnos y liberarnos del defensor moviéndonos hacia un lugar en el que podamos recibir la pelota.	El objetivo es recuperar la posesión de la pelota y volver a atacar.
Debemos evitar situarnos detrás de un defensor, ya que nuestro compañero o compañera no nos verá.	

En esta jugada, dos defensores marcan a un solo atacante, propiciando el desmarque de otro jugador.

La defensora marca individualmente a la atacante, para evitar que lance, e intenta recuperar el balón.

Contraataque: acción del juego que tiene lugar cuando el equipo defensor recupera la pelota, momento que debe aprovechar para llegar a campo contrario antes de que los defensores se organicen. Los contraataques son muy importantes porque permiten puntuar con más facilidad.

Balance defensivo: acción del juego que tiene lugar en el momento en que el equipo atacante pierde el balón y corre el riesgo de sufrir un contraataque. Consiste en recuperar las posiciones defensivas lo más rápidamente posible.

En esta jugada de contraataque el equipo atacante ha logrado que un jugador desmarcado reciba el balón.

¿Sabías que...?

El juego limpio debe fomentarse ya entre los más pequeños.

- El Código de Ética del Consejo de Europa por el «juego limpio en el deporte» es una declaración de intenciones aceptada por los ministros europeos responsables del deporte. Se creó en septiembre de 1992.
- Cuando algún jugador cae debido a una posible lesión, el equipo contrario deja de jugar y saca la pelota fuera del campo de forma voluntaria para facilitar la atención médica. Cuando se reanuda el juego, el equipo del jugador que ha caído devuelve la pelota al otro equipo como cortesía.
- El «juego limpio» (en inglés *fair play*) significa mucho más que el simple respeto de las normas: también incluye los conceptos de amistad, respeto por el adversario y espíritu deportivo. Es más que un comportamiento: es una forma de pensar.
- El concepto de juego limpio se amplía a la lucha contra las trampas, el engaño, el dopaje, la violencia física y verbal, la desigualdad de oportunidades, la excesiva comercialización y la corrupción.
- El juego limpio es responsabilidad de todas las personas que se relacionan con el deporte: padres, docentes, entrenadores, árbitros, directivos, administradores, periodistas, médicos y farmacéuticos, además de los deportistas de alta competición, que se convierten en modelos de comportamiento. Este código se aplica a todas las personas, independientemente del hecho de que participen como voluntarios o en calidad de profesionales. En su condición de espectadores, las personas pueden asumir responsabilidades complementarias.

Deportividad = *fair play* = juego limpio

Objetivos competenciales (aportación en competencias)

- Utilizar los juegos y los deportes como medio de relación con los demás.
- Participar en actividades deportivas mediante el trabajo en equipo para alcanzar metas compartidas.
- Saber trabajar en equipo en juegos y deportes y valorar la participación más que la obtención de resultados.
- Valorar la práctica de la actividad física como una forma agradable de ocupación del tiempo libre.
- Realizar de forma autónoma actividades físicas para el equilibrio de la rutina diaria.

El atletismo

1. ¿Cómo se practica?
2. La carrera. Modalidades y técnica
3. Los concursos. Modalidades y técnica
4. Un poco de historia. ¿De dónde proviene el atletismo?

El atletismo es la disciplina más importante de los Juegos Olímpicos. El primer Campeonato del Mundo de Atletismo se organizó en 1983 y tiene lugar cada dos años.

12 UNIDAD

#CorrerSaltaryLanzar

Desde muy jóvenes ponemos a prueba nuestros recursos físicos: quién corre más rápido, quién salta más alto, quién tira la piedra más lejos... El atletismo, junto con la natación y la gimnasia artística, es uno de los tres deportes que nos confieren una base motriz completa y equilibrada para practicar cualquier otro deporte.

En la etapa de iniciación, un atleta empieza practicando muchas pruebas, pero con el tiempo se va especializando. La velocidad, la flexibilidad y la fuerza de todo el cuerpo son muy importantes en la mayoría de las disciplinas.

En la fase de iniciación solo son necesarias unas zapatillas deportivas, pero si comenzamos a especializarnos, necesitaremos materiales más específicos.

Así pues, en esta unidad trataremos las especialidades del atletismo que se practican, los diferentes espacios donde se llevan a cabo y el material necesario. De este modo, conoceremos cuál es la especialidad que se adapta mejor a nuestras preferencias y capacidades físicas.

1. ¿Cómo se practica?

El atletismo se practica principalmente en **estadios al aire libre**. Las instalaciones están formadas por una pista ovalada de 400 metros que se utiliza para las carreras; en el interior de la pista, se sitúan las zonas reservadas a la práctica de los diversos tipos de saltos y lanzamientos.

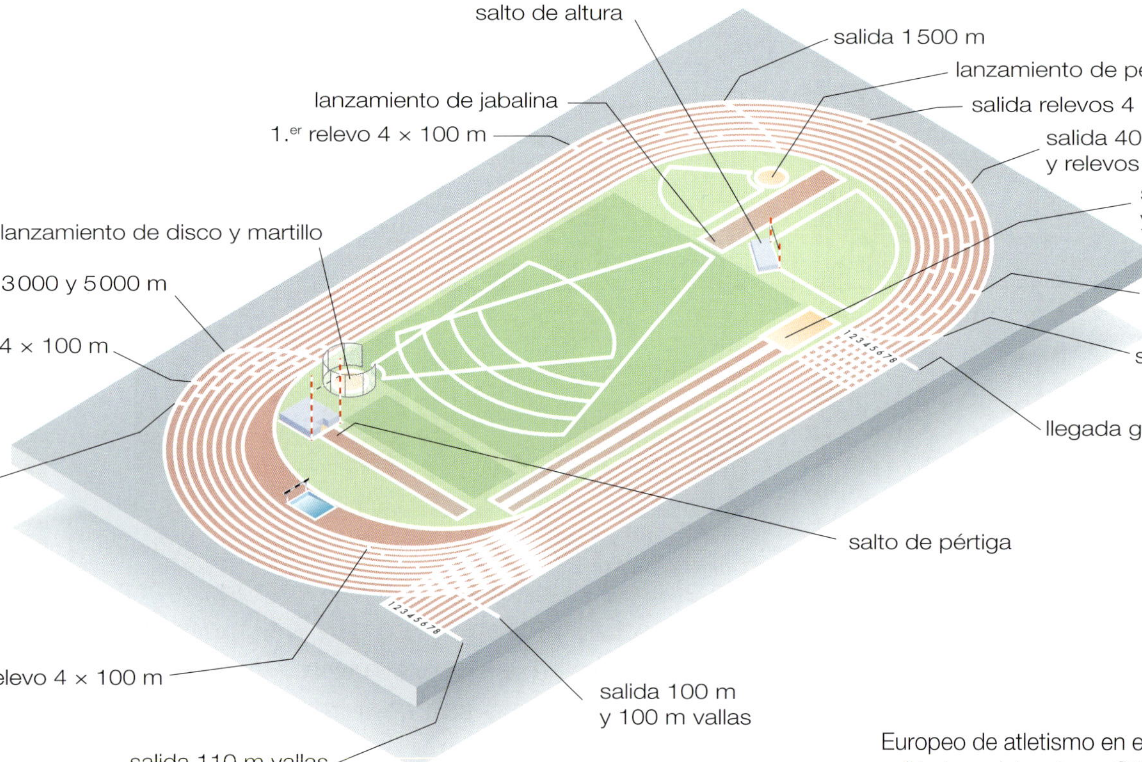

Este tipo de estadio es el que vemos más menudo por televisión, en las Olimpiadas o en competiciones de atletismo nacionales e internacionales.

Sin embargo, en los lugares donde hace frío existen pistas cubiertas de 200 metros para poder entrenar y practicar a salvo de las bajas temperaturas y el mal tiempo. También hay otras modalidades que se llevan a cabo en espacios urbanos que se acondicionan para correr maratones o carreras populares, como la Maratón de Nueva York en la isla de Manhattan; o en parajes naturales, como, por ejemplo, las competiciones de *cross* o campo a través.

Europeo de atletismo en estadio cubierto, celebrado en Göteborg (Suecia) en 2013.

Programa olímpico de atletismo

El programa olímpico de atletismo es el siguiente:

Carreras	**Velocidad**	100 m, 200 m y 400 m
	Medio fondo	800 m y 1 500 m
	Fondo	3 000 m (femenino), 5 000 m, 10 000 m y maratón (42,195 km)
	Vallas	Vallas 110 m (masculino), 100 m (femenino) y 400 m
	Obstáculos	3 000 m
	Relevos	4 × 100 m y 4 × 400 m
	Marcha atlética	10 km (femenino) y 20 km y 50 km (masculino)
Concursos	**Saltos**	De longitud, de altura, triple salto y pértiga
	Lanzamientos	De peso, de disco, de martillo y de jabalina
Pruebas combinadas	**Decatlón (masculino)**	Consta de 10 pruebas que se disputan en dos días. El primer día: 100 m lisos, salto de longitud, lanzamiento de peso, salto de altura y 400 m lisos. El segundo día: 110 m vallas, lanzamiento de disco, salto con pértiga, lanzamiento de jabalina y 1 500 m lisos.
	Heptatlón (femenino)	Consta de 7 pruebas que se disputan en dos días. El primer día: 100 m vallas, salto de altura, lanzamiento de peso y 200 m lisos. El segundo día: salto de longitud, lanzamiento de jabalina y 800 m lisos.

Las heptatletas poseen una altísima preparación que les permite competir en disciplinas tan distintas como la velocidad, el lanzamiento o el salto.

2. La carrera. Modalidades y técnica

Adquirir una buena técnica de carrera es fundamental. Correr es un gesto natural, pero, para hacerlo bien, hay que prestar atención y practicar algunos ejercicios. La zancada de la carrera tiene dos fases:

- la **terrestre**, en la que el pie toca el suelo para conseguir impulso y aceleración. El talón y la parte media de la planta del pie entran en contacto con el suelo, seguido del puente del pie, hasta llegar a los dedos con los que se da el impulso. La pierna y el tobillo deben quedar completamente estirados al final del impulso;
- la **aérea**, en la que el cuerpo avanza y el pie no toca el suelo. La rodilla debe subir para poder ganar más espacio en la zancada siguiente.

Existen dos conceptos que debemos conocer ya que nos permiten variar la zancada y adaptarla a la modalidad de carrera que practiquemos:

- La amplitud de zancada (pasos más largos o más cortos).
- La frecuencia de zancada (pasos más o menos rápidos).

Por ejemplo, en una prueba de fondo un atleta está más de dos horas corriendo, por lo cual la zancada será más corta para economizar energía. En una prueba de 100 m lisos, la zancada es más grande y el impulso más potente.
Cuanto más corta y explosiva es una carrera, más exagerados son los movimientos de brazos y piernas.

Recomendaciones para la técnica de carrera

- El balanceo de los brazos ayuda a conseguir más equilibrio y rendimiento. Los hombros y las manos (abiertas) deben permanecer sin tensión. Los brazos han de formar un ángulo de 90°, balanceándose relajados.
- La mirada debe fijarse unos 10 metros adelante. Si bajamos la cabeza, se carga la musculatura de la nuca.

¿Qué debemos saber de las modalidades de carrera?

- En las carreras de 100, 200 y 400 metros, los corredores deben mantenerse en su calle hasta el final. En la de 800 metros, solo lo harán durante los primeros 100 metros.

- La salida es muy importante en las carreras cortas. Por eso los atletas salen agachados con los pies sobre los bloques de salida. El tronco del atleta marca el orden de llegada.

- En la marcha atlética siempre ha de haber un pie apoyado en el suelo; si no es así, los jueces dan un aviso. Al tercer aviso, el marchador queda descalificado.

- En las carreras de fondo (más de 3000 metros), los atletas evitan cualquier exceso de movimiento, la acción de las rodillas es ligera, el movimiento de los brazos es el mínimo indispensable y las zancadas son más cortas que en otras carreras.

- En las carreras de vallas hay que pasar un total de 10. Derribarlas solo penaliza si se hace intencionadamente, aunque hace perder tiempo de carrera. Pasar las vallas requiere buena flexibilidad en los isquiotibiales y una buena técnica.

Las vallas no se «saltan», sino que se «pasan», modificando al mínimo la técnica de carrera. No es recomendable correr este tipo de carrera con sobrepeso, ya que en la recepción todo el peso cae sobre una pierna y se corre el riesgo de sufrir lesiones en la rodilla.

- Los relevos son una prueba muy divertida que se puede practicar fácilmente en las sesiones de educación física.

Los participantes se distribuyen en equipos de 4 personas, que corren sucesivamente pasándose un testigo unos a otros hasta completar una distancia determinada.

En el momento del intercambio, el receptor debe estar en movimiento y recibir el testigo dentro de la zona de cambio de 10 metros. Si el testigo cae, el equipo queda descalificado.

Mejores marcas olímpicas

Competición	Modalidad	Marca	Atleta	Fecha
100 m	Mujeres	10,49 s	Florence Griffith	09/1988
	Hombres	9,63 s	Usain Bolt	08/2012
400 m	Mujeres	48,25 s	Marie-Josée Perec	07/1996
	Hombres	43,49 s	Michael Johnson	07/1996
800 m	Mujeres	1 min 53,43 s	Nadezhda Olizarenko	06/2012
	Hombres	1 min 40,91 s	David Rudisha	08/2012
10000 m	Mujeres	29 min 54,68 s	Tirunesh Dibaba	08/2008
	Hombres	27 min 1,17 s	Kenenisa Bekele	08/2008
Maratón	Mujeres	2 h 15 min 25 s	Paula Radcliffe	04/2003
	Hombres	2 h 3 min 23 s	Wilson Kipsang	09/2013

¿Cómo podemos mejorar nuestra técnica de carrera?

Correr en el agua refuerza nuestra condición física y potencia la fuerza muscular de las piernas.

- Debemos concentrarnos en la práctica de los ejercicios que nos enseñará el profesor o profesora. Todos tienen un objetivo concreto. Por ejemplo, cuando un ejercicio consiste en levantar las rodillas hasta tocar el pecho (*skipping*), el objetivo es poder levantar más las rodillas al correr y lograr así una zancada más larga.

- Podemos desarrollar ejercicios con vallas bajas, conos u otros aparatos, que nos ayudarán a entrenar la frecuencia y la amplitud de la zancada.

- Es necesario mejorar nuestra condición física general, con relación a la fuerza muscular de las piernas y del centro del cuerpo (abdominales, lumbares y glúteos).

Ejemplo de ejercicios para correr como un atleta

- Correr sin flexionar las rodillas para conseguir el esfuerzo máximo de los tobillos. En la fase aérea, el pie debe estar tan flexionado como sea posible.

- Correr elevando las dos rodillas alternativamente hasta la altura del pecho (*skipping*).

- *Skipping* con una sola rodilla, mientras la otra pierna se desplaza con normalidad.

- Correr de forma que los talones lleguen a tocar los glúteos.

- Correr haciendo *skipping* con una pierna y tocar el glúteo con el talón, la otra pierna.

- Carrera libre a intensidad alta durante unos 20 minutos.

- Correr sin mover los brazos para observar la importancia de la brazada en la carrera.

Correr elevando las rodillas hacia el pecho, llevando los talones a los glúteos, o correr hacia atrás son maneras de mejorar nuestra técnica de carrera.

3. Los concursos. Modalidades y técnica

Saltos

Todos los saltos tienen cuatro fases: la **carrera**, cuyo objetivo es llegar a la tabla de batida a una velocidad máxima (excepto en el salto de altura); la **batida** o **impulso**, para despegar; el **vuelo**, para conseguir la mayor distancia, y, finalmente, la **caída**. Cada una de estas fases requiere una técnica compleja que exige mucho entrenamiento. Las diferentes modalidades de salto son:

- **Salto de longitud:** el atleta corre por la pista llegando a la tabla de batida desde donde salta tratando de alcanzar la máxima distancia posible. Durante el salto, desplaza los pies hacia delante para conseguir más distancia. Los competidores pueden hacer un total de tres saltos para puntuar. Los siete mejores pasan a la siguiente ronda, que consta de tres saltos más.

  Para practicar este salto, la técnica más sencilla es la llamada *uno y medio*, en la que el saltador da un paso y medio en el aire. El atleta se da el impulso con la pierna de batida para hacer el salto, avanza la otra pierna hasta estirarlas ambas y flexiona la espalda hacia delante.

  Hay que tener en cuenta que se considera salto nulo si se pisa la línea que marca el límite de la zona de carrera y que el salto se mide a partir de la marca más cercana a la línea de despegue que el atleta deja en la arena cuando cae.

- **Salto de altura:** el objetivo es pasar por encima de una barra horizontal, sin hacerla caer, que se encuentra suspendida entre dos soportes verticales separados por 4 metros. El participante puede hacer tres intentos para tratar de superar la altura. Se puede saltar ventralmente, pero todos los atletas saltan de espalda con una técnica muy específica (*fosbury*).

Fase de caída en un salto de longitud. La marca en la arena más cercana a la línea de salto designará la longitud de este.

Técnica *fosbury* de salto de altura.

Técnica de salto de longitud.

Lanzamientos

En los concursos de atletismo hay cuatro tipos de lanzamiento: disco, jabalina, peso y martillo. En todos ellos debe enviarse el artefacto lo más lejos posible. Si el atleta pisa la línea de lanzamiento o el objeto traspasa y cae fuera de la zona de puntuación, el lanzamiento se considera nulo.

En este apartado, nos centraremos en el **lanzamiento de peso**. Consiste en propulsar, tan lejos como sea posible, una bola de metal de 7,26 kg para los hombres y de 4 kg para las mujeres. En la categoría de 12 y 13 años, se utilizan bolas de 4 kg y 3 kg. La acción del lanzamiento debe hacerse en el interior de un círculo de 2,13 metros de diámetro.

En la primera fase, se debe sujetar el peso con los dedos bajo la barbilla, colocándose al borde del círculo, de espaldas a la dirección del lanzamiento.

La fase de impulso se inicia con una postura semiflexionada, que desplaza el peso del cuerpo sobre una sola pierna. Se da un paso atrás con la pierna libre cogiendo impulso al tiempo que se gira la cintura y los hombros.

Al llegar al lado opuesto del círculo, con el cuerpo encarado adelante, se estira el brazo de lanzar empujando el peso hacia el aire. El peso se empuja, no se lanza. Es necesario coordinar muy bien el último movimiento desde el músculo del brazo.

Después de haber lanzado el peso, hay que mantener el equilibrio para no salir del círculo y evitar un lanzamiento nulo. El atleta puede hacer tres lanzamientos. En caso de empate se tendrá en cuenta la puntuación del segundo mejor lanzamiento.

4. Un poco de historia. ¿De dónde proviene el atletismo?

El atletismo es considerado el deporte más antiguo del planeta, entendiendo el deporte como actividad física reglada y con normativa.

Las primeras referencias las encontramos en la antigua Grecia, en el siglo VIII a.C., donde se celebraban competiciones atléticas con motivos religiosos y conmemorativos. Las más importantes se celebraban en la ciudad de Olimpia, y de ahí viene la denominación de *Juegos Olímpicos*. La civilización romana siguió disfrutando de los Juegos Olímpicos, pero la llegada del cristianismo hizo que la competición perdiera fuerza, hasta que el emperador Teodosio la prohibió en 394, al considerarla un acto pagano. No será hasta ocho siglos más tarde que encontraremos nuevas competiciones atléticas.

Carrera de atletismo. Ánfora griega del siglo VI a.C.

En el siglo XI, durante la Edad Media, en Inglaterra volvieron a aparecer las carreras a pie y los lanzamientos. En el siglo XIX, organizado por las universidades de Oxford y de Cambridge, tuvo lugar un encuentro nacional de deportistas, que despertó gran interés en Europa y América.

Finalmente, en 1896 se celebraron los primeros Juegos Olímpicos modernos en Grecia, impulsados por el barón Pierre de Coubertin, y que desde entonces se han celebrado cada cuatro años, excepto en tiempos de guerra, hasta nuestros días.

La mujeres participaron en pruebas de atletismo por primera vez en 1928 en los Juegos Olímpicos de Ámsterdam. Hoy, su presencia representa el 45 % del total de participantes.

¿Sabías que...?

- En los Juegos Olímpicos de Berlín de 1936, Jesse Owens se convirtió en el primer estadounidense que ganaba cuatro medallas de oro en unas mismas Olimpiadas: 100 metros lisos, 200 metros lisos, relevos de 4 × 100 metros y salto de longitud. Un récord que no se volvió a repetir hasta la llegada de Carl Lewis.

  Hitler pretendió utilizar los Juegos de Berlín para demostrar la superioridad de la raza aria. La exhibición de Owens frustró esta intención. Según dicen, en el acto de entrega de la cuarta medalla al atleta, Hitler se marchó del estadio, muy enfadado, para no verse obligado a dar la mano al atleta negro. Para quitar hierro al asunto, Owens siempre dijo no haberse enterado.

- La prueba reina del atletismo es la de 100 metros lisos. Los corredores de nivel mundial suelen hacerla en menos de 10 segundos. Un atleta realiza unas 45 zancadas y alcanza una velocidad de 36 kilómetros por hora durante la prueba. Un deportista medio efectúa unas 55 zancadas y se desplaza a 22,5 kilómetros por hora.

- Los mejores especialistas en maratón son los keniatas, porque desde muy jóvenes deben recorrer grandes distancias a pie o corriendo y eso les sirve de entrenamiento para esta prueba.

- En los antiguos Juegos Olímpicos, la participación de las mujeres en las pruebas o su asistencia como espectadoras estaba totalmente prohibida bajo amenaza de castigos muy severos.

Jesse Owens en la carrera de los 200 m lisos en la que batió el récord mundial en los Juegos Olímpicos de Berlín de 1936.

Objetivos competenciales (aportación en competencias)

- Aceptar el propio cuerpo y sus limitaciones, comprender las diferencias de capacidad física entre los compañeros y respetarlas.
- Conocer y utilizar las propias posibilidades motrices en relación con los otros, con diferentes objetos y en diversos medios.
- Utilizar los juegos y los deportes como medio de relación con los demás y valorar positivamente el esfuerzo.
- Valorar la práctica de la actividad física como una forma agradable de ocupar el tiempo libre.
- Saber trabajar en equipo en juegos y deportes y valorar más la participación que la obtención de resultados.

La gimnasia artística

El trabajo de la gimnasia artística nos permite explorar nuestras propias capacidades y superar los límites que nuestro propio cuerpo nos impone.

UNIDAD 13

#DominioCorporal

La espectacularidad de la acrobacia y el dominio corporal en los diferentes aparatos gimnásticos hacen de la gimnasia artística un deporte muy atractivo.

El objetivo de esta disciplina deportiva consiste en buscar la perfección en la realización de ejercicios gimnásticos para obtener la máxima puntuación posible y que permita superar a los adversarios.

Se trata de una modalidad en la que no hay un enfrentamiento directo. El resultado de la competición lo determina la valoración de los jueces.

1. ¿Cómo se practica?

El componente artístico de la gimnasia hace que se valore de una manera especial su ejecución técnica; no basta con hacer una figura gimnástica, sino que hay que hacerla demostrando dominio y perfección. Por este motivo, no hablamos de campeonato, sino de **concurso** gimnástico. Además, los gimnastas compiten en varios aparatos, lo que los convierte en deportistas completos. La ejecución de cada ejercicio con los diferentes aparatos debe tener una continuidad. El gimnasta que interrumpe el ejercicio debe continuar, porque dispone de un tiempo determinado para acabarlo y no puede empezar de nuevo.

Los aparatos gimnásticos

	Aparato y características	Descripción del ejercicio y exigencias del reglamento	
Categoría femenina	**Suelo** Lona de 12 × 12 m con superficie de un material elástico.	Los saltos acrobáticos son la parte principal del ejercicio, de entre 70 y 90 segundos de duración, que debe formar un conjunto armónico y rítmico con otros elementos gimnásticos, como los apoyos invertidos, partes de fuerza o equilibrios. Hay que sincronizar el ejercicio con la duración del acompañamiento musical.	
	Barra de equilibrio Barra situada a 1,2 m de altura, de 5 m de largo y 10 cm de ancho.	El ejercicio se realiza en equilibrio sobre la barra y tiene una duración de 60 a 90 s. Está formado por una combinación de elementos acrobáticos y gimnásticos. Si una gimnasta cae, tiene 10 segundos para volver a la barra.	
	Salto de caballo Una pista de 25 metros para tomar impulso y un caballo de 120 cm de altura.	El ejercicio consiste en saltar el caballo tras una carrera y un salto en el trampolín. El salto se hace con el impulso de las dos piernas juntas, se apoyan las manos (una o ambas) sobre el caballo y se cae posteriormente al suelo en equilibrio.	
	Paralelas asimétricas Dos barras situadas a diferentes alturas (una entre 140 y 160 cm y la otra entre 235 y 240 cm) y separadas por un máximo de 143,5 cm.	Presenta unas características similares a la barra fija masculina. Incluye una rutina acrobática fluida y sin interrupciones y se diferencia por la utilización de dos barras.	

Categoría masculina

Aparato y características	Descripción del ejercicio y exigencias del reglamento	
Suelo Lona de 12 × 12 m con superficie de un material elástico.	A diferencia de la modalidad femenina, la duración es de un minuto y no es necesario sincronizar el ejercicio con la duración del acompañamiento musical.	
Caballo con arcos Aparato de 160 cm de longitud y 35 cm de ancho, con una altura de 115 cm (105 cm desde la parte superior del colchón).	Ejercicio que consiste en sostenerse con las manos, sin interrupciones, sobre el caballo, cuya superficie se debe recorrer con movimientos de impulso circulares y pendulares.	
Anillas Situadas a una altura de 255 cm (+ 25 cm de colchón), 18 cm de diámetro y 50 cm de separación entre cada anilla.	La prueba consiste en una serie de ejercicios con elementos de impulso, fuerza, equilibrio y mantenimiento que deben pasar por posiciones de suspensión, apoyo y apoyo invertido.	
Salto de caballo Una pista de 25 metros para tomar impulso y un caballo de 135 cm de altura.	Presenta las mismas características que la modalidad femenina. Solo varía la altura del aparato.	
Paralelas Dos barras de 3,5 m, situadas a una altura de 175 cm y separadas por una distancia de 42 a 52 cm.	Prueba que se basa en movimientos de impulso y vuelo, combinados con elementos de fuerza, que tienen lugar por encima, por debajo y por el lateral de las dos barras.	
Barra fija Barra de 2,40 m situada a una altura de 275 cm.	Prueba que se basa en una rutina acrobática compuesta de movimientos fluidos de vuelo y apoyo sin parada, en el que hay que incluir dejadas y giros longitudinales.	

El campeonato gimnástico

Actualmente, en los Juegos Olímpicos o en los campeonatos mundiales, la competición de gimnasia consta de tres concursos, que se llevan a cabo durante diferentes jornadas, en los que se enfrentan los gimnastas distribuidos en varios equipos o selecciones.

Concurso	Concurso I: Competición 1 (ejercicios obligatorios)	Concurso I: Competición 2 (ejercicios libres)	Concurso II (múltiple individual)	Concurso III (final por aparatos)
¿Quién compite?	Todos los atletas distribuidos en equipos o selecciones.		Los 36 gimnastas que han obtenido las mejores puntuaciones en el concurso I.	Los 8 gimnastas que han obtenido la mejor puntuación en cada aparato en el concurso I.
¿Quién es el ganador?	El equipo que obtiene la mejor puntuación global en ambas competiciones.		El atleta que obtiene la mejor puntuación global en todos los aparatos, sumada a la nota obtenida en el concurso I.	Los atletas que obtienen la mejor puntuación en cada aparato, sumada a la nota obtenida en la competición 2 del concurso I.
Título del ganador	Campeón por equipos.		Campeón individual.	Campeones por aparato.

2. La técnica

Los elementos gimnásticos

Denominamos **elementos** a todas las habilidades técnicas de la gimnasia que constituyen un ejercicio gimnástico.

Los elementos se clasifican por letras en función de su dificultad: desde la «A» (poca dificultad) hasta la «F» (gran dificultad).

Según la dificultad y el riesgo que conllevan, los elementos se clasifican en dos categorías:

- **Gimnásticos:** son los más sencillos y se utilizan como enlace de las series de acrobacia.
- **Acrobáticos:** son más complejos y conllevan una fase de vuelo.

Todos los elementos técnicos de gimnasia proceden de alguna de las familias de movimientos corporales básicos. Estos movimientos son: giros, saltos, balanceos, apoyos invertidos, mantenimiento de posturas, movimientos circulares y contraciclos (elementos que contienen movimientos con cambio de sentido repentino).

Flic-flac sobre barra de equilibrio.

Elementos técnicos básicos

Voltereta

Vuelta que se realiza en el suelo encogiendo las piernas y que se puede llevar a cabo con diversas variantes: adelante, atrás y con las piernas abiertas o juntas.

Indicaciones: hay que apoyar las manos abiertas, juntar la barbilla al esternón y encoger las piernas al rodar.

Errores típicos: no encoger el cuerpo y rodar sobre la espalda plana.

Rueda

Vuelta lateral que se hace con un apoyo sucesivo de las cuatro extremidades: una mano, dos manos, una mano, una mano y un pie y dos pies.

Indicaciones: hay que apoyar en primer lugar la mano del mismo lado que el pie adelantado y acabar de lado.

Error típico: no pasar por el plano vertical y juntar las piernas para caer de nuevo al suelo.

Rodada

Vuelta similar a la rueda, pero, a diferencia de esta, se empieza de cara, se apoyan las dos manos a la vez y tiene una fase de vuelo final.

Indicaciones: hay que unir las piernas bien rectas en la fase de verticalidad y terminar con un salto.

Error típico: flexionar las piernas en la acción de salida.

Vertical

Llamada también *apoyo invertido*. Consiste en posicionar el cuerpo de forma invertida. El cuerpo se apoya en las manos, se mantiene recto y con las piernas juntas. Hay variantes sobre la cabeza, la nuca y a fuerza (levantando las piernas sobre el suelo sin tomar impulso).

Indicaciones: no hay que perder las manos de vista.

Error típico: falta de tensión en las piernas y flexión de las puntas de los pies.

Flic-flac

Movimiento que consiste en hacer un salto atrás, partiendo de una posición de pies juntos y con flexión previa de las rodillas. Presenta variantes con apoyo sobre una sola mano o sin apoyo de manos.

Indicaciones: hay que flexionar las piernas y dejarse ir hacia el suelo en el movimiento de impulso hacia atrás.

Error típico: lanzarse atrás sin desequilibrio previo.

Salto de inversión

Movimiento que consiste en un salto con las piernas separadas después de un apoyo invertido.

Indicaciones: hay que apoyar las dos manos en el suelo e impulsar el cuerpo, elevando las piernas por separado sucesivamente.

Error típico: avanzar los hombros en el momento de repulsión de brazos.

Mortal

Destreza que consiste en rotar sobre el plano medio, moviendo los pies por encima de la cabeza. Presenta muchas variantes: adelante, atrás, lateral, carpado (con el cuerpo formando un ángulo recto) o planchado (con el cuerpo estirado).

Indicaciones: hay que impulsarse hacia arriba para coger altura antes de girar adelante, momento en el que se van a juntar las rodillas con el pecho.

Error típico: subir las rodillas en el momento de encoger el cuerpo.

Los ejercicios gimnásticos

Llamamos *ejercicio gimnástico* al encadenamiento armónico de diferentes elementos técnicos. Estos ejercicios pueden ser de dos tipos:

- **Obligatorios:** iguales para todos los participantes y diseñados por el organizador del campeonato.
- **Libres:** diseñados para cada gimnasta siguiendo las normas de la Federación Internacional de Gimnasia (FIG).

Los jueces puntúan los ejercicios teniendo en cuenta diferentes aspectos:

Dificultad de los elementos del ejercicio.	Hasta 4 puntos
Combinación armónica de los elementos que forman el ejercicio.	Hasta 1 punto
Ejecución del ejercicio. El número de faltas técnicas (errores) determina esta puntuación.	Hasta 4,40 puntos
Bonificaciones, que premian el riesgo, la originalidad y el virtuosismo del ejercicio.	Hasta 0,60 puntos
Total	Hasta 10 puntos

Hay que tener en cuenta

Viendo la espectacularidad de las imágenes, parece imposible llegar a hacer un ejercicio gimnástico de nivel. Sin embargo, hay un método de aprendizaje que se basa en el incremento de la dificultad de los movimientos en un itinerario que nos lleva al dominio técnico. Este sistema se denomina **progresión de aprendizaje**.

3. Un poco de historia. ¿De dónde proviene la gimnasia?

La palabra *gimnasia* proviene de la fusión de dos palabras del griego antiguo: *gymnós* 'desnudo' y *tékhne* 'técnica'. De esta fusión surgió el término *gymnastiké*, que significa 'técnica de ejercitar el cuerpo'.

Sin embargo, la gimnasia artística, tal como la conocemos ahora, tiene su origen en la Alemania de principios del siglo XIX, donde el pedagogo **Friedrich Ludwig Jahn** inventó los primeros aparatos y un método de entrenamiento.

En 1896 la gimnasia se convirtió en un deporte olímpico. Hoy día, es uno de los deportes más representativos de los Juegos Olímpicos modernos.

Retrato de Friedrich Ludwig Jahn.

¿Sabías que...?

- Los gimnastas se protegen las manos con calleras y bandas elásticas.
- El polvo de magnesio se utiliza para reducir el sudor de las manos de los gimnastas y garantizar una sujeción segura a los aparatos.
- Los ejercicios gimnásticos se hacen con los pies descalzos, con calcetines o con zapatillas muy finas.
- Nikolai Andrianov es el gimnasta más galardonado de la historia de los Juegos Olímpicos. Su mayor éxito fue en los Juegos de Montreal (1976), donde ganó cuatro medallas de oro, dos de plata y una de bronce. Cuatro años más tarde, en los Juegos de Moscú, obtuvo dos medallas de oro, dos de plata y una de bronce. Previamente, había ganado una medalla de oro, una de plata y una de bronce en los Juegos de Múnich de 1972.

Una gimnasta con sus protecciones unta sus manos con polvo de magnesio antes de un ejercicio.

Objetivos competenciales (aportación en competencias)

- Aceptar el propio cuerpo y sus limitaciones, comprender las diferencias de capacidad física entre los compañeros y respetarlas.
- Alcanzar un cierto dominio corporal y postural.
- Utilizar habilidades y destrezas motrices en diversos medios.
- Utilizar los juegos y los deportes como medio de relación con los demás y valorar positivamente el esfuerzo.
- Saber trabajar en equipo en juegos y deportes y valorar más la participación que la obtención de resultados.

La natación

1. ¿Cómo se practica?
2. Modalidades y pruebas
3. Los estilos. Modalidades y técnica
4. ¿Cómo podemos mejorar?
5. Un poco de historia. ¿De dónde proviene la natación?

La natación, el atletismo y la gimnasia artística son las disciplinas deportivas más representativas de los Juegos Olímpicos.

#Mójate

La natación es el método que utiliza la especie humana y muchos otros seres vivos para desplazarse dentro del agua o por su superficie.

El dominio del medio acuático es una de las adaptaciones humanas más antiguas después del bipedismo, que permitió a los seres humanos el dominio de la superficie terrestre.

La natación es una habilidad fundamental para sobrevivir en el medio acuático. Seguro que todos recordamos en qué momento aprendimos a nadar, pero hay mucha gente de todas las edades que no sabe nadar.

Además, la natación también es un deporte de competición y una actividad de ocio.

1. ¿Cómo se practica?

La natación se practica en el medio acuático. Encontramos este medio en diferentes espacios naturales, pero la mayoría de las modalidades se lleva a cabo en piscinas construidas para la práctica de esta actividad.

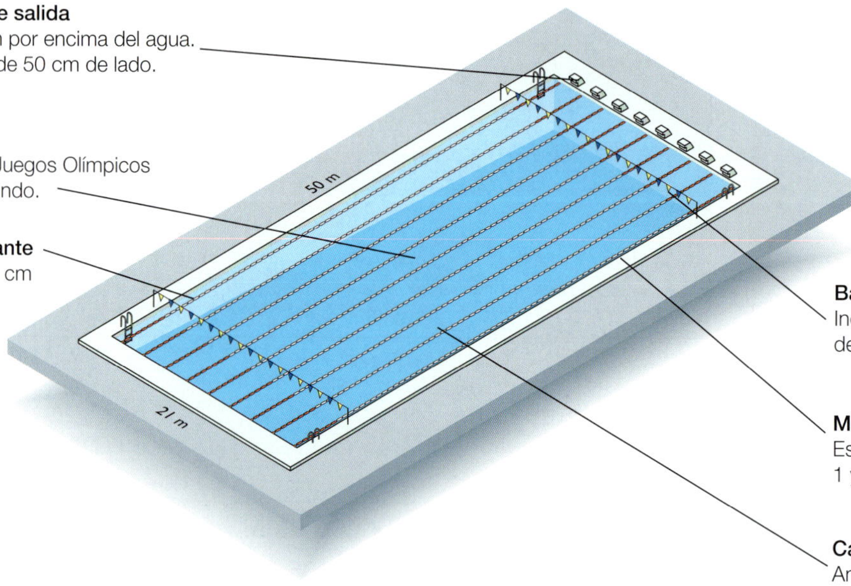

2. Modalidades y pruebas

La natación no consiste solo en hacer carreras en el agua. Este deporte presenta una serie de estilos que se utilizan en cinco grandes categorías y en sus modalidades correspondientes.

1. Natación	Estilo libre: 50, 100, 200, 400, 800 y 1 500 m individual; 4 × 100 y 4 × 200 m relevos	3. Waterpolo	
	Espalda: 50, 100, 200 m individual	4. Natación sincronizada	Individual
	Braza: 50, 100, 200 m individual		Dúo
	Mariposa: 50, 100, 200 m individual		Equipo
	Estilos: 200 y 400 m individual y 4 × 100 m relevos		Rutina libre combinada
2. Saltos	Trampolín: 1 y 3 m individual, 3 m sincronizado	5. Aguas abiertas	5, 10 y 25 km
	Plataforma: 10 m individual y 10 m sincronizado		

3. Los estilos. Modalidades y técnica

La práctica de la natación se basa principalmente en la técnica y, de forma secundaria, en el entrenamiento de la velocidad y de la resistencia. La ejecución técnica de la natación se fundamenta en cuatro estilos diferentes:

Crol: El nadador está en posición ventral (boca abajo) y lleva a cabo una acción completa de los dos brazos de forma alternativa (brazada) y un número variable de batidas de piernas. Se trata del primer estilo que se aprende y es el más rápido.

Espalda: El nadador está en posición dorsal (boca arriba) y lleva a cabo, de la misma manera que en el crol, una acción completa y alternativa de los dos brazos (brazada) y un número variable de batidas de piernas. Se trata del estilo más lento.

Braza: El nadador está en posición ventral (boca abajo) y lleva a cabo movimientos de brazos y piernas simultáneos y simétricos. Es el estilo más antiguo, tal vez porque los movimientos y la posición son los más naturales.

Mariposa: El nadador está en posición ventral y realiza movimientos similares a los del crol, pero las brazadas se hacen de manera simultánea. Es el estilo más moderno y el más difícil de aprender, ya que exige un alto nivel de fuerza y coordinación. Después del crol, es el estilo más rápido.

Plusmarcas mundiales de los 50 metros en diferentes estilos

	Masculina		Femenina	
Crol	César Cielo (Brasil)	00:20:91	Britta Steffen (Alemania)	00:23:73
Mariposa	Rafael Muñoz (España)	00:22:43	Therese Alshammar (Suecia)	00:25:07
Espalda	Liam Tancock (Reino Unido)	00:24:04	Jing Zhao (China)	00:27:06
Braza	Cameron van der Burgh (Sudáfrica)	00:26:67	Ruta Meilutytė (Lituania)	00:29:80

4. ¿Cómo podemos mejorar?

Nuestra capacidad en natación se puede mejorar de tres maneras diferentes:

- **Mejorar la técnica:** Con ayuda de un entrenador, podemos perfeccionar la ejecución de la técnica de los diferentes estilos. Esto nos permitirá desplazarnos por el medio acuático con mayor facilidad.

- **Mejorar la velocidad:** Por medio del entrenamiento de la fuerza (fundamentalmente de brazos, espalda y pecho) podemos desplazarnos con más rapidez en el agua. Un recurso útil es nadar con manoplas, de manera que aumente la resistencia del agua en nuestro desplazamiento.

- **Mejorar la resistencia:** Con la práctica, podemos mejorar nuestra capacidad de resistencia. Al principio, tenemos que aumentar progresivamente la cantidad de metros en series sucesivas (método continuo). En una segunda fase, debemos aumentar la intensidad de las series (método interválico).

5. Un poco de historia. ¿De dónde proviene la natación?

La natación es una capacidad adquirida por el ser humano desde tiempos prehistóricos. La competición regular de natación comenzó en Europa a principios del siglo XIX y estuvo presente en los primeros Juegos Olímpicos de la era moderna en Atenas en 1896.

La primera entidad creada en España fue el Club Natación Barcelona, en 1907. Bernat Picornell fue el principal precursor. Más tarde se fundaron diferentes clubes, como el Deportivo Bilbao (1912), el Club Natació Atlètic (1913), en Barcelona, y el Club Natación Sabadell (1916). Finalmente, en 1920, estos dos últimos clubes, junto con el Club Natación Barcelona, se juntaron y fundaron la Federación Española de Natación para poder participar en los Juegos Olímpicos de Amberes. Diez meses más tarde, nacía la Federación Catalana de Natación.

Michael Phelps.

¿Sabías que...?

- Desde 1973, el campeonato del mundo se celebra cada cuatro años y se alterna con los ciclos olímpicos.
- La continuidad entre piscina y piscina se denomina *viraje* y es diferente para cada estilo.
- En las salidas y en los virajes, el nadador puede permanecer sumergido una distancia que no puede ser mayor de 15 metros.
- Michael Phelps es un nadador estadounidense que ha ganado un total de 14 medallas olímpicas de oro a lo largo de su carrera, más de las que ningún deportista olímpico ha conseguido nunca. Curiosamente, Michael Phelps padecía de asma e hiperactividad durante su infancia.
- La nadadora Jennifer *Jenny* Thompson es la deportista estadounidense que ha ganado más medallas olímpicas: 12 entre los años 1992 y 2004.

Una nadadora efectuando un viraje bajo el agua en un entrenamiento.

Objetivos competenciales (aportación en competencias)

- Aceptar el propio cuerpo y sus limitaciones, entender las diferencias de capacidad física entre los compañeros y respetarlas.
- Utilizar habilidades y destrezas motrices en diversos medios.
- Ser capaz de desplazarse en un medio acuático.
- Utilizar los juegos y los deportes como medio de relación con los demás y valorar positivamente el esfuerzo.
- Saber trabajar en equipo en juegos y deportes y valorar la participación más que la obtención de resultados.
- Valorar la práctica de la actividad física como una forma agradable de ocupación del tiempo libre.

El bádminton

1. ¿Cómo se juega?
2. La técnica
3. La táctica
4. Un poco de historia. ¿De dónde proviene el bádminton?

Los deportes de raqueta aumentan la capacidad de percepción y de reacción, y la coordinación de desplazamientos y gestos. Son una manera divertida de practicar ejercicio físico.

UNIDAD 15

#GolpeaElVolante

El bádminton es un deporte de raqueta a medio camino entre el tenis y el voleibol, en el que un volante de plumas sustituye a la pelota.

Se juega en una pista interior rectangular (la ligereza del volante no permite practicarlo al aire libre), dividida por una red. Los partidos son disputados por dos contrincantes, en la modalidad de individuales, o por dos parejas, en la modalidad de dobles. En este último caso, la pareja puede ser del mismo género o mixta.

El bádminton es un deporte muy divertido al que puede jugar todo el mundo. A medida que mejora el nivel de juego, este deporte exigirá el desarrollo de varias cualidades de la condición física: flexibilidad, fuerza, velocidad y resistencia.

1. ¿Cómo se juega?

- **Objetivo:** el objetivo del juego consiste en golpear un volante con una raqueta para hacerlo pasar por encima de la red y dejarlo caer en campo contrario de manera que el adversario no lo pueda devolver.
- **Terreno de juego:** el campo es un rectángulo de 5,18 metros de ancho (6,1 metros para dobles) y 13,4 metros de longitud. En individuales, está delimitado por las líneas laterales interiores y la de fondo, y, en el campo de dobles, por las líneas laterales exteriores y la de fondo.

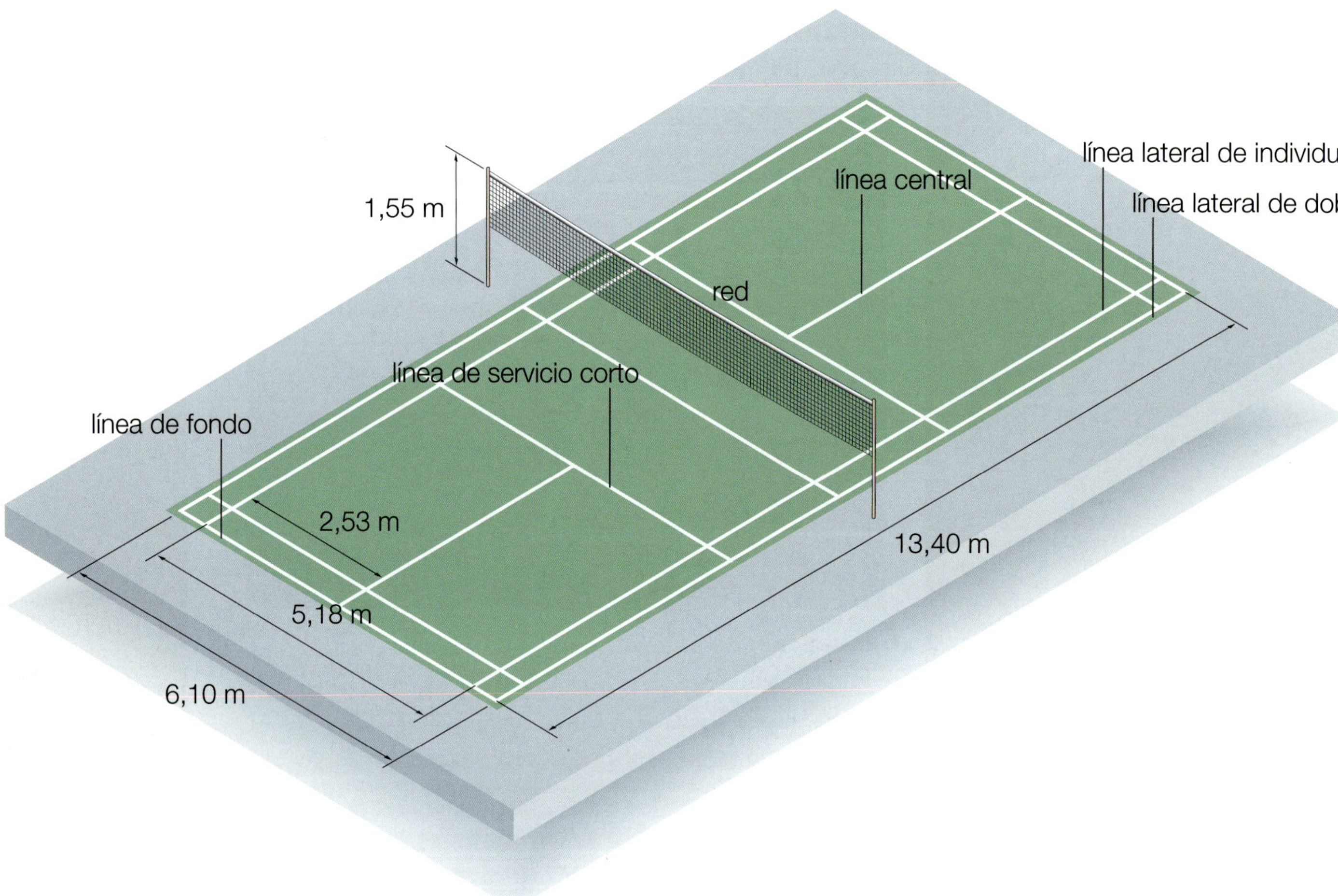

- **Jugadores:** los partidos pueden ser entre dos jugadores (individuales) o por parejas (dobles).
- **Duración del partido:** la duración de cada partido es variable. Se juega al mejor de tres sets y se termina en el momento en que uno de los contrincantes gana dos sets.
- **Puntuación:** cada set consta de 21 puntos y se debe ganar por un mínimo de dos puntos de diferencia. En caso de empate a 20 puntos, el set continúa hasta que se consiguen dos puntos de diferencia hasta un máximo de 30. Los jugadores puntúan siempre, independientemente de si están o no en posesión del servicio.

Raquetas y volantes de bádminton.

- **Material:**

  - El bádminton se juega con una **raqueta** muy ligera (de entre 90 y 140 gramos), de unos 20 centímetros de largo. Está fabricada con un material muy flexible.
  - La raqueta debe golpear un **volante** o **pluma** de 5 gramos de peso aproximado y de unos 6 centímetros de largo. Durante el partido, el volante no puede tocar el suelo ni el cuerpo de los jugadores.

Dos jugadoras aprenden las bases del golpe de servicio.

Glosario

Servicio: es la acción de poner en movimiento el volante al principio de cada punto. El jugador que sirve y el que recibe deben situarse en diagonales opuestas de la zona de servicio. El servidor debe golpear el volante por debajo de la cadera para hacerlo aterrizar en la zona de recepción del rival.

Algunas normas e infracciones

Durante el servicio es falta si...	• El servicio o la recepción se hace fuera de la zona delimitada. • El jugador no tiene los dos pies en contacto con el suelo. • El volante no pasa por encima de la red. • El volante cae fuera de la zona de servicio (falta del servidor). • El volante cae en la zona de recepción sin que lo toquen (falta del receptor). • Se hacen engaños (fintas) con el cuerpo.
Durante el juego es falta si...	• El volante cae al suelo. • El volante toca el cuerpo. • Se toca el volante dos veces consecutivas con la raqueta. • Se transporta o se empuja el volante con la raqueta. • Se mantiene levantada la raqueta cerca de la red para hacer rebotar el volante cuando el contrario lo golpee hacia abajo, a menos que el jugador quiera proteger su propia cara con la raqueta.
La jugada es válida si...	• El volante toca la red, sea durante el servicio o durante el juego. • El volante cae rozando o sobre la línea del campo; es decir, las líneas forman parte del campo.

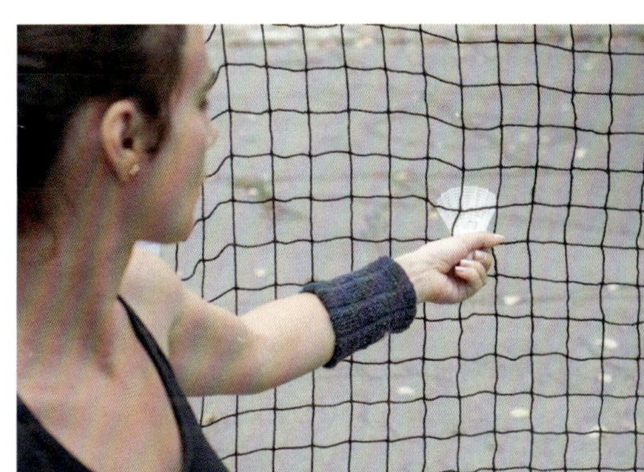

La jugada es válida si el volante toca la red pero traspasa a campo contrario (arriba). No lo es, sin embargo, si el volante no pasa por encima de la red (abajo).

2. La técnica

- **La postura del jugador:** la postura básica del jugador de bádminton consiste en mantener flexionadas rodillas y cintura, lo que lo prepara para anticipar la dirección del volante. Nunca debe estar de pie y relajado.
- **La posición en el campo:** cualquier golpe consta de tres fases. En la primera, el jugador se desplaza con el objetivo de interceptar el volante. En la segunda, lo golpea. En la tercera, recupera la posición central en la pista.
- **La técnica del golpe:** se fundamenta en la rotación del antebrazo, más que en la flexión de la muñeca. La forma de coger la raqueta (llamada *universal*) se hace como al encajar la mano a alguien.

Pareja en un partido de dobles, a la espera del servicio del equipo contrario. La posición permite observar el alto grado de tensión y preparación de ambos.

Diferentes tipos de golpe

- **Golpe de servicio:** se golpea el volante entre la rodilla y la cadera. El jugador se sitúa cerca de la T de servicio, apoyado en el pie hábil (normalmente el derecho). El otro pie lo mantiene avanzado y los hombros se sitúan perpendiculares a la red. Antes del impacto el peso del cuerpo recae sobre la pierna atrasada, se coge el volante por las plumas, a la altura de los hombros, y se deja caer (sin lanzarlo). Durante el impacto hay que transferir el peso del cuerpo de la pierna posterior a la anterior, golpeando el volante por debajo de la cintura y por delante del cuerpo. El primer golpe de servicio de efectúa desde el lado derecho del campo.

- **Golpes de fondo de pista:** el impacto tiene lugar por encima de la cabeza del jugador. La cabeza de la raqueta debe estar perpendicular a la trayectoria del golpe. Según adónde se quiere dirigir el volante, podemos diferenciar tres tipos de golpes:
  - *Clear* (o globo): golpe de fondo dirigido al fondo de la pista.
  - *Drop* (o dejada): golpe que se hace con el objetivo de no sobrepasar la línea de servicio corto.
  - *Smash* (o mate): golpe que tiene siempre una trayectoria descendente y que se caracteriza por la velocidad que se da al volante.

Glosario

Juego de muñeca: es el movimiento de muñeca que permite golpear el volante. A diferencia del tenis, el manejo de la raqueta se hace a partir de movimientos cortos y rápidos del brazo.

En la ilustración, se puede ver la diferencia en el punto de impacto del volante respecto al eje del cuerpo. Todos los golpes se pueden hacer de derechas y de revés, y pueden ser tanto paralelos como cruzados. El golpe de revés se hace de espaldas a la red, levantando mucho el codo.

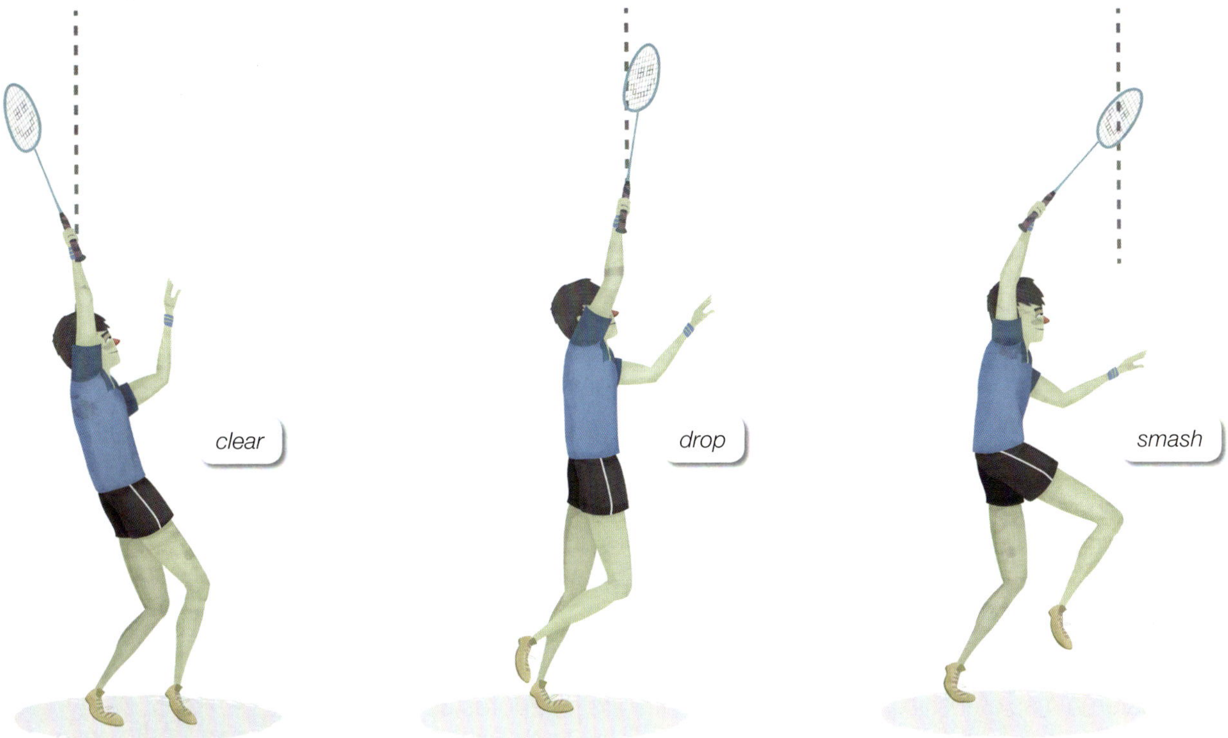

- **Golpe en la red:** este golpe requiere reflejos, equilibrio en el desplazamiento de la pierna hábil y anticipación. La raqueta debe estar delante del cuerpo y cuanto más alta, mejor.

3. La táctica

La táctica del bádminton, como la de casi todos los juegos de raqueta, consiste en potenciar al máximo los propios puntos fuertes y aprovechar los puntos débiles del rival. Por ejemplo, si observamos que el contrario no domina el revés, intentaremos que tenga que devolver los volantes con esta técnica.

Táctica en individuales

- Alternar la dirección del volante en las cuatro esquinas de la pista contraria, dando prioridad a los desplazamientos verticales sobre los laterales.
- Repetir dos o tres lanzamientos hacia una esquina y cambiar seguidamente al lado contrario para obligar al rival a hacer un desplazamiento más largo.
- Los golpes paralelos perjudican más al oponente que los cruzados porque son más rápidos y provocan desplazamientos más largos.

Táctica en dobles

Es necesario pensar como un equipo para ayudar al compañero o compañera y no dejar zonas desprotegidas. En el juego de dobles podemos hablar de tres sistemas diferentes:

Los golpes en paralelo o la alternancia de esquinas obligan al jugador contrario a desplazarse más y a más velocidad.

- **Sistema en paralelo:** es el sistema más defensivo y más básico. Los jugadores se reparten el campo y juegan uno en el lado derecho y el otro en el izquierdo. El centro, el espacio entre los dos jugadores, es la zona débil. Hay que forzar los desplazamientos adelante y atrás para provocar desorganización en la pareja rival.
- **Sistema delante-detrás:** los jugadores se colocan centrados, uno frente al otro. Es un sistema más ofensivo y la coordinación entre los jugadores es más compleja. La zona débil son las zonas medias de los pasillos de dobles. Hay que forzar los desplazamientos adelante y atrás para crear indecisiones en las zonas de responsabilidad de los jugadores oponentes.
- **Sistema en rotación:** es el más completo. Este sistema es para jugadores que ya dominan los sistemas de juego básicos y requiere mucha coordinación. Según si queremos desarrollar un juego más defensivo o de ataque, debemos disponernos en paralelo o delante-detrás.

Jugadores dispuestos en un sistema defensivo en paralelo.

Jugadores dispuestos en un sistema ofensivo delante-detrás.

5. Un poco de historia. ¿De dónde proviene el bádminton?

El bádminton es originario de la India. Allí, los oficiales del ejército británico se aficionaron y lo importaron a Inglaterra. El duque de Beaufort se interesó en este juego y lo convirtió en una práctica habitual en su finca, llamada Badminton House. De ahí el nombre.

El bádminton se oficializó en Inglaterra en 1873, y en 1910 ya había 300 clubes. El número de clubes se elevó a 9000 después de la Primera Guerra Mundial. En 1890 se implantó en Estados Unidos y Canadá. Los primeros campeonatos norteamericanos se celebraron en 1937, en Chicago. El bádminton adquirió categoría de deporte olímpico en 1992, en los Juegos Olímpicos de Barcelona.

Actualmente, el bádminton es muy popular en Asia, especialmente en Indonesia, de donde proceden muchos de los jugadores de élite.

Badminton House.

¿Sabías que...?

- En Inglaterra, los jugadores de bádminton se vestían originariamente con casacas, zapatos abotonados, pajarita y pantalones abombados de seda. Parece que, en aquellos tiempos, un club expulsó a un jugador por haberse despojado de la casaca.
- El bádminton es el deporte de raqueta más rápido, ya que el volante puede alcanzar velocidades de hasta 300 km/h.
- La velocidad del volante puede variar por causas climáticas como la humedad o la temperatura. Por este motivo, los jugadores pueden acordar doblar las puntas de ocho de las plumas hacia dentro si quieren aumentar la velocidad y hacia fuera si desean reducirla.
- La Thomas Cup es la competición masculina de bádminton. Desde su creación, en 1948, solo la han ganado tres países: China, Malasia e Indonesia.
- El bádminton es un juego muy reciente en España. El primer campeonato se celebró en Valladolid en 1982. En 2004, en Atenas, se consiguió la primera participación olímpica.

Jugador de bádminton del siglo XIX pintado por William Williams.

Objetivos competenciales (aportación en competencias)

- Hacer un calentamiento adecuado de acuerdo con la actividad física que se vaya a llevar a cabo.
- Utilizar los juegos y los deportes como medio de relación con los demás, valorando el esfuerzo y la capacidad de superación más que la obtención de resultados.
- Participar en actividades deportivas mediante el trabajo en equipo para alcanzar metas compartidas.
- Valorar la práctica de la actividad física como una forma agradable de ocupación del tiempo libre.
- Realizar de forma autónoma actividades físicas para el equilibrio de la rutina diaria.

El balonmano

1. ¿Cómo se juega?
2. La técnica
3. Especialización en un equipo de balonmano
4. Táctica del juego en equipo
5. Un poco de historia. ¿De dónde proviene el balonmano?

La práctica del balonmano nos permite desarrollar la fuerza y la velocidad, para superar al rival, y la flexibilidad, que nos ayuda a ejecutar los gestos técnicos.

UNIDAD 16

#Contacto

El balonmano es un deporte de equipo muy extendido en Europa y en otros lugares del mundo, pero en los países de habla inglesa no ha conseguido una amplia aceptación.

El contacto cuerpo a cuerpo, la precisión, la potencia en el lanzamiento y la velocidad hacen del balonmano un deporte con un carácter físico muy marcado.

En los últimos diez años, España se ha convertido en uno de los países líderes en Europa en esta disciplina. Los jugadores españoles compiten en las mejores ligas del mundo y la selección española ha ganado varios mundiales.

En cuanto al balonmano femenino, España también se ha posicionado entre la élite mundial, tal como lo demuestran la medalla de bronce de los Juegos Olímpicos de Londres de 2012, la medalla de bronce del Mundial de 2011 y la medalla de plata del Europeo de 2008.

1. ¿Cómo se juega?

El balonmano es un deporte en el que dos equipos se enfrentan para controlar una pelota que se juega con la mano.

- **Terreno de juego:** el juego se disputa en una pista rectangular de dimensiones 25 × 42 metros, dividida en dos mitades y presenta las siguientes características:

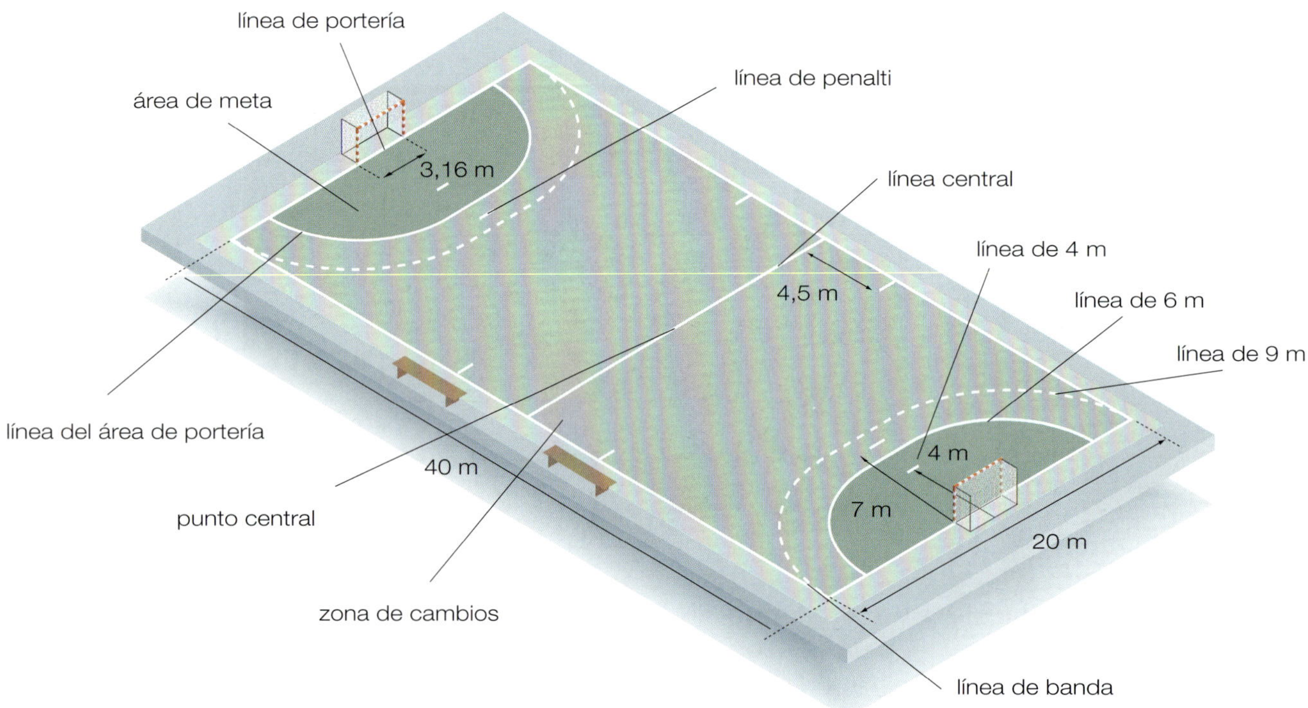

- **Objetivo:** el objetivo de los dos equipos es convertir puntos introduciendo la pelota en la portería del equipo contrario. Gana el equipo que consigue más puntos.
- **Duración del partido:** un partido consta de dos partes de 30 minutos cada una, con un descanso de 5 minutos entre ellas. En caso de empate, se juega una prórroga de dos partes de 5 minutos. Si persiste el empate, hay una nueva prórroga de las mismas características. Si no se consigue romper el empate, se procede al lanzamiento de 7 penaltis de forma alternativa (va lanzando uno cada equipo).
- **Inicio del partido:** tiene lugar a partir de un sorteo que determina cuál de los dos equipos efectúa el saque inicial desde el centro del campo, con un pase en cualquier dirección.
- **Composición de los equipos:** los equipos están formados por un máximo de 14 jugadores y un mínimo de 5. En la pista solo juegan 7 (6 jugadores de campo y un portero).
- **Cambios:** en balonmano se pueden hacer cambios siempre que se desee a partir de la línea de cambios. No hay que avisar ni detener el juego.
- **Sistema de puntuación:** la introducción de la pelota en la portería tiene siempre el mismo valor, independientemente de donde se haya producido el lanzamiento o de las características de la jugada de gol.

Un jugador sin oposición intenta obtener un tanto mediante el lanzamiento a portería.

Algunas normas e infracciones

Normas	• La pelota se juega con la mano y está prohibido golpearla por debajo de las rodillas. • No se permite coger al jugador contrario ni golpearlo, empujarlo o hacerle la zancadilla. La forma de detener a un rival es obstaculizar su paso con el cuerpo. Esta norma hace que el contacto cuerpo a cuerpo sea muy visible. • Ningún jugador atacante ni defensor puede pisar el área del portero.
Infracciones sancionadas con una falta o golpe franco y pérdida de la posesión de la pelota	• **Pasos:** acción que consiste en dar más de tres pasos en posesión de la pelota sin hacerla botar. • **Dobles:** acción de botar la pelota con las dos manos o de botarla nuevamente después de haber dejado de hacerlo (y de haberla cogido con las dos manos). • **Circulación interior:** acción que consiste en pisar el área de portería del equipo contrario. • **Juego pasivo:** ocurre cuando un equipo deja de intentar hacer gol y pierde tiempo. La pelota se pone en juego en el punto donde se ha producido la falta. Si ha sido entre el área de 6 y 9 m, se hace en el punto más cercano a la línea de 9 m (línea discontinua).
Infracciones sancionadas con un penalti	• **Defensa interior:** acción que tiene lugar cuando un jugador marca a un atacante dentro del área de portería. El penalti es la sanción máxima y una clara ocasión de gol. Se lanza con el pie más adelantado en el suelo detrás de la línea de penalti (7 m).
Sanciones disciplinarias	• **Amonestación:** tarjeta amarilla a un jugador que hace una falta claramente antirreglamentaria; solo se muestra una vez por jugador. La siguiente amonestación conlleva la exclusión. • **Exclusión:** sanción a un jugador por una actitud antideportiva (el jugador excluido permanece 2 minutos en el banquillo y su equipo se queda con 1 jugador menos durante ese tiempo). • **Descalificación:** a la tercera sanción, un jugador ya no puede regresar al campo. El jugador descalificado puede ser sustituido y el equipo recupera la igualdad numérica después de 2 minutos. • **Expulsión:** tarjeta roja de expulsión por una infracción grave. El jugador expulsado no puede volver a jugar y su equipo no lo puede sustituir y recuperar la igualdad numérica.

La forma de detener a un jugador rival es obstaculizar su paso con el cuerpo.

Ni atacantes ni defensores pueden acceder al área de portería. En consecuencia, los lanzamientos suelen efectuarse desde la línea.

Un árbitro amonestando a una jugadora.

2. La técnica

Posición de base del jugador

La posición que adopta el jugador debe permitirle reaccionar de forma inmediata ante situaciones de juego conocidas pero imprevisibles. En el caso del balonmano es la siguiente:

- Piernas separadas y pies bien apoyados en el suelo, a la altura de los hombros.
- Tronco equilibrado sobre las dos piernas, ligeramente inclinado hacia delante.
- Brazos paralelos al suelo, flexionados y con las palmas de las manos orientadas hacia el adversario.

La postura en balonmano debe permitirnos reaccionar de inmediato ante cualquier situación.

El pase

Es el elemento básico del juego y sirve para trasladar la pelota de un jugador a otro, de pasador a receptor. La línea imaginaria que une a los dos jugadores se denomina *línea de pase*.

Con la pelota cogida con la mano (está adaptada en la palma), el brazo se sitúa a la altura de la cabeza y se carga hacia atrás. A continuación, se impulsa adelante soltando la pelota para hacer el pase. Si se quiere hacer un pase correcto, se deben tener en cuenta cuatro principios:

- No mirar al posible receptor cuando se hace el pase.
- Emplear la potencia adecuada a la distancia que haya entre el pasador y el receptor.
- Hacer el pase con precisión, a la altura del pecho del receptor, para no provocar retrasos en la jugada.
- Dominar el mayor número posible de tipos de pase.

La jugadora efectúa un pase sin mirar al receptor, dificultando así la intercepción del pase o el marcaje del contrario.

Tipos de pase

Si hablamos del desplazamiento de la pelota, podemos distinguir tres tipos de pase: **parabólico** (1), **directo** (2) y **picado** (con bote) (3).

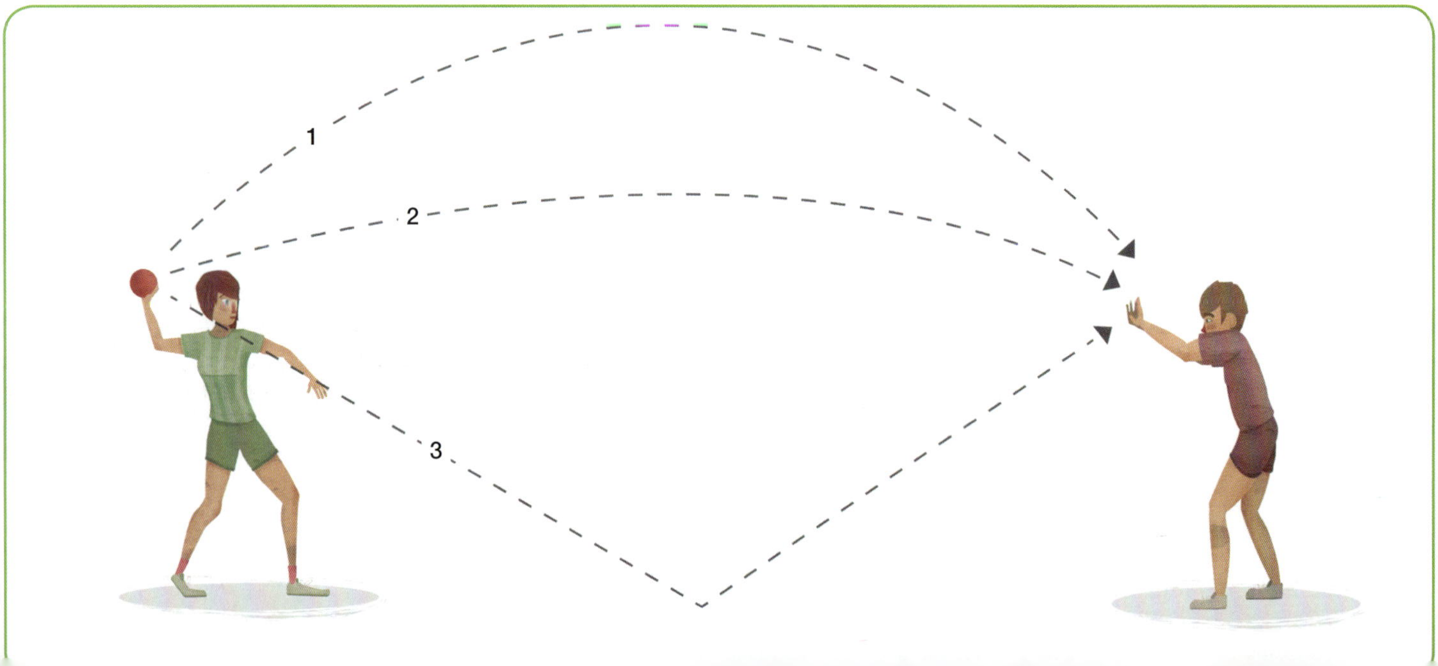

Si tenemos en cuenta la posición corporal, podemos hablar de dos tipos de pase:

- **Pase frontal:** este pase tiene como destinatario un jugador que se encuentra delante. Para hacerlo, hay que adelantar la pierna contraria al brazo ejecutor y situar el brazo y el antebrazo en un ángulo de 90°. En esta posición, se impulsa la mano en la dirección del pase y se hace rotar el brazo en la misma dirección.
- **Pase lateral:** se trata de un pase muy utilizado porque los jugadores suelen desplazarse por el campo juntos, en línea. Hay que hacerlo con los pies situados a la misma distancia que los hombros. Al efectuar el pase, se hace una torsión del tronco hacia atrás en la dirección del brazo que sujeta la pelota. Luego, el tronco retorna a la posición original al tiempo que se estira el brazo para hacer el pase.

El lanzador levanta la mano de lanzamiento por encima de la cabeza para imprimir la máxima potencia al balón.

La recepción

La recepción es la acción de recibir la pelota. Amortigua el golpe y la pelota se recoge con la mano para asegurar la posesión y poder seguir el juego.

Para practicar el pase y la recepción, podemos llevar a cabo un ejercicio que consiste en disponer los jugadores en círculo, separados unos 3 metros unos de otros. Uno se sitúa en el exterior, mientras que los demás se pasan la pelota en el sentido de las agujas del reloj, sin saltarse a nadie. El jugador exterior debe correr tras la pelota, siempre por el exterior, intentando interceptarla para ocupar la posición de quien debería haber recibido el pase.

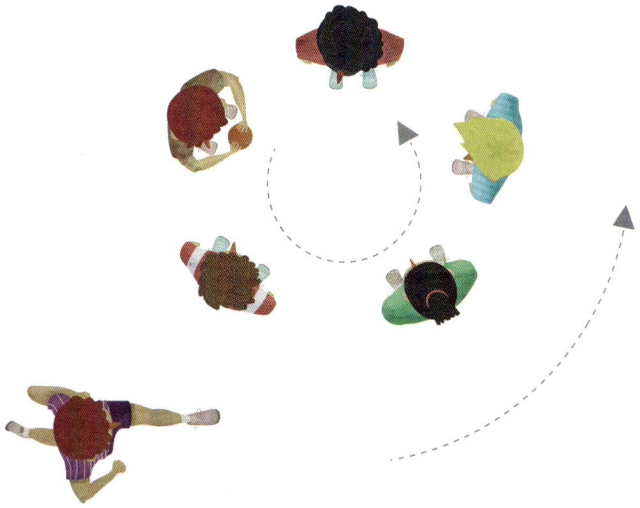

El lanzamiento

Es la acción final de ataque, que tiene como objetivo convertir un gol. Para llevarlo a cabo, se sitúa el brazo a la altura de la cabeza y se impulsa la pelota en dirección a la portería. Según la situación y la técnica que se utilice, se puede hacer un lanzamiento con suspensión, de cadera, rectificando, picado o con vaselina.

El bote

El bote consiste en lanzar la pelota al suelo y hacer una recepción de manera controlada. Botando la pelota los jugadores se pueden desplazar sin cometer pasos. El bote puede ser alto en acciones de ataque o bajo en situaciones defensivas.

La finta

Se trata de una acción de engaño para descolocar al adversario. Consiste en iniciar un movimiento e interrumpirlo súbitamente para hacer otro distinto. La finta puede ser de lanzamiento (simular que se lanza la pelota), de pase (simular un pase) o de desplazamiento (simular un movimiento hacia una dirección).

La finta es una acción técnica que nos permite desmarcarnos de los defensores y situarnos solos ante la portería.

3. Especialización en un equipo de balonmano

Cuando un jugador o jugadora llega a un nivel avanzado, se especializa en una posición concreta en el campo, determinada por sus habilidades y por su constitución física.

- **Portero (1):** Es el único jugador que puede estar dentro del área, donde está autorizado a dar los pasos que quiera con el balón en las manos y a tocarla con los pies. Debe vestir de un color diferente al del resto del equipo. Fuera del área, debe comportarse como cualquier otro jugador de campo.
- **Central (2):** Es el director del juego, por lo cual debe tener visión de juego y destreza. Es el primero en recibir el balón del portero para iniciar una jugada de ataque. En situación de defensa, se coloca en el centro de la línea defensiva, junto al pivote.
- **Lateral (3):** Hay dos, uno a cada lado del central. Son jugadores altos y corpulentos y poseen un lanzamiento potente. Son los encargados de romper la defensa desde la línea de 9 metros y asistir a los extremos que tienen al lado.
- **Extremo (4):** También son dos y se colocan en los extremos de la formación, uno a cada lado de los laterales. Son jugadores rápidos, ágiles, de poco peso y con una gran capacidad de salto. Amplían la defensa y crean espacios.
- **Pivote (5):** Es el encargado de internarse en la defensa rival y abrir espacios. Son jugadores robustos, expertos en la lucha cuerpo a cuerpo.

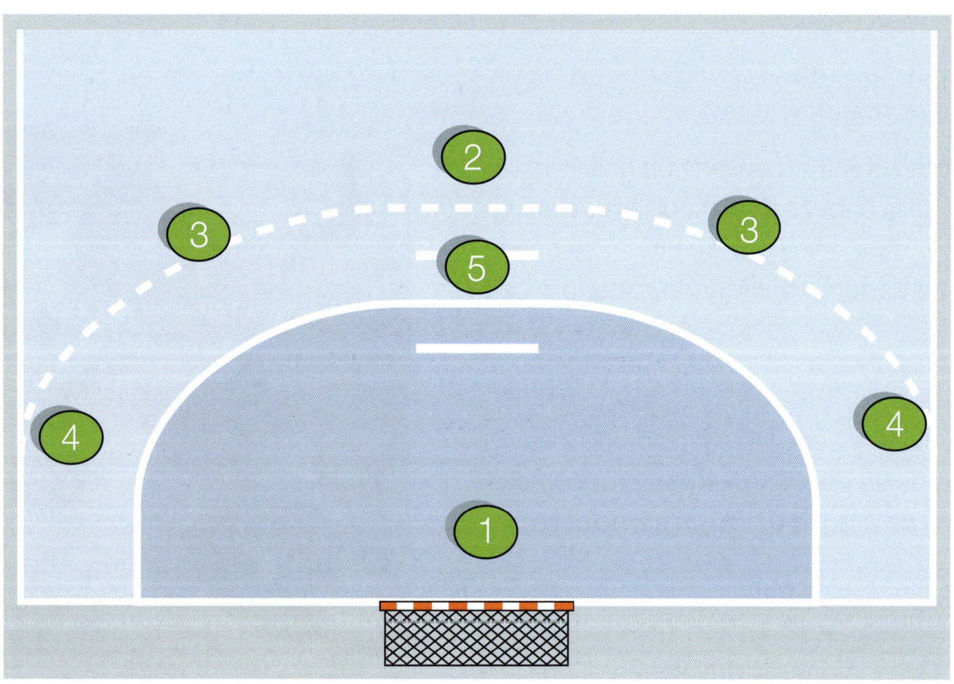

Posición de los distintos jugadores en el campo.

El portero es el único jugador que puede estar en el área y tocar el balón con los pies.

El central repartiendo juego y organizando el ataque de su equipo.

El pivote acostumbra a encontrarse en situaciones de cuerpo a cuerpo, a menudo con más de un rival.

4. Táctica del juego en equipo

La forma de organizar a los jugadores en el campo se llama *sistema*. El sistema puede ser ofensivo (para atacar) o defensivo (para defender).

Sistemas ofensivos (objetivo: marcar goles)

- **Sistema 3-3:** consiste en disponer una primera línea de 3 jugadores (los laterales y el central) y una segunda también de 3 jugadores (los extremos y el pivote).

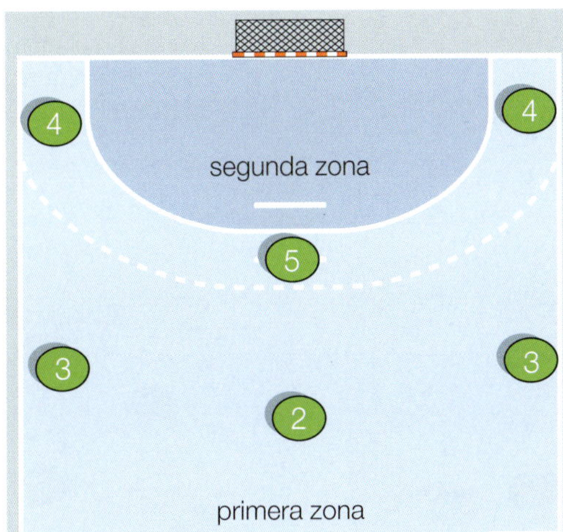

- **Sistema 2-4:** consiste en disponer una primera línea de 2 jugadores (los laterales) y una segunda de 4 jugadores (los extremos y 2 pivotes).

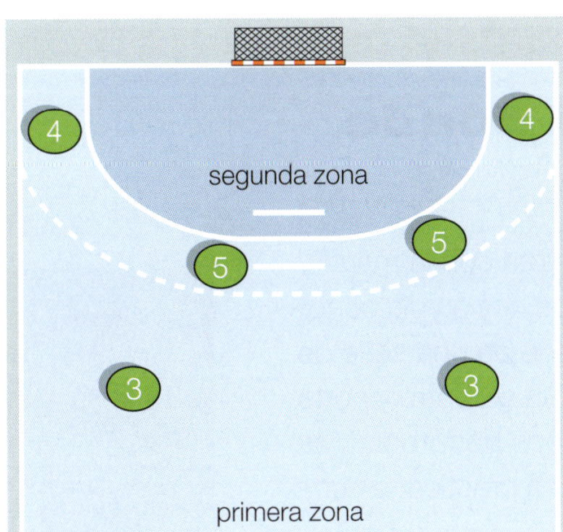

Sistemas defensivos (objetivo: evitar el gol y recuperar el balón)

Defensa individual

Es el sistema defensivo que consiste en que cada jugador marca a un adversario. La defensa individual se utiliza para presionar y para recuperar rápidamente la pelota.

Sistema ofensivo con tres atacantes en la segunda zona. El pivote ha logrado desmarcarse.

Sistema ofensivo con cuatro jugadores en la segunda zona. La defensa se apresura a cubrir a los pivotes, dejando a los extremos desmarcados.

Defensa individual en la que cada jugador marca a un adversario.

Defensa en zona

Con este sistema defensivo, cada jugador se encarga de una zona asignada, con el objetivo de evitar el lanzamiento del equipo contrario.

- **Sistema 5-1:** un jugador avanzado sigue la pelota para obstaculizar su circulación y los demás jugadores se disponen alrededor del área de 6 metros.
- **Sistema 6-0:** todos los jugadores se disponen alrededor del área de 6 metros formando un arco defensivo. La formación se desplaza lateralmente siguiendo la pelota y solo se sale del arco para marcar a los jugadores que intentan penetrar con la pelota.
- **Sistema 3-2-1:** disposición en tres líneas defensivas que tiene como objetivo reforzar la defensa sobre el central y los laterales del equipo contrario.

En la defensa en zona se producen ayudas en el marcaje, aunque ello supone dejar a algún jugador libre de marca.

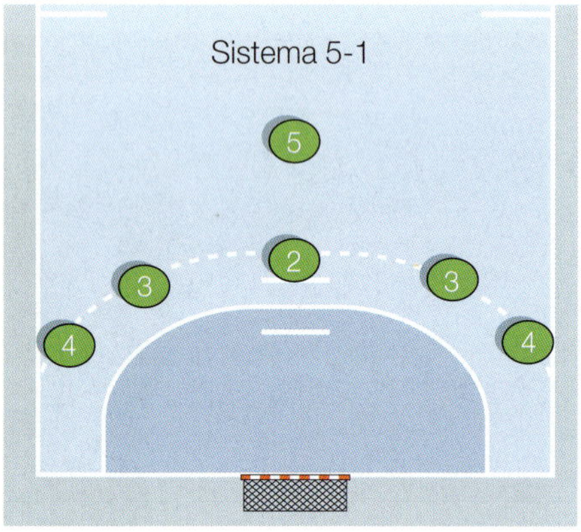

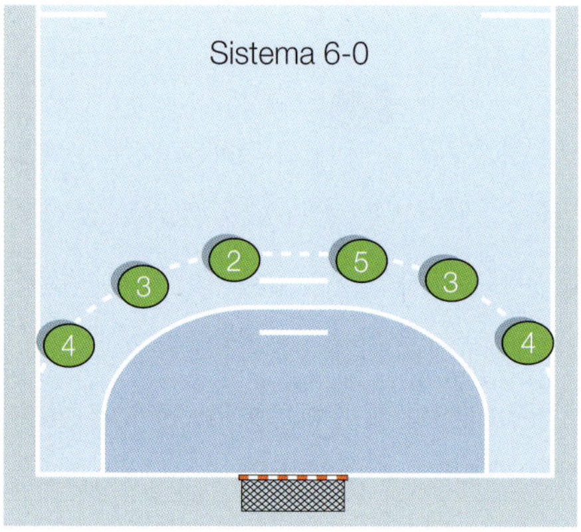

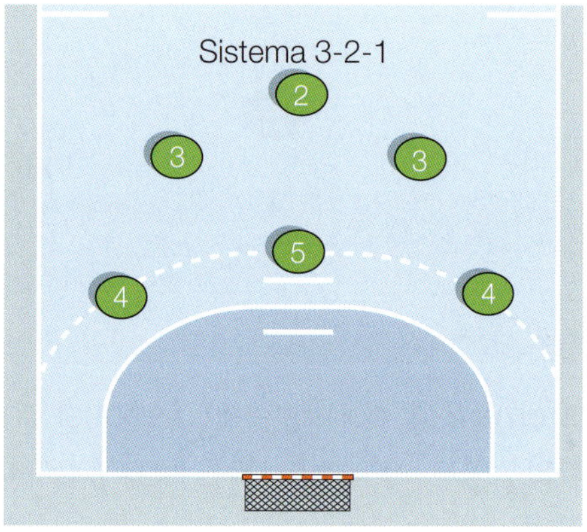

5. Un poco de historia. ¿De dónde proviene el balonmano?

Ya desde la Antigüedad hay descripciones de juegos de pelota con la mano y obras de arte que los representan. Sin embargo, el juego que hoy en día conocemos como balonmano no es muy antiguo, ya que proviene de una serie de juegos similares que se practicaban a principios del siglo XX en el centro y norte de Europa. Inicialmente se practicaba al aire libre en campos de fútbol. Más adelante, a causa de las inclemencias climáticas, se empezó a practicar en una pista cubierta con equipos formados por 7 jugadores.

En España, su origen está relacionado con el entorno militar. En 1928 se presentó el que se conoció como *balón a mano* en el regimiento Alcántara de Barcelona. El primer reglamento que se conoce data de 1929 y está firmado por el capitán Hermosa.

El balonmano forma parte de las Olimpiadas desde los Juegos de Múnich de 1972 en la categoría masculina, y los Juegos de Montreal de 1976 en la categoría femenina.

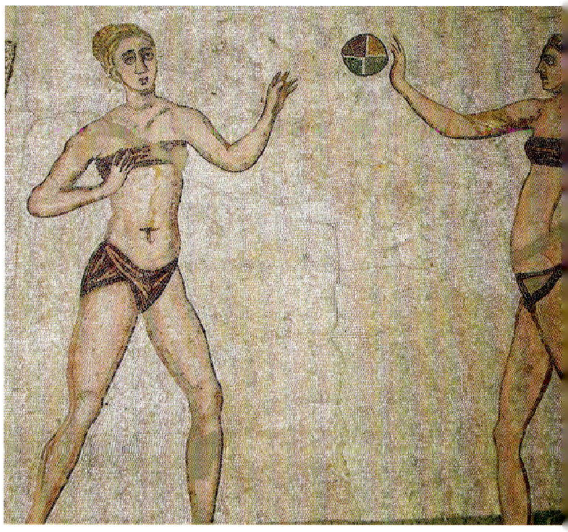

Desde la Antigüedad están atestigüados los juegos de pelota con la mano, tal y como demuestra este mosaico romano de Piazza Armerina (Sicilia).

¿Sabías que...?

- La Federación Internacional de Balonmano organizó el primer campeonato del mundo masculino en el año 1954.
- En las categorías de iniciación, al árbitro se le llama *tutor de juego* y su papel es de carácter formador.
- Para convertir un gol, el balón debe sobrepasar totalmente la línea de portería.
- La selección española tiene el récord de goles en una final: 40 goles contra Croacia, en 2005.
- Hay jugadores que pueden llegar a lanzar el balón a 130 kilómetros por hora.
- Para no perder la pelota y asegurar una buena prensión, los jugadores usan resina adherente en las manos.
- Tras la aparición del vóley-playa, apareció la modalidad de playa de muchos deportes. El balonmano también dispone de esta versión, que se diferencia de la tradicional por la ausencia de bote.

Un jugador en el momento de efectuar un lanzamiento. El salto ayuda a imprimir altas velocidades al balón, de hasta 130 km/h.

Un partido de balonmano en su modalidad de playa.

Un partido en las categorías de formación. Al fondo podemos ver a la tutora de juego.

Objetivos competenciales (aportación en competencias)

- Conocer y utilizar las propias posibilidades motrices en relación con los otros, con diferentes objetos y en diversos medios.
- Utilizar los juegos y los deportes como medio de relación con los demás y valorar positivamente el esfuerzo.
- Saber trabajar en equipo en juegos y deportes y valorar la participación más que la obtención de resultados.
- Valorar la práctica de la actividad física como una forma agradable de ocupación del tiempo libre.

El baloncesto

1. ¿Cómo se juega?
2. La técnica
3. Especialización en un equipo de baloncesto
4. Táctica del juego en equipo
5. Un poco de historia. ¿De dónde proviene el baloncesto?

La NBA o los Juegos Olímpicos son competiciones de élite muy conocidas, pero cualquiera puede practicar el baloncesto. Seguro que cerca de tu casa hay una canasta o un campo de juego.

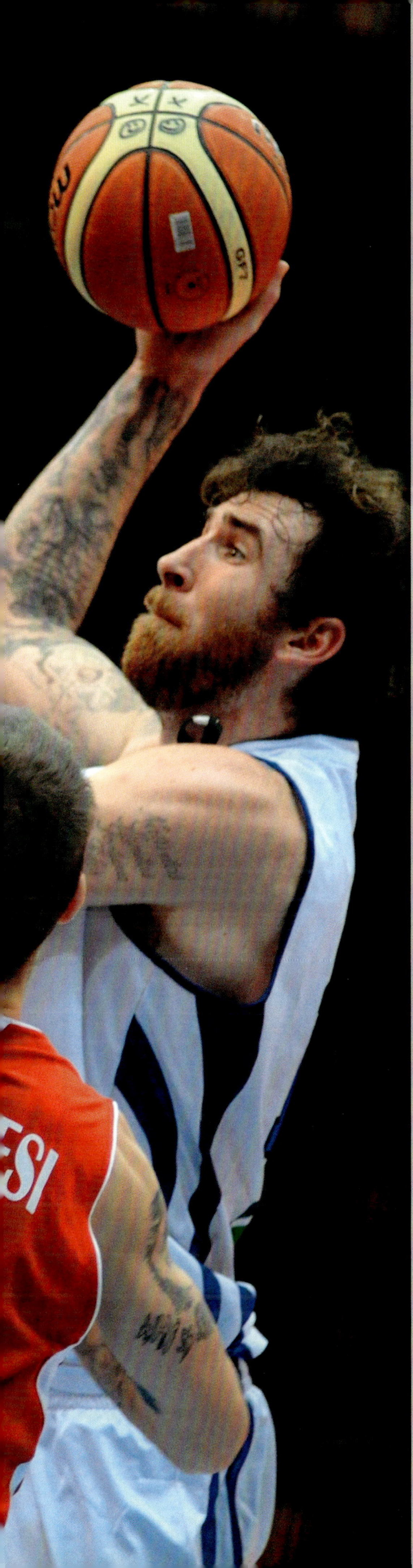

UNIDAD 17

#basketball #BotaPasaTira

La velocidad, la precisión, la lucha por el rebote, el intercambio de canastas y la defensa hacen del baloncesto un deporte muy divertido. Se juega la pelota con las manos y está prohibido tocarla con los pies.

Para jugar al baloncesto hay que aprender a botar la pelota y a lanzarla al interior de la canasta; también, a alcanzar una buena comunicación con los compañeros de equipo para dar buenos pases.

El baloncesto es un deporte espectacular que está al alcance de todos. En esta unidad didáctica aprenderemos las reglas básicas y expondremos técnicas para mejorar nuestro juego.

1. ¿Cómo se juega?

El baloncesto es un deporte en el que dos equipos se enfrentan para controlar una pelota que se juega con la mano.

- **Terreno de juego:** un partido de baloncesto se disputa en una pista, generalmente de parqué, que tiene forma rectangular de 28 × 15 metros. El campo se divide en dos mitades y hay marcadas distintas zonas que tienen las siguientes características:

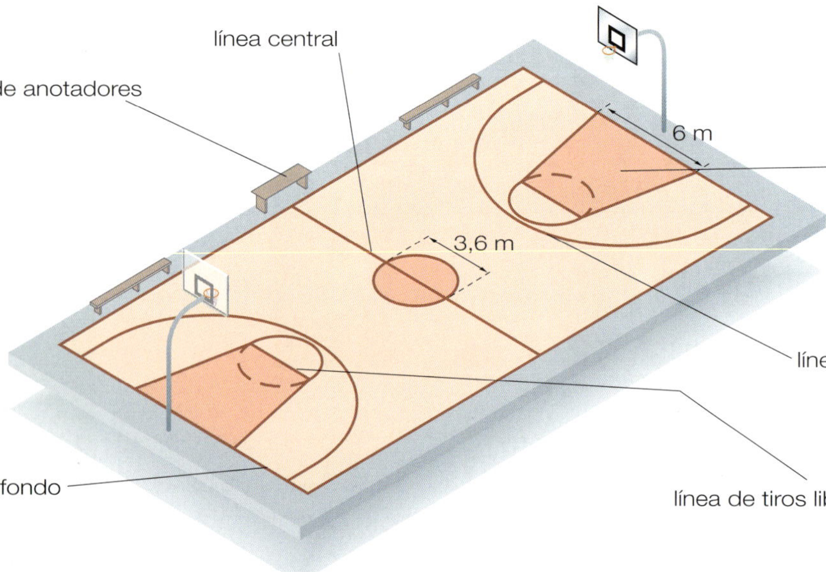

- **Objetivo:** el juego consiste en introducir la pelota en la canasta del equipo contrario. Las canastas se puntúan según la distancia. El equipo ganador es el que consigue más puntos. En caso de empate, se juegan tantas prórrogas como sean necesarias hasta que uno de los dos equipos se lleve la victoria.
- **Duración del partido:** cuatro partes (o periodos) de 10 minutos. El cronómetro se detiene cada vez que el árbitro pita. Se hace un descanso largo de 10 a 15 minutos al finalizar el segundo tiempo. Después del primer y del tercer tiempo hay una pausa de 2 minutos. Las prórrogas tienen una duración de 5 minutos.
- **Inicio del partido:** el árbitro pone en juego la pelota lanzándola al aire en el centro del campo, entre dos jugadores, uno de cada equipo, que saltan para tratar de obtener el control. En el baloncesto reglamentario, la mesa arbitral decide cuál de los dos equipos tendrá la pelota al inicio de los otros tres periodos. Sin embargo, en las clases de educación física, se suelen empezar todos los periodos con un salto entre dos jugadores contrarios.
- **Composición de los equipos:** los equipos están formados por un máximo de 12 jugadores y un mínimo de 8. En la pista, sin embargo, solo juegan 5 jugadores contra 5.
- **Cambios:** en un partido de baloncesto se puede hacer un número ilimitado de cambios de jugadores, en cualquier fase del partido. Sin embargo, en las categorías inferiores (hasta la cadete) solo se pueden hacer cambios en el último periodo de 10 minutos.

Salto de dos jugadores al inicio de un partido.

- **Sistema de puntuación:** según el lugar desde donde se realice el lanzamiento, la canasta se puntúa con tres valores diferentes:
  - 3 puntos si se encesta fuera de la línea de 6,25 metros (6,75 metros para los equipos profesionales),
  - 2 puntos si se acierta desde dentro de la línea de 6,25 metros y
  - 1 punto si se acierta desde la línea de tiros libres.

Algunas normas e infracciones

Dobles: Se denominan *dobles* o *falta doble* los tres supuestos siguientes:

- Botar la pelota con las dos manos al mismo tiempo.
- Hacer botar la pelota por encima de la cintura.
- Parar el bote de la pelota, cogerla con las dos manos y volverla a hacer botar.

Pasos: acción de correr o caminar sin botar la pelota. El reglamento solo permite dos pasos sin hacerla botar, seguidos de un lanzamiento a canasta o un pase a un compañero o compañera. Con un tercer paso sin botar la pelota, se incurre en la infracción de pasos.

Campo atrás: acción de retroceder la pelota al campo defensivo una vez el equipo ha atravesado la línea de medio campo.

24 segundos: límite de tiempo de que dispone un equipo para atacar sin lanzar a canasta.

5 segundos: límite de tiempo de que dispone un jugador en posesión de la pelota para hacer un pase, lanzarla a canasta o hacerla botar.

3 segundos: límite de tiempo durante el cual un jugador atacante puede permanecer dentro de la zona de canasta del equipo contrario.

Pies: acción de tocar la pelota con las piernas o los pies.

Fuera: acción en que un jugador en posesión de la pelota sale de los límites del campo o pisa las líneas de fondo o de banda.

Estas infracciones se sancionan con la pérdida de la pelota por parte del equipo infractor. El equipo contrario recupera la posesión y pone en juego la pelota desde la línea de banda o de fondo más cercana.

Falta personal: acción antirreglamentaria que se produce en el momento en que hay contacto físico (un toque o un empujón) con un jugador contrario. Cuando la falta la comete un jugador del equipo atacante se llama *falta en ataque*. Para que se produzca esta situación, el jugador defensor debe estar quieto y ha de tener los dos pies en el suelo.

Esta infracción se castiga de formas diferentes:

- Servicio desde la línea de fondo más cercana.
- Dos tiros libres a cargo del jugador que recibe la falta, si el jugador estaba en situación de lanzamiento.
- Tres tiros libres, si el jugador estaba lanzando desde fuera de la línea de 6,75 m.
- Un lanzamiento libre adicional, si el jugador recibe la falta en la acción de tiro y encesta (2 + 1).
- Cuando un jugador comete 5 faltas personales tiene que abandonar el campo y será sustituido por un compañero de equipo.

Un jugador realiza un lanzamiento desde la línea de tiros libres.

El jugador defensor comete falta personal al intentar frenar la entrada a canasta del atacante.

2. La técnica

Posición de base del jugador

Para jugar bien en cualquier deporte de equipo, hay que mantener una postura que permita estar preparado para realizar acciones de forma rápida. En el caso del baloncesto, hay que adoptar esta posición de base:

- Cuerpo equilibrado, con el peso distribuido en ambas piernas, preparado para cualquier acción (pasar, botar, tirar o desplazarse).
- Piernas ligeramente flexionadas, con la musculatura en tensión, que permite realizar acciones rápidas.
- Cabeza recta, mirada hacia delante.
- En el caso de la defensa, debe tratar de no estar mucho tiempo en el aire y desplazarse lateralmente con pasos cortos y rápidos.

La postura de ambos jugadores (atacante y defensor) los prepara para la realización de acciones de forma rápida.

El bote y el regate

El bote sirve para desplazarse por el campo con la pelota. Para hacerla botar, se acompaña suavemente con los dedos de la mano con un impulso de muñeca para darle la dirección. Hay dos tipos de bote:

- **Bote alto:** su objetivo es avanzar rápidamente y en carrera a través del campo. El bote debe ser alto y hacia delante.
- **Bote bajo:** tiene como objetivo proteger la pelota y evitar que el defensor la arrebate. Al disponer de poco espacio, el bote será bajo y de lado, de modo que el propio cuerpo proteja la pelota. Este estilo de bote permite hacer cambios de dirección y de ritmo según convenga.

El regate es una acción que tiene como objetivo esquivar a un jugador defensor en una acción de uno contra uno. Consiste en cambiar la dirección del desplazamiento mediante un cambio de mano de la pelota mientras se hace botar. El cambio de mano más sencillo consiste en pasar la pelota con un bote por delante del cuerpo. También puede hacerse por debajo de las piernas o por detrás del cuerpo.

El jugador atacante logra superar a su defensor gracias a un regate.

Hay que saber botar la pelota con las dos manos; por eso debes insistir en el entrenamiento de la mano menos hábil o mala.

Al final del impulso con los dedos de la mano, hay que dirigir el balón con un golpe de muñeca.

Debes intentar botar la pelota sin mirarla; el tacto con los dedos te ayudará a controlarla y a hacer cambios de mano con más seguridad.

El pase y la recepción

Pasar la pelota es el elemento fundamental de la jugada de ataque y es la forma más habitual y rápida de moverla.

Se juega mejor y más rápido pasando la pelota a un jugador desmarcado que desplazarse haciéndola botar. Cuando se juega al baloncesto, no es bueno abusar del bote. Cuando se aprende a levantar la cabeza, a detectar a un compañero o compañera desmarcado y a hacer un buen pase de pelota, el baloncesto se convierte en un juego más divertido. En la acción del pase, hay que tener en cuenta dos aspectos fundamentales:

Apuntar bien, coger el balón con los dedos e impulsarlo con los brazos extendidos favorecen la precisión del pase.

La técnica y la precisión del pasador

- El pase debe ser fuerte y tenso, pero nunca violento.
- Hay que coger la pelota principalmente con los dedos y procurar que la palma tenga poco contacto. La última parte del cuerpo que debe tocarla son los dedos.
- El pasador debe apuntar o bien al pecho del receptor o bien a la mano que pide la pelota.

Hay mucha variedad de pases, pero en este curso practicaremos cuatro: el pase de pecho, el picado, el de béisbol (o de contraataque) y el pase lateral.

El receptor debe estar atento y esperar la pelota, desmarcándose de su defensor y con manos y brazos preparados para recibir el pase.

El desmarque y la técnica del receptor

- El receptor debe observar bien la pelota y esperar: los dedos bien abiertos y las palmas orientadas hacia la pelota.
- Si un jugador quiere ser objeto de una recepción, debe pedir la pelota ofreciendo una mano libre.
- El receptor se ha de desmarcar, es decir, intentar liberarse de su defensor en pocos metros para poder recibir la pelota. Este desmarque se puede hacer mediante cambios de ritmo, fintas, cruces, puerta atrás, etc.

Pivotar

Es la acción en la que un jugador en posesión de la pelota mantiene un pie en el suelo mientras gira sobre sí mismo con el pie libre. Como no hay desplazamiento, no es necesario botar la pelota. Esta acción sirve principalmente para desmarcarse cuando se deja de botar y un defensor se ha situado cerca. También sirve para encarar un objetivo concreto sin dar pasos. El pie que está en el suelo se denomina *pie de pivote* y se debe pivotar sobre su punta.

El jugador atacante pivota y protege el balón con su cuerpo ante la presión defensiva.

Las paradas

Son movimientos que permiten detenerse después del bote o al recibir un pase. Hay que aprender a parar bien para no incurrir en la infracción de pasos. El contacto con el suelo debe hacerse con las rodillas bien flexionadas para amortiguar la caída. Se puede parar en un tiempo o en dos. En las paradas de dos tiempos, el pie de pivote es el que toca primero el suelo.

El tiro o lanzamiento

Es el gesto técnico mediante el cual se consigue impulsar la pelota con precisión para tratar de encestarla. Se puede ejecutar de varias formas. Las dos más habituales son:

- **Lanzamiento de media o larga distancia:** este lanzamiento se hace con los pies un poco separados y encarados a la canasta manteniendo las piernas ligeramente flexionadas (como en la posición de base). Con la mano diestra, se coge la pelota con los dedos, procurando que la palma no la toque. La otra mano se pone al lado de la pelota (nunca delante). Una vez cogida la pelota, se levanta el codo por delante de la barbilla, a la vez que se flexionan las piernas. Finalmente, se da un golpe de muñeca y, en último lugar, un golpe de dedos. Después de lanzar la pelota, la mano y el brazo de tiro deben quedar elevados, completamente rectos y alineados con la canasta. De este modo, se asegura una buena dirección, y solo hay que tener precisión y hacer un buen cálculo de la potencia necesaria.
- **Lanzamiento cerca de la canasta con entrada:** la entrada a canasta consiste en dar dos pasos sin botar la pelota cuando se está cerca de la canasta. Puede ser después de un salto o de una recepción de la pelota. En el momento de cogerla se da el primer paso de apoyo. Después, se apoya el otro pie para impulsarse y levantar la pelota con las dos manos. Finalmente, se la deja ir hacia la canasta con una sola mano.

El lanzamiento es el gesto técnico con más dificultad del baloncesto. Sin embargo, con el método de repetición, cualquier gesto técnico se puede lograr.

Glosario

Finta: es la acción de engañar al adversario que nos marca, iniciando un movimiento para provocar que el defensor reaccione y se mueva en una dirección. Cuando lo hace, interrumpimos el movimiento e iniciamos otro en sentido contrario, por lo que la misma inercia del defensor nos garantiza el desmarque. La finta puede ser de tiro, de paso, de arranque, etc.

Uno contra uno

Técnica del jugador atacante: el atacante debe intentar superar al compañero o compañera mediante cambios de manos y de ritmo, es decir, desmarcándose. El desmarque puede tener varios objetivos:

- intentar hacer un lanzamiento,
- entrar a canasta,
- hacer un pase a un compañero desmarcado,
- recibir un pase sin la presión del adversario.

Técnica del jugador defensor: el marcaje de un jugador es un tipo de defensa que se denomina *defensa individual*, contrapuesta a la defensa de zona, en la que no se tiene asignado un atacante concreto, sino una zona del campo. En un marcaje individual, debemos tener en cuenta los siguientes aspectos:

- Hay que situarse entre el jugador que ataca y la canasta, cerca del adversario, pero sin tocarlo.
- Los desplazamientos deben ser laterales y rápidos.
- Si el atacante hace botar la pelota, hay que intentar quitársela.
- Debemos mantener una distancia de seguridad para que no nos supere fácilmente.
- Si para de botar, hay que presionar; solo tendrá 5 segundos para lanzar o pasar la pelota.
- Cuando el atacante se decide a lanzar a canasta o a hacer un pase, levantamos el brazo para tratar de hacer un tapón o interceptar la pelota.

Marcaje individual en un uno contra uno.

3. Especialización en un equipo de baloncesto

Cuando un jugador o jugadora de baloncesto llega a un nivel avanzado, se especializa en una posición concreta en el campo, según sus habilidades y su altura. Las posiciones en el campo son las siguientes:

- **El base (1):** es el director de juego. Tiene un buen dominio del bote y del pase y, sobre todo, una buena visión de juego. Se encarga de llevar la pelota al campo contrario y organiza el ataque. Suele ser el más bajo del equipo.
- **Los alas (2-3):** dominan el bote, el pase y el tiro exterior. Acompañan al base y finalizan los contraataques. Suelen ser jugadores muy polivalentes.
- **Los pivotes (4-5):** son los miembros del equipo que juegan más cerca de la canasta y normalmente son los más altos. Luchan por el rebote y suelen trabajar para lanzar tiros cerca de la canasta.

La base del equipo marcando la jugada táctica a sus compañeras.

Esquema de la posición de los jugadores en la pista.

4. Táctica del juego en equipo

¿Cómo se ataca en equipo?

Una vez familiarizados con la técnica individual del baloncesto, es necesario aprender varias normas y conceptos básicos para jugar en equipo.

Transición

Se trata de un movimiento rápido que pretende situar al equipo en posiciones ofensivas o defensivas (repliegue). Cuando se pierde o se recupera la pelota, es necesario que todo el equipo se mueva rápidamente al ataque o defensa. Nadie debe quedarse en el centro del campo. Para trabajar este concepto podemos practicar diversos **juegos de transición y pase.**

Arriba, los jugadores inician una transición ofensiva. Abajo, el contraataque del jugador en posesión de la pelota motiva el repliegue del equipo contrario.

Balón a la torre	1
Objetivo	Puntuar haciendo llegar el balón a la torre (trabajo del pase, las transiciones y los desmarques).
Espacio o terreno de juego	Un campo de baloncesto.
Material	Una pelota de baloncesto.
Participantes	Dos equipos de 5 a 8 jugadores.
Reglas y desarrollo	Un jugador de cada equipo se sitúa dentro del círculo de tiros libres (la torre). Los demás compañeros deben intentar hacerle llegar el balón mediante pases, el equipo contrario debe intentar evitarlo. No se puede correr con la pelota en la mano, ni hacerla botar. El jugador que está en la torre no puede mover los pies ni saltar para recibir la pelota. Esto requiere de una gran precisión en el pase final.

Plantar la pelota	2
Objetivo	Puntuar plantando la pelota en la línea de fondo (trabajo del pase y las transiciones).
Espacio o terreno de juego	Un campo de baloncesto.
Material	Una pelota de baloncesto.
Participantes	Dos equipos de 4 a 8 jugadores.
Reglas y desarrollo	El equipo atacante debe intentar hacer llegar la pelota a la línea de fondo, mientras que el equipo contrario ha de intentar evitarlo. No se puede correr con la pelota en la mano, ni hacerla botar. Solo se pueden hacer pases. Ningún jugador puede entrar en la zona de marcaje (más allá de la línea de fondo) si no es para convertir el punto, de manera que la recepción se debe hacer en el aire y caer en la zona de marca sin perder la pelota. La duración puede ser de 5 minutos o hasta un límite de 5 puntos. Se puede introducir una variante que consiste en puntuar doble en caso de que el pase final se produzca desde el medio del campo.

Respetar los espacios. Jugar sin molestarnos entre nosotros

Para jugar organizados sin amontonarse detrás del balón, es necesario establecer unos espacios y unas sencillas normas. Para trabajar este concepto podemos practicar diversos juegos, desde el nivel más sencillo (dos contra dos) hasta el más complejo (cinco contra cinco).

Podéis jugar partidos de 3 × 3 a media pista, o de 5 × 5, a la hora del patio contra otros compañeros. Tratad de organizar partidos de baloncesto. ¡Es muy divertido!

Dos contra dos	3
Objetivo	Puntuar con lanzamientos a canasta.
Espacio o terreno de juego	Un campo de baloncesto.
Material	Una pelota de baloncesto.
Participantes	Dos equipos de 2 jugadores.
Reglas y desarrollo	El jugador con pelota debe intentar hacer el uno contra uno (1 × 1) y entrar a canasta o pasar al compañero o compañera. El jugador sin pelota: • se ha de desmarcar y «cortar» (correr hacia la canasta); • en caso de que no pueda recibir la pelota, tiene que volver atrás e intentar de nuevo el desmarque; • deberá buscar los espacios lejos del compañero para que este pueda intentar el uno contra uno si lo necesita.

Dos contra dos.

Tres contra tres	4
Objetivo	Puntuar con lanzamientos a canasta.
Espacio o terreno de juego	Un campo de baloncesto.
Material	Una pelota de baloncesto.
Participantes	Dos equipos de 3 jugadores.
Reglas y desarrollo	Hay que respetar 3 posiciones. Un jugador debe estar en el centro y los otros dos se situarán uno a cada lado. Las normas son: • no ocupar el espacio del compañero, • después de pasar la pelota siempre hay que cortar a canasta y ocupar una posición libre, • pasar la pelota al que está solo, y • tirar a canasta si nadie nos defiende.

Tres contra tres.

Cinco contra cinco	5
Objetivo	Puntuar con lanzamientos a canasta.
Espacio o terreno de juego	Un campo de baloncesto.
Material	Una pelota de baloncesto.
Participantes	Dos equipos de 5 jugadores.
Reglas y desarrollo	Los espacios que hay que ocupar son un jugador por el centro, dos por la derecha y dos por la izquierda. Desde esta organización inicial, se continúa el juego siguiendo unas normas básicas: • no ocupar, dos jugadores, el mismo espacio, • dejar espacio al jugador que tiene la pelota para que pueda hacer el uno contra uno, • pasar el balón al jugador que está solo y mejor situado, • desmarcarse si no tenemos la pelota, y • pasar y cortar siempre que sea posible.

Cinco contra cinco.

¿Cómo se defiende en equipo?

Los sistemas defensivos básicos son dos:

- **Defensa individual:** cada defensor se encarga de defender a un atacante. Es la defensa que se suele utilizar durante el aprendizaje.
- **Defensa en zona:** cada jugador se encarga de defender una zona del campo de forma ordenada y sincronizada con los compañeros. El sistema más utilizado es 2:3 o 3:2.

Defensa 2:3

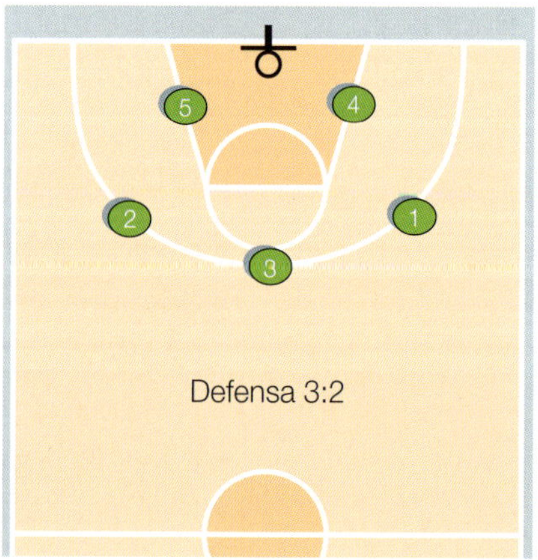

Defensa 3:2

5. Un poco de historia. ¿De dónde proviene el baloncesto?

James Naismith, un profesor de educación física de la Universidad de Springfield (Massachusetts), ideó en 1891 un juego de equipo para poder practicar en el gimnasio durante los meses de invierno. Después de redactar 11 normas, clavó dos cestas de melocotones en los extremos de una pista a 3,05 metros de altura (es la altura reglamentaria actual). De ahí nació el nombre: *basket-ball*, 'cesta' y 'balón', que en castellano se ha adaptado como baloncesto.

Los alumnos de Springfield difundieron el deporte por todo el mundo, pero la auténtica expansión tuvo lugar durante la Segunda Guerra Mundial, por medio de los soldados del ejército norteamericano.

El sacerdote Eusebio Millán, que conoció el baloncesto en Cuba, lo introdujo en España en el año 1921, en la Escola Pía de Sant Antoni de Barcelona.

El baloncesto formó parte de las Olimpiadas por primera vez en los Juegos Olímpicos de Berlín (1936), pero solo en categoría masculina. Las mujeres pudieron debutar cuarenta años más tarde, en 1976, en Montreal.

¿Sabías que...?

El jugador de origen chino Yao Ming, a su paso por los Houston Rockets.

- En los Juegos Olímpicos de Barcelona de 1992 participaron, por primera vez, los jugadores de la liga profesional de Estados Unidos, la NBA. Ganaron el campeonato y, era tan bueno aquel equipo, que lo llamaron el *Dream Team* ('Equipo de ensueño').
- Los jugadores más altos que han jugado en la NBA han sido Gheorghe Muresan, de origen rumano y de 2,32 metros de altura, que jugó seis temporadas, y Manute Bol, de 2,31 metros, que pertenecía a una tribu llamada *dinka*, de Sudán. Más recientemente, el chino Yao Ming, de 2,28 metros, jugó ocho temporadas. Su padre tiene una estatura de 2,08 metros y su madre, capitana de la selección china de baloncesto, mide 1,88 metros.
- El jugador más bajo que ha jugado en la NBA es Tyrone Bogues, *Muggsy*, con 1,59 metros de altura. Jugó durante catorce temporadas y en 1987 coincidió en el mismo equipo con Manute Bol.
- El 3 × 3 es una modalidad del baloncesto con mucha aceptación. Actualmente se juegan campeonatos en pueblos, ciudades y clubes de todo el mundo. Hay campeonatos europeos y mundiales y se está trabajando para que el 3 × 3 se convierta deporte olímpico.

Torneo de 3 × 3 en Bucarest (Rumanía).

Objetivos competenciales (aportación en competencias)

- Aceptar el propio cuerpo y sus limitaciones, entender las diferencias de capacidad física entre los compañeros y respetarlas.
- Alcanzar un cierto dominio corporal y postural.
- Utilizar habilidades y destrezas motrices en diversos medios.
- Utilizar los juegos y los deportes como medio de relación con los demás y valorar positivamente el esfuerzo.
- Saber trabajar en equipo en juegos y deportes y valorar la participación más que la obtención de resultados.

El fútbol

1. ¿Cómo se juega?
2. La técnica
3. Especialización en un equipo de fútbol
4. Táctica del juego en equipo
5. Otras modalidades de fútbol
6. Un poco de historia. ¿De dónde proviene el fútbol?

Cuando hablamos de fútbol, hablamos del deporte de equipo más conocido del mundo. Se juega en todos los países, y se calcula que lo practican unos 270 millones de personas.

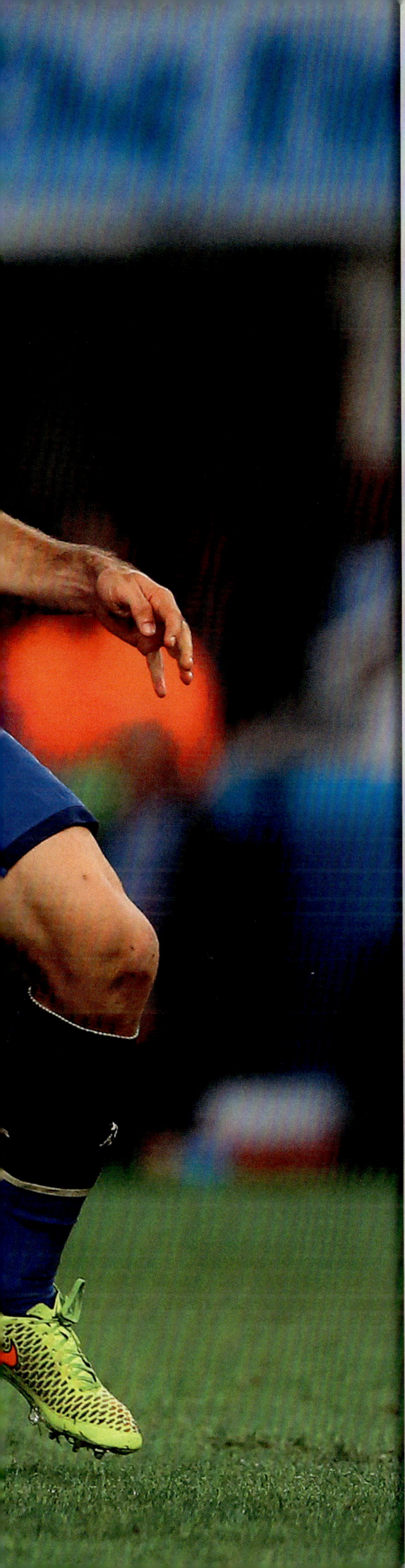

UNIDAD 18

#Respect

Partiendo de una acción natural como es golpear un objeto con el pie, se llega a poder jugar al fútbol. Puede ser uno de los primeros juegos que se hacen en la infancia, después de aprender a caminar.

Chutar una pelota es para cualquier niño o niña un reto muy atractivo y, más adelante, termina siendo una opción deportiva muy extendida.

Así, hoy día no podemos hablar de fútbol, sino de fútboles, ya que existen muchas otras modalidades además de las competiciones más conocidas, como el fútbol sala, el fútbol 7 o el fútbol playa.

España ha alcanzado un gran nivel competitivo en el ámbito internacional gracias a los buenos resultados conseguidos por la selección estatal y por los equipos de primera división, que se han convertido en referentes mundiales y se hallan presentes en las principales competiciones.

1. ¿Cómo se juega?

- **Terreno de juego:** el juego se disputa en un terreno dividido en dos mitades, que presenta las siguientes características:

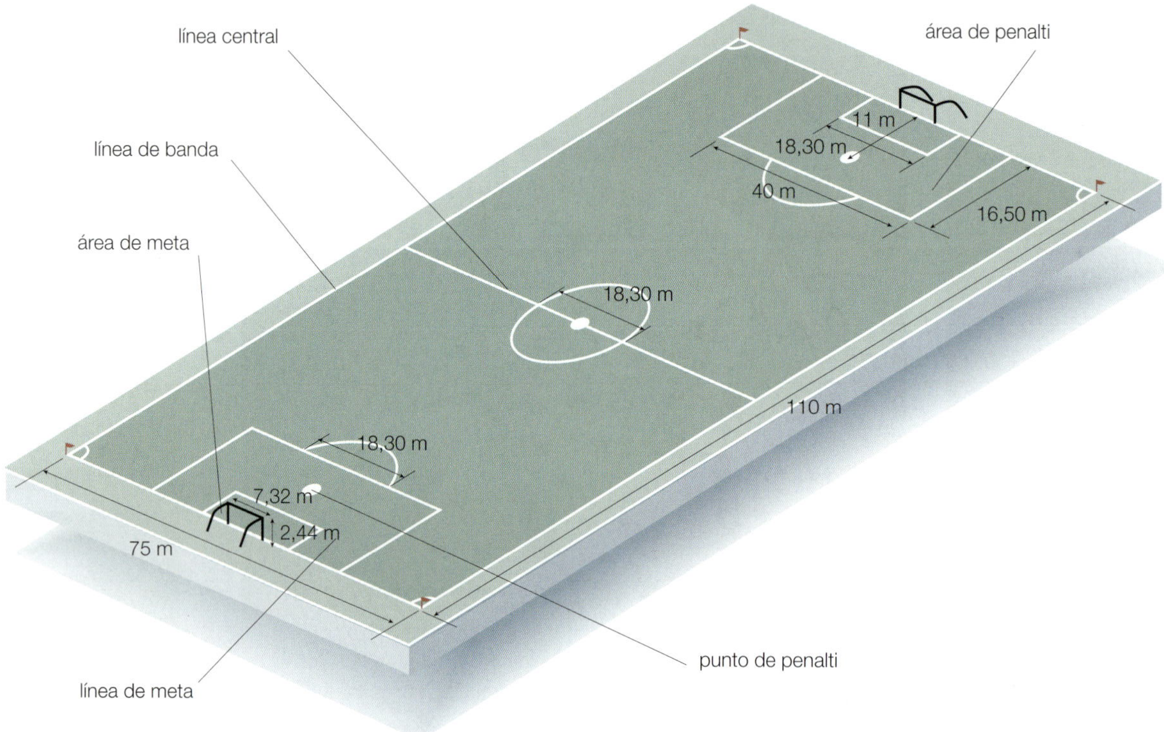

- **Objetivo:** el objetivo del juego es hacer un punto (gol), introduciendo el balón en la portería contraria sin ayuda de las manos o los brazos, fundamentalmente conduciendo, pasando o chutando la pelota. El equipo que marca más puntos (goles) gana el partido.
- **Duración del partido:** un partido consta de dos partes de 45 minutos con un descanso de 15 minutos. Según la competición o el tipo de partido, en caso de empate el encuentro se alarga con una prórroga de dos partes de 15 minutos cada una. Si persiste el empate, se llega a una tanda de penaltis.
- **Inicio del partido:** el inicio del partido se lleva a cabo mediante un sorteo que determina cuál de los dos equipos hace el saque inicial desde el centro del campo, con un pase en dirección al campo propio. El equipo que gana el sorteo tiene derecho a elegir en qué parte del terreno de juego quiere comenzar el partido.
- **Composición de los equipos:** en un partido de fútbol participan dos equipos de 11 jugadores, 10 de campo y 1 portero.
- **Cambios:** por regla general, se pueden hacer hasta tres cambios a lo largo de todo el partido.
- **Sistema de puntuación:** la introducción del balón en la portería tiene siempre el mismo valor, independientemente de donde se haya producido el lanzamiento y de las características de la jugada del gol.

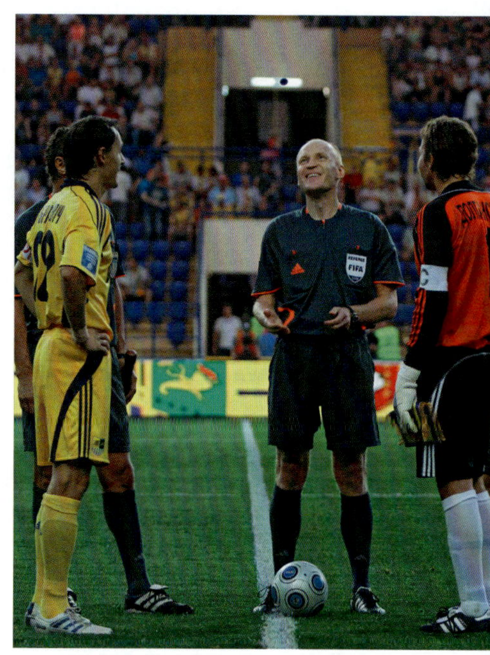

Sorteo inicial entre los dos capitanes a cargo del árbitro del partido.

Reglamento del fútbol (normas e infracciones)

Normas

El balón debe jugarse fundamentalmente con el pie. Ocasionalmente se emplean otras partes del cuerpo, como las piernas o la cabeza, pero está totalmente prohibido golpearlo con los brazos y las manos. El portero es el único jugador que puede utilizar las manos y los brazos, siempre dentro del área de penalti.

Cuando un equipo lanza fuera el balón, sobrepasando totalmente la línea de banda, el juego se detiene y el equipo contrario reanuda el partido con un lanzamiento de banda (que se hace impulsando la pelota con las dos manos por encima de la cabeza). En caso de que el balón salga por la línea de fondo, impulsado por el equipo defensor, el equipo contrario lo pondrá en juego con un lanzamiento de esquina. Si es el equipo atacante el que lo impulsa más allá de la línea de fondo, el balón se pone en juego con un lanzamiento de portería.

Infracciones sancionadas con la pérdida de la posesión

- **Fuera de juego:** situación que se produce cuando solo está el portero rival entre un jugador atacante y la línea de fondo. En este momento, ese jugador no puede recibir el balón de un compañero. Si lo hace, se sanciona con falta y la posesión pasa al portero del equipo contrario.
- **Contacto físico antirreglamentario:** dar o intentar dar una patada a un adversario, cogerlo, hacerle la zancadilla, hacer una carga violenta o saltar sobre él.
- **Tocar el balón con las manos.**
- **Insultar a los adversarios, a los compañeros o al árbitro.**

La reanudación del juego tiene lugar con un tiro libre desde el punto donde se ha cometido la infracción. Según la infracción, el tiro libre puede ser:

- **Tiro libre indirecto:** hay que hacer un pase a un compañero antes de chutar a portería. Se castigan con este tiro las faltas involuntarias fuera del área de penalti.
- **Tiro libre directo:** se puede chutar directamente a portería. Los jugadores defensores pueden disponer una barrera delante del jugador que ha de efectuar el tiro libre. Esta barrera debe situarse, como mínimo, a 9,15 metros de distancia, distancia que el jugador que debe ejecutar la falta tiene el derecho a solicitar.
- **Penalti:** tiro libre desde el punto de penalti que se ejecuta con todos los jugadores fuera del área excepto el portero y el lanzador. Se castigan con penalti las faltas que han sido cometidas dentro de la propia área.

Si el balón traspasa los límites laterales del campo se reanuda el partido con un lanzamiento de banda.

Las faltas pueden ser amonestadas con tarjeta amarilla o roja. Esta última comporta la expulsión del jugador.

El contacto físico antirreglamentario se castiga con tiro libre o penalti.

2. La técnica

El reglamento permite emplear diferentes técnicas con los pies y la cabeza para tener el dominio del balón, conducirlo y dirigirlo hacia un objetivo.

- **Golpe de pelota:** se trata del elemento que da nombre a este deporte. Se puede hacer con varias partes del pie y, ocasionalmente, con otras partes del cuerpo que no sean los brazos y las manos. Se consigue mayor precisión y dominio aplicando la fuerza justa y la dirección correcta en el impacto con la pelota.

  A la hora del patio, podemos ver a compañeros que intentan conducir el balón con la puntera y no lo consiguen, aunque chutan con gran potencia. En cambio, otros lo hacen con más control y menos potencia utilizando el interior del pie, el exterior o el empeine.

Superficies de golpeo de la pelota con el pie

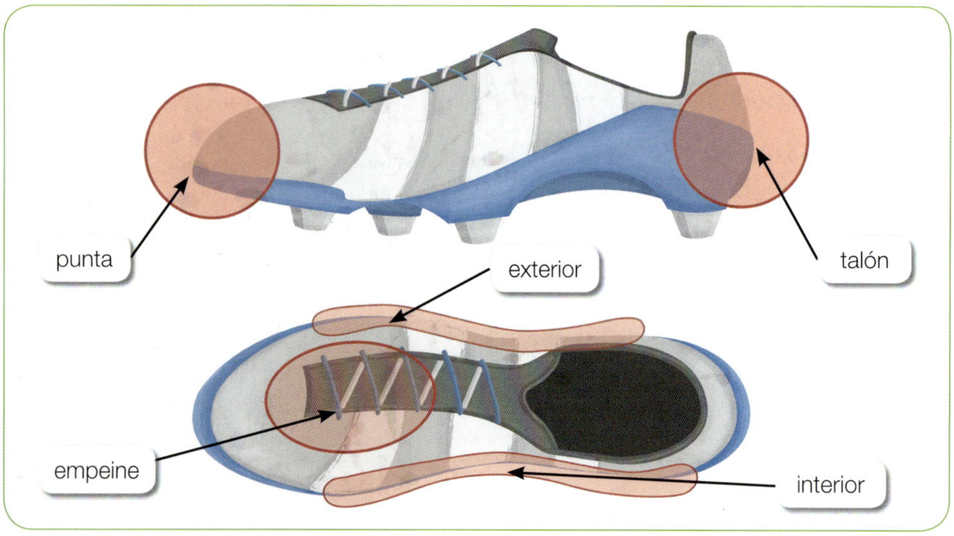

- **Pase:** es la acción técnica que consiste en enviar la pelota a un compañero. En caso de que el receptor del pase sea el propio jugador, se llama *autopase*. Gracias a este gesto técnico podemos jugar en equipo, pasando el balón de uno al otro y compartiendo su posesión.

  Se pueden hacer pases cortos o largos; rasos, a media altura o altos; rectos o con efecto, y atrás, adelante, horizontales o en diagonal.

- **Chut a portería:** sirve para enviar la pelota a la portería con la intención de hacer gol. Según el ángulo desde donde se chuta y de la posición de los adversarios, puede ser con efecto (trayectoria curvada), de vaselina, alta o a ras de suelo.

  El chut más buscado suele ser el que entra por la escuadra de la portería, ya que es el punto más alejado de la posición centrada del portero y el más difícil de detener.

- **Conducción:** es la acción de desplazarse con el balón controlado por medio de toques sucesivos. Su dificultad depende de la velocidad, la distancia y la trayectoria de la pelota.

El golpe de pelota con los pies es la base fundamental del fútbol y lo que le da nombre.

El chut a portería es el objetivo último de la jugada de ataque.

Un jugador conduce balón ante la presión del defensa.

- **Regate:** consiste en superar al adversario mediante la conducción del balón. Hay regates muy conocidos, como la ruleta, la bicicleta, la croqueta, la elástica, el sombrero, el túnel, etc.

  Un regate precisa velocidad y cambio de ritmo para tener éxito. De cualquier forma, el regate no es la mejor forma de jugar, ya que ralentiza el juego y perjudica el juego de equipo.

No abuses de la conducción y el regate. El balón corre más solo que acompañado.

Un jugador intenta regatear a su defensor con un cambio de ritmo.

3. Especialización en un equipo de fútbol

A pesar de que el reglamento solo establece la distinción entre portero y los otros jugadores, en la práctica, los jugadores se han ido especializando según la zona del campo donde juegan y las funciones tácticas que desarrollan.

- **Portero:** es el jugador más atrasado y se encarga de evitar que el balón entre en la portería. Se le distingue por vestir un uniforme diferente al del resto de los compañeros.
- **Defensores:** son los jugadores que se sitúan en la primera línea, frente al portero y detrás de los centrocampistas. Su función principal es detener los ataques del equipo contrario.
- **Centrocampistas:** juegan cerca de la línea de medio campo y sus funciones son la recuperación de balones y el inicio de las jugadas ofensivas.
- **Delanteros:** situados en la línea más avanzada del campo, tienen como función principal terminar las jugadas ofensivas y marcar goles.

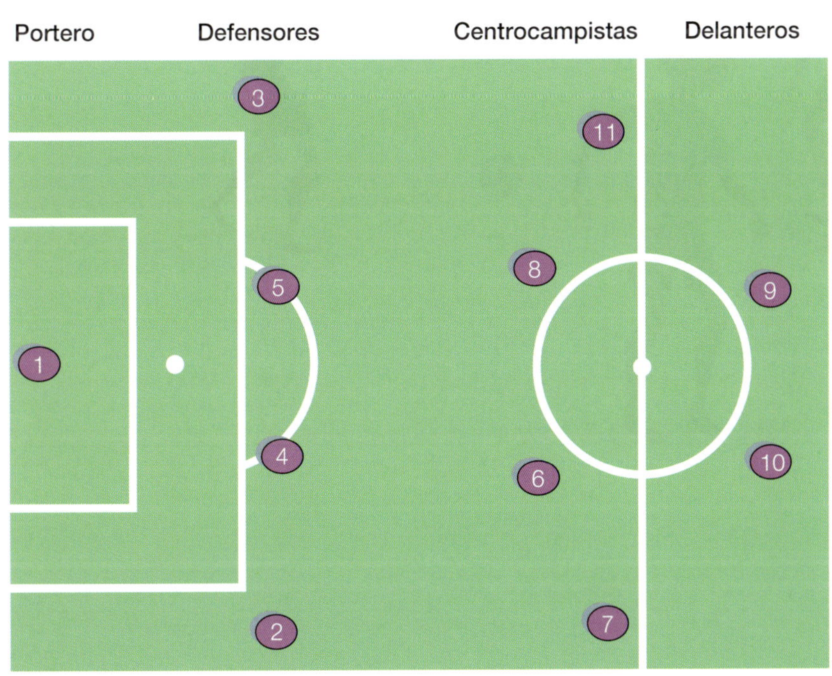

Disposición de los jugadores de un equipo de fútbol en la formación típica (4-4-2) que veremos más adelante.

El portero viste de forma distinta al resto de los jugadores y es el único que puede tocar la pelota con la mano, dentro de su área.

Dos centrocampistas en carrera se disputan la posesión de la pelota.

4. Táctica del juego en equipo

Si observamos dos grupos de niños jugando al fútbol, veremos que se amontonan alrededor de la pelota y corren por todo el terreno de juego. Todos hacen de todo y se cansan mucho.

La táctica nos aporta soluciones para hacer el esfuerzo justo y lograr la máxima efectividad en el juego. La elección de los gestos técnicos que un jugador lleva a cabo durante un partido recibe el nombre de **táctica individual**, y si intervienen dos o más jugadores hablamos de **táctica colectiva**.

Según si se está en posesión del balón o no, podemos hablar de acciones tácticas defensivas (cuando no hay posesión) o de acciones tácticas ofensivas (cuando sí la hay).

El delantero ha conseguido desmarcarse de su defensor gracias a una finta y recibirá la pelota en solitario.

Acciones tácticas ofensivas

- **Desmarque:** acción que tiene como objetivo librarse del defensor. Consiste básicamente en hacer fintas y cambios de ritmo.
- **Rotación o cambios de posición:** acción que busca desorganizar la colocación del adversario para crear espacios libres de ataque.
- **Pared:** acción de pasar el balón a un compañero para desmarcarse y volver a recibirla en otra posición, generalmente más avanzada.

La pared es una jugada ofensiva clásica.

Acciones tácticas defensivas

- **Marcaje:** puede ser individual o por zonas y pretende evitar que el atacante supere al defensor.
- **Entrada:** acción de un jugador para recuperar el balón en poder de un adversario.
- **Carga:** acción de empujar hombro contra hombro del adversario para desequilibrarlo y recuperar la pelota.
- **Intercepción:** acción de cortar la trayectoria de un pase del equipo contrario.

El defensor marca al atacante para impedir que reciba la pelota.

El sistema

La forma de organizar a los jugadores en el campo se llama *sistema*. Todos los sistemas tienen tres objetivos:

- Ocupar todo el espacio de juego de modo que los jugadores controlen todas las partes del campo.
- Permitir a los jugadores tener espacio para iniciar jugadas ofensivas o defensivas de manera coordinada y con garantías de éxito.
- Dar a cada jugador la posición que se ajuste más a sus características de juego.

La defensora aplica una entrada para robar el balón de los pies de la jugadora rival.

El sistema básico es el 1-4-4-2: 1 portero, 4 defensas, 4 centrocampistas y 2 delanteros.

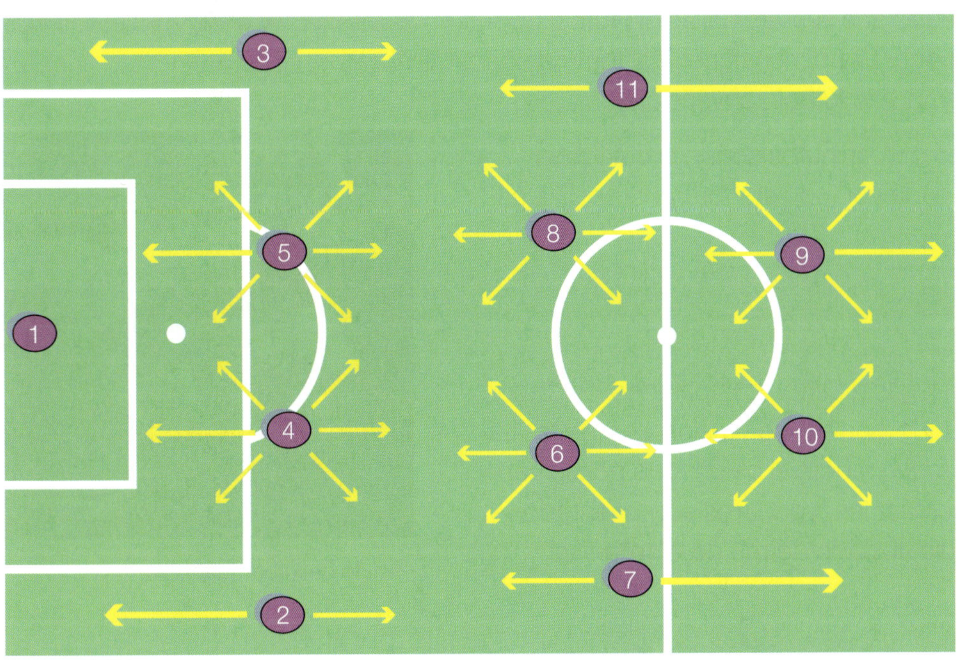

Alineación 4-4-2 donde puede observarse cómo se cubren casi todas las zonas del campo.

El extremo, a punto de centrar al área, donde podemos observar a los dos delanteros que esperan la pelota.

5. Otras modalidades de fútbol

Fútbol sala

Es una modalidad de fútbol que incorpora normas y características propias de otros deportes: el terreno de juego tiene las mismas dimensiones que el de balonmano; se pueden hacer un número ilimitado de cambios durante el juego; a partir de 5 faltas personales por equipo y periodo se sanciona con tiro libre directo sin barrera, y se puede pedir un tiempo muerto por periodo.

- **Duración del partido:** 2 tiempos de 20 minutos.
- **Jugadores:** 12 por equipo, 5 de ellos en pista (4 jugadores de campo y el portero).

Partido de fútbol sala.

Fútbol playa

Es una modalidad de fútbol que se juega sobre una superficie de arena fina. A diferencia del fútbol convencional, las faltas se sancionan siempre con tiro libre directo y no existe la barrera. Además, el servicio de banda se puede hacer indistintamente con las manos o los pies.

- **Duración del partido:** 3 tiempos de 12 minutos. El tiempo se detiene cada vez que se pita una falta, un penalti o hay pérdida de tiempo.
- **Jugadores:** los partidos los disputan dos equipos de 5 jugadores.

Partido de fútbol playa.

Fútbol 7

Es una versión reducida del fútbol. Las reglas son similares a las del fútbol convencional excepto que no hay fuera de juego. Las dimensiones del terreno son aproximadamente la mitad que en un campo de fútbol convencional.

- **Duración del partido:** 2 tiempos de 25 o 30 minutos según la categoría.
- **Jugadores:** Como su nombre indica, cada equipo está formado por 7 jugadores.

Partido de fútbol adaptado.

Fútbol adaptado

Las personas invidentes también pueden jugar al fútbol. Los partidos los disputan dos equipos de 4 jugadores ciegos y 1 portero con visión completa. La pista está dotada de muros laterales para que rebote el balón, que posee cápsulas sonoras para hacerlo audible. Además, los jugadores son orientados y guiados por el portero, el técnico y un guía ubicado detrás de la valla rival.

6. Un poco de historia. ¿De dónde proviene el fútbol?

El origen del fútbol que hoy conocemos se sitúa en Gran Bretaña, donde durante el siglo XIX se comenzaron a confeccionar reglamentos de juego para extender la práctica por el territorio. Así, cada escuela o universidad tenía una forma propia de juego.

No fue hasta 1848 que dos estudiantes de la universidad de Cambridge hicieron un llamamiento para unificar las reglas de juego. De este modo, se redactaron las reglas de Cambridge, que sirvieron como base para la creación de la competición de fútbol y de la Football Association en 1863, la cual se convirtió en la actual Federación Internacional de Fútbol Asociación (FIFA) en 1904.

El primer equipo de fútbol de España fue el Huelva Recreativo (1878), propiedad de la empresa que gestionaba las minas de Río Tinto. Esta empresa contrató a un grupo de ingenieros ingleses, que eran aficionados al fútbol y divulgaron su práctica entre los mineros.

Los Royal Engineers ganaron la primera competición oficial de fútbol de la historia, la FA Cup de 1872.

¿Sabías que...?

- El jugador Josef Bican, un delantero checo, es el jugador que ha marcado más goles de todos los tiempos: un total de 1 467.
- La selección brasileña es la única que ha participado en todos los mundiales de la historia y es la que ha ganado más (un total de 5).
- El jugador brasileño Edson Arantes do Nascimiento, conocido como *Pelé*, es el que ha jugado más mundiales. Ha ganado un total de tres.
- Las tarjetas amarillas y rojas se instauraron en el Mundial de 1970 por iniciativa de la FIFA, para que los jugadores que hablan diferentes lenguas pudieran entender el significado de la sanción.
- Debido a los hechos violentos y de carácter xenófobo que hubo en torno al fútbol durante el campeonato de la UEFA 2008, se lanzó la campaña *Respect*, con la idea de promover el respeto entre jugadores, entrenadores, árbitros y aficionados, además de promover el valor esencial del fútbol como un deporte abierto a todos.

Pelé, en un partido de la selección brasileña el año 1960.

Objetivos competenciales (aportación en competencias)

- Aceptar el propio cuerpo y sus limitaciones, entender las diferencias de capacidad física entre los compañeros y respetarlas.
- Alcanzar un cierto dominio corporal y postural.
- Utilizar habilidades y destrezas motrices en diversos medios.
- Utilizar los juegos y los deportes como medio de relación con los demás y valorar positivamente el esfuerzo.
- Saber trabajar en equipo en juegos y deportes y valorar la participación más que la obtención de resultados.

El voleibol

1. ¿Cómo se juega?
2. La técnica
3. Especialización en un equipo de voleibol
4. Táctica del juego en equipo
5. El vóley-playa
6. Un poco de historia. ¿De dónde proviene el voleibol?

El voleibol es un deporte sin contacto ni golpes, en el que la cohesión con los compañeros es primordial.

#3AlTercerGolpe

El voleibol es un deporte que se puede jugar en un polideportivo o en el exterior. Consiste en hacer pasar la pelota al campo contrario por encima de una red transversal, situada en el centro de la pista de juego.

A lo largo de los años setenta del siglo pasado tuvo gran éxito una nueva modalidad de voleibol practicada en las playas de California, que se llamó *vóley-playa*. Esta modalidad es muy divertida, ya que se juega sobre una superficie de arena fina, sea en la playa o en instalaciones construidas para ello.

También hay una modalidad adaptada de voleibol, que se dirige a las personas que tienen alguna minusvalía. Según el tipo de minusvalía, el juego se puede practicar con los jugadores sentados. Es el caso de los discapacitados físicos o con parálisis cerebral.

1. ¿Cómo se juega?

El voleibol es un deporte de equipo que juegan dos contrincantes que no entran en contacto entre sí.

- **Terreno de juego:** se juega en un campo rectangular de 18 × 9 metros, dividido en la línea central por una red de altura 2,43 metros para los hombres y 2,24 metros para las mujeres. Una línea divide cada mitad en una zona de ataque de 3 metros y una de defensa de 6 metros. Estas medidas, sin embargo, pueden ser menores según la categoría de la competición. En la modalidad de vóley-playa, las dimensiones del terreno de juego son 16 × 8 metros. En la modalidad de vóley sentado (adaptado), las dimensiones del campo son de 10 × 6 metros.

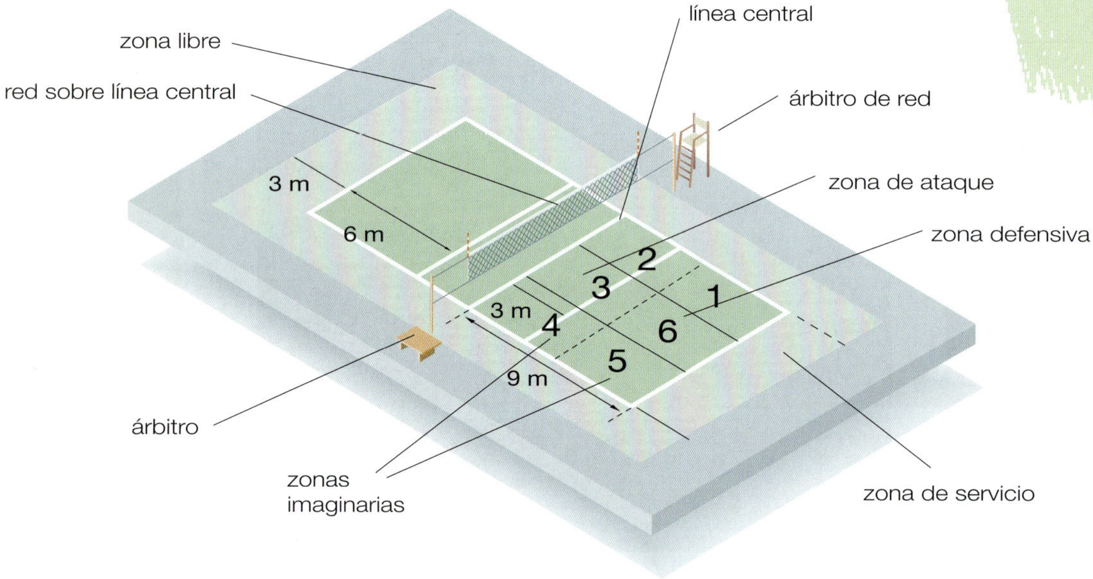

El voleibol cuenta con una secuencia de juego que se concreta en distintos tipos de golpe:

servicio
↓
recepción – colocación – remate
↓
bloqueo

- **Objetivo:** el objetivo del juego es intentar que el balón pase al otro campo por encima de la red sin que el otro equipo la pueda devolver.
- **Duración del partido:** al igual que ocurre en casi todos los deportes de red, los partidos de voleibol no tienen un tiempo determinado. El partido se disputa al mejor de 5 sets y se termina cuando uno de los dos equipos gana 3. De este modo, un partido puede durar desde una hora hasta más de dos y media.
- **Composición de los equipos:** los equipos los forman un máximo de 12 jugadores, de los cuales se sitúan 6 en pista.
- **Cambios:** el entrenador puede hacer 6 cambios en cada set.
- **Sistema de puntuación:** gana el set el equipo que llega a 25 puntos con una ventaja mínima de 2 puntos. Cuando se ha de disputar un quinto set, este se gana al llegar a 15 puntos con una ventaja mínima de 2 puntos. Un equipo puntúa cuando el balón toca el suelo en campo contrario, cuando el balón sale fuera del campo después de tocar a un jugador del equipo contrario y cuando se comete cualquiera de las infracciones contenidas en el reglamento.

Distribución de dos equipos de seis jugadores.

Reglamento del voleibol (normas e infracciones)

Normas
El balón se puede jugar incluso fuera de los límites del campo, siempre que no toque el suelo.
El servicio se puede ejecutar desde cualquier punto de detrás de la línea de fondo.
El balón se puede tocar con cualquier parte del cuerpo siempre que no se haga retención.
A diferencia de otros deportes como el tenis, si la pelota toca la red en un servicio y pasa al campo contrario, la jugada es válida.
Si la pelota cae sobre la línea, la jugada es válida.
Infracciones sancionadas con un punto para el equipo contrario y la pérdida de posesión del balón
4 toques: el equipo dispone de hasta 3 toques (además del bloqueo) para enviar la pelota al campo contrario.
Dos toques: un jugador no puede tocar el balón dos veces seguidas.
Retención: la pelota siempre se debe golpear. No se puede coger o retener con las manos o los dedos.
Invasión: no se puede sobrepasar la línea central del terreno de juego, excepto con las manos cuando se hace el bloqueo.
Red: no se puede tocar la red con el cuerpo.
Rotación: si un equipo gana un punto cuando el rival ha puesto el balón en juego, todos los jugadores deben rotar una posición en el sentido de las agujas del reloj. El incumplimiento de esta norma se denomina *falta de rotación*. De este modo, cada vez tocará a un jugador diferente hacer el servicio. Una vez que se ha puesto el balón en juego, los jugadores se pueden situar donde quieran.
Servicio: no se puede ni bloquear ni rematar el servicio.

Tres jugadoras intentan bloquear el remate contrario, siempre sin tocar la red.

El servicio puede hacerse desde cualquier punto de la línea de fondo.

La pelota puede jugarse incluso desde fuera de los límites del campo.

2. La técnica

- **Posición básica del jugador:** es común a la ya descrita en otros deportes de equipo. Hay que mantener el tronco y las piernas flexionadas, de manera que permitan al jugador estar preparado para cualquier acción.

Jugadoras en posición básica, con piernas y tronco flexionados, preparadas para una acción rápida.

- **El servicio:** por orden de secuencia del juego, el servicio es el primero de los golpes importantes del voleibol. Concretamente, es la acción de poner el balón en juego con la mano. Es la primera acción del ataque y, cuanto más cerca de la red vaya el balón, más difícil será devolverlo. Hay varias maneras de ejecutar el servicio:

servicio – colocación – remate

El servicio bajo: es el más sencillo. Con las piernas flexionadas y un pie más adelantado que el otro, hay que golpear la pelota con la palma de la mano o la parte interna de la muñeca. Es importante no soltar el balón hasta un instante antes de golpearlo. Según la posición que adopte el jugador, este servicio puede ser frontal o lateral.

El servicio alto: es el más difícil de aprender, pero también el más efectivo, ya que dificulta la recepción de la pelota. Básicamente se lleva a cabo impulsando el balón por encima de la cabeza y golpeándolo en alto con el brazo impulsado desde atrás. Hay dos tipos de servicio alto, el de tenis y el flotante, que se explicarán con detalle en el Segundo Ciclo.

- **La recepción o toque de antebrazos:** es la forma habitual de hacer la recepción del servicio, de un remate o de cualquier pelota que llegue del equipo contrincante; por tanto, es una acción de defensa.

  Para llevarla a cabo, hay que colocar los dos brazos estirados y juntos, con las dos manos cogidas, tal como muestra el dibujo. Se debe procurar crear una buena superficie de contacto entre los dos antebrazos. A continuación, el jugador debe situarse detrás del balón con las piernas flexionadas y los brazos en un ángulo de 45° respecto al suelo.

  En el momento del golpe, las piernas deben estirarse como si fueran un muelle. La dificultad de este golpe está en la precisión a la hora de enviar el balón a donde se desea.

Una jugadora efectuando un golpeo de recepción.

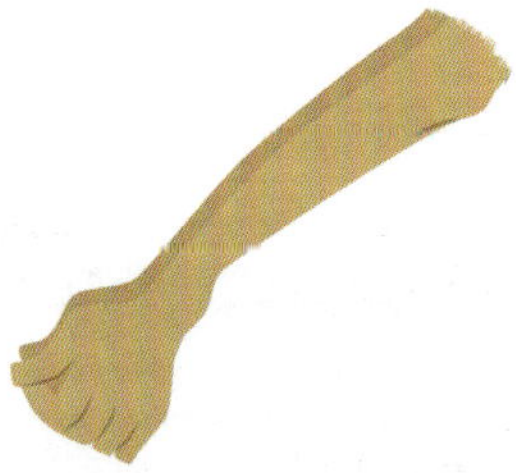

- **La colocación o golpe de dedos:** es un golpe que sirve para colocar la pelota donde más convenga y en las mejores condiciones posibles para que el compañero la remate. Se trata de un gesto técnico de ataque que se hace simultáneamente con los dedos de las dos manos.

  Para llevarla a cabo, se colocan las dos manos delante de la frente con las palmas hacia arriba; los dedos pulgar e índice de las dos manos deben formar un triángulo. Hay que mantener los codos flexionados y ligeramente abiertos.

  A continuación, hay que situarse rápidamente bajo el balón y dar el golpe con los dedos a la vez que las piernas y los brazos se estiran como si fueran un muelle.

Una jugadora efectuando un golpeo de colocación de la pelota.

- **El remate:** se trata del último golpe en una jugada y es el elemento técnico más eficaz y espectacular para conseguir el punto, ya que el balón sale a gran velocidad. La dificultad del remate radica en la necesidad de coordinar el salto con la trayectoria de la pelota. El golpe se hace con la palma de la mano.

- **El bloqueo:** es una acción defensiva que tiene como objetivo evitar que el balón cruce la red tras un remate. Se trata de un golpe que lo pueden llevar a cabo hasta tres jugadores a la vez.

Golpe de remate.

Tres jugadores se disponen a bloquear el remate del contrario.

3. Especialización en un equipo de voleibol

Un colocador en acción de dejar la pelota para el remate de los atacantes.

Como en cualquier deporte de equipo, una vez superada la fase de iniciación, los jugadores se especializan de acuerdo con sus características físicas y con las habilidades necesarias para el deporte. Aunque el equipo está sometido a un orden de rotación, tan pronto el balón entra en juego, cada uno de los jugadores se sitúa en su posición de especialista. Las tres especialidades fundamentales del voleibol son las siguientes:

- **Atacantes/bloqueadores:** generalmente, son los jugadores de mayor estatura y con una buena capacidad de salto. En un nivel más avanzado, entre los atacantes podemos distinguir los centrales, los atacantes de zona 4 (veremos las zonas en el apartado siguiente) y los opuestos.

Las jugadoras más avanzadas cumplen el doble papel de rematadoras (jugadora de la derecha) y bloqueadoras (jugadora de la izquierda).

- **Colocadores:** son los jugadores que dirigen la ofensiva del equipo. Además de una gran precisión, deben tener una visión clara y rápida del juego.
- **Libres:** son jugadores especializados en la defensa y son los responsables de recibir en primera instancia los servicios y los ataques de los jugadores contrarios. Tienen una gran capacidad de reacción y una buena técnica de pase. Normalmente no juegan cerca de la red, por lo que no han de ser especialmente altos.

Precisión a la hora de pasar una pelota y capacidad de reacción a la hora de evitar los remates son características de los libres.

4. Táctica del juego en equipo

En el nivel de iniciación, que es el propio de las sesiones de educación física, el sistema que utilizaremos se denomina **colocador por turnos**.

En este sistema, la pista se divide en seis zonas imaginarias. Los jugadores se organizan en tres delanteros (zonas 2, 3 y 4) y tres defensores (zona 1, 6, 5).

El jugador que ocupa la posición 1 es el que hace el servicio, mientras que el que ocupa la posición 3 es el colocador, que es quien permite que los jugadores de las zonas 2 y 4 rematen.

Cada vez que se hace una rotación hay un nuevo colocador, dos nuevos rematadores y un nuevo jugador que sirve la pelota.

En la primera fase de aprendizaje de 1.º y 2.º de ESO, respetaremos las 6 zonas de juego (indispensables para la rotación) y el objetivo del juego será sencillo: la pelota no debe caer al suelo y cada jugador debe hacerse responsable de su zona.

Durante las clases de educación física, habrá que hacer muchos ejercicios para aprender los pases y los golpes básicos jugando uno contra uno o dos contra dos hasta llegar a hacer una jugada completa de recepción–colocación–remate.

Formación básica de 3-3. Podemos observar como el libre lleva una camiseta distinta a la del resto de los compañeros.

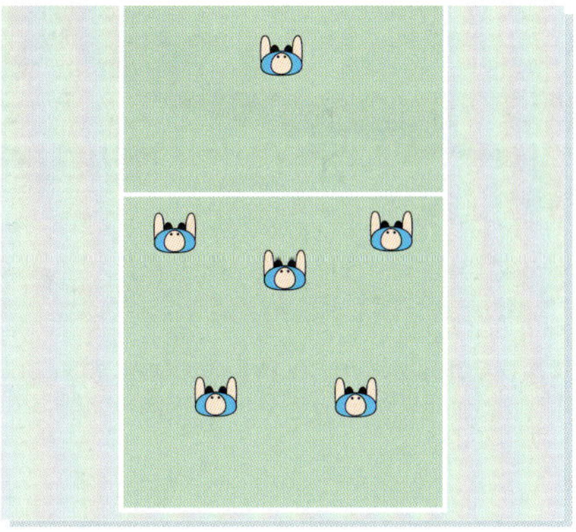

Sistema 1-3-2.

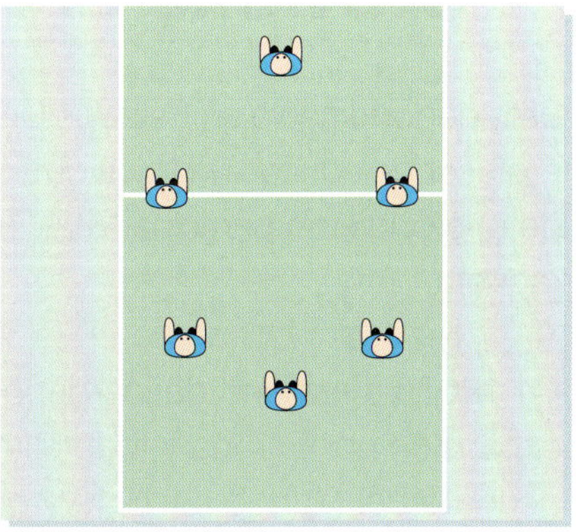

Sistema 1-2-3.

En niveles más avanzados encontraremos sistemas de juego concretos. En defensa, por ejemplo, se puede jugar un 1-3-2 (sistema en W), un 1-2-3, etc. En ataque, se puede jugar con sistemas con colocador por turnos o con sistemas para especialistas.

5. El vóley-playa

El reglamento del vóley-playa es bastante parecido al del voleibol convencional. Sin embargo, hay algunas diferencias importantes:

- Los equipos están formados por dos jugadores, aunque en situaciones recreativas se puede jugar 3 contra 3, 4 contra 4, equipos mixtos, etc.
- El campo es ligeramente más pequeño, con unas dimensiones de 16 × 8 metros.
- Los jugadores no tienen posiciones fijas sobre el terreno de juego.
- Los partidos se disputan a tres sets. Cada set se juega a 21 puntos con un mínimo de 2 puntos de ventaja. En caso de ser necesario un tercer set, se juega a 15 puntos con un mínimo de 2 puntos de ventaja. Cada 7 puntos disputados (o 5 en el tercero) se produce un cambio de campo.

En competición oficial, los equipos de vóley-playa están formados por dos jugadores.

En el vóley-playa cada jugadora debe cubrir una zona muy amplia del campo. Ello propicia un juego muy rápido con jugadas espectaculares.

Dos jugadoras coordinándose en una acción defensiva. En el vóley-playa las jugadoras no ocupan una posición fija en el campo.

6. Un poco de historia. ¿De dónde proviene el voleibol?

Este deporte nació en Estados Unidos en 1895, creado por William Morgan, un profesor de educación física que diseñó un deporte a partir del tenis con la idea de que pudieran participar más jugadores a la vez y que no se necesitara una raqueta.

En 1907 ya era uno de los deportes más populares de Estados Unidos. Su expansión por Europa y todo el mundo permitió que se jugara el primer Campeonato del Mundo en 1949 y que se convirtiera en deporte olímpico en los Juegos Olímpicos de Tokio de 1964.

¿Sabías que...?

- El voleibol nació con el nombre de *mintonette*, acuñado por su creador William Morgan.
- Las primeras reglas del juego no establecían limitación de jugadores en pista ni de toques de pelota.
- Un jugador de voleibol puede llegar a saltar entre 60 y 90 veces en un partido a 5 sets.
- El récord de tiempo de juego de un partido lo tienen Polonia y la URSS en los Juegos Olímpicos de 1976. ¡El partido duró cuatro horas y treinta y seis minutos!
- Después de la Segunda Guerra Mundial, los hospitales encontraron en el voleibol un medio de rehabilitación y de reinserción social. En 1948, el doctor Ludwig Guttmann, del Centro Nacional de Lesiones de Columna, decidió organizar el Primer Programa Europeo de Deportes sobre Silla de Ruedas.
- En el mundo hay unos 120 millones de personas que practican el voleibol.

Una jugadora de vóley-playa se hidrata durante un descanso. En momentos puntuales las pulsaciones de un jugador pueden llegar a 200 por minuto.

Servicios, remates, bloqueos, colocaciones... en un partido de voleibol un jugador puede llegar a saltar 90 veces.

Objetivos competenciales (aportación en competencias)

- Conocer y utilizar las propias posibilidades motrices en relación con los demás, con diferentes objetos y en diversos medios.
- Realizar un calentamiento adecuado de acuerdo con la actividad física que se vaya a realizar.
- Utilizar los juegos y los deportes como medio de relación con los demás valorando el esfuerzo y la capacidad de superación más que la obtención de resultados.

Expresión corporal

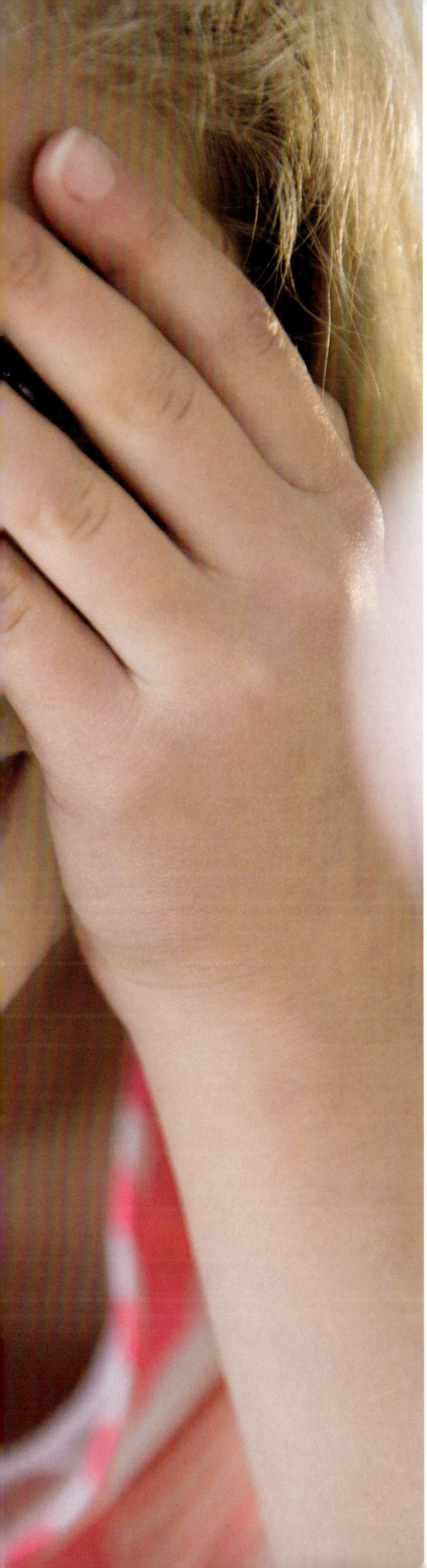

BLOQUE III

Como seres sensibles, las personas percibimos por medio de los sentidos un buen número de sensaciones que nos causan reacciones de tristeza, sorpresa, admiración, alegría, etc.

Para expresarlas lloramos, gritamos, gesticulamos, saltamos o bailamos. Estas manifestaciones a menudo son involuntarias, pero en otras ocasiones se utiliza el cuerpo de forma consciente como medio de expresión. Para hacerlo, se pueden utilizar algunas técnicas concretas para expresar sin palabras actitudes y sentimientos muy diversos.

Además, la posibilidad de expresarse con los movimientos del cuerpo nos enseña a comunicar nuestras necesidades y sentimientos venciendo las barreras del lenguaje y, al tiempo, nos permite acercarnos y comprender mejor a nuestros compañeros y compañeras.

La expresión corporal

1. ¿Qué es la expresión corporal?
2. Tipos de expresión corporal
3. ¿Cómo podemos trabajar la expresión corporal?
4. ¡Beneficios para nosotros!
5. ¿De dónde proviene la expresión corporal? (origen y antecedentes)

El ser humano, como ser social, necesita expresar las emociones, los sentimientos, los deseos, las preocupaciones...

UNIDAD 20

#ReírLlorar

Desde la infancia, nos comunicamos y nos expresamos a través del cuerpo. Los bebés lloran para decir que tienen sueño o hambre, ríen cuando están contentos y mueven las manos y los pies para jugar e interactuar.

La expresión corporal es la comunicación no verbal que acompaña o sustituye al lenguaje verbal. A menudo, los gestos expresan más que las propias palabras e, incluso, son más sinceros.

En disciplinas deportivas como la gimnasia artística, el patinaje artístico, el ballet, los bailes de salón, etc., la expresión corporal es fundamental para obtener una buena puntuación. En estas modalidades, la parte técnica es tan importante como la capacidad de expresar la armonía de los movimientos, seguir el ritmo (la combinación acertada del movimiento del cuerpo con la música) o comunicar la expresión facial adecuada.

1. ¿Qué es la expresión corporal?

Entendemos la expresión corporal como la manifestación de uno o varios pensamientos, emociones o necesidades, con la intención de transmitirlos a una persona o más. Por otra parte, calificamos de *corporal* todo lo que tiene que ver con el cuerpo. Por lo tanto, la expresión corporal sería una manera de materializar los pensamientos, los sentimientos y las emociones a través del cuerpo, sin intervención de la palabra.

La gestualidad y la expresión del cuerpo, junto con el habla, son rasgos característicos de las personas y varían según la edad, el carácter, el estado de ánimo e, incluso, la cultura y el país donde se vive. Por ejemplo, la gestualidad que manifiesta un bebé cuando quiere comer es muy diferente a la que emplea un adolescente o la que utiliza un adulto. O en una cultura como la japonesa, donde se expresa una emoción como el agradecimiento con reverencias, un gesto que nosotros nunca empleamos con este fin.

Tristeza, alegría, rabia... son sentimientos que provocan una expresión corporal involuntaria en nosotros.

2. Tipos de expresión corporal

Según el criterio que empleemos, podemos clasificar la expresión corporal de diferentes formas.

Si adoptamos un criterio basado en la **intencionalidad**, podemos clasificarla en dos categorías, según si tiene lugar de una manera premeditada y estudiada (voluntaria) o, por el contrario, si se produce de forma espontánea (involuntaria):

- **Expresión corporal voluntaria:** es la que aprendemos y utilizamos para complementar u ofrecer un mensaje concreto.
- **Expresión corporal involuntaria:** es la que no se ha aprendido. Tiene lugar espontáneamente, sin que nos demos cuenta de ello, y por ello se considera más sincera. Si estamos contentos, normalmente la expresión facial será alegre y risueña. Por el contrario, si nos sentimos tristes, dejamos de reír, los hombros caen hacia delante y bajamos las cejas.

Si el criterio se basa en la **parte o partes del cuerpo** que utilizamos para comunicarnos, podemos clasificar la expresión corporal en tres categorías: la expresión con las manos, la expresión facial y la postura corporal.

Expresión con las manos

Los movimientos de las manos y los brazos acompañan aquello que se dice y ayudan a dar más fuerza al mensaje que queremos transmitir. Las manos son tan versátiles que incluso hay personas que las utilizan para comunicarse sin la ayuda de ningún otro recurso: hablamos del lenguaje de los sordos.

Alfabeto en el lenguaje de signos.

Así, apenas sin darnos cuenta, muy a menudo utilizamos las manos para expresar distintas emociones: las mostramos con la palma hacia arriba cuando queremos reflejar honestidad; si señalamos con un dedo, queremos expresar un juicio sobre los demás, a veces para culpar a alguien; con el apretón de manos queremos manifestar una señal de confianza y de bienvenida; si levantamos la mano, pedimos permiso para hablar cuando estamos en clase o en un grupo grande, etc.

La expresión facial. Los gestos de la cara

A menudo utilizamos las expresiones faciales para conseguir lo que queremos, de manera consciente o inconsciente; por ejemplo, sonreímos para caer bien o ponemos cara triste para conseguir que nuestros padres nos compren algo.

La cara, pues, se convierte en un reflejo de nuestro estado de ánimo o de lo que queremos mostrar. Emociones como la ira, la alegría, la tristeza, la sorpresa o el miedo se pueden reflejar mediante la expresión facial, tal como reflejan las siguientes imágenes:

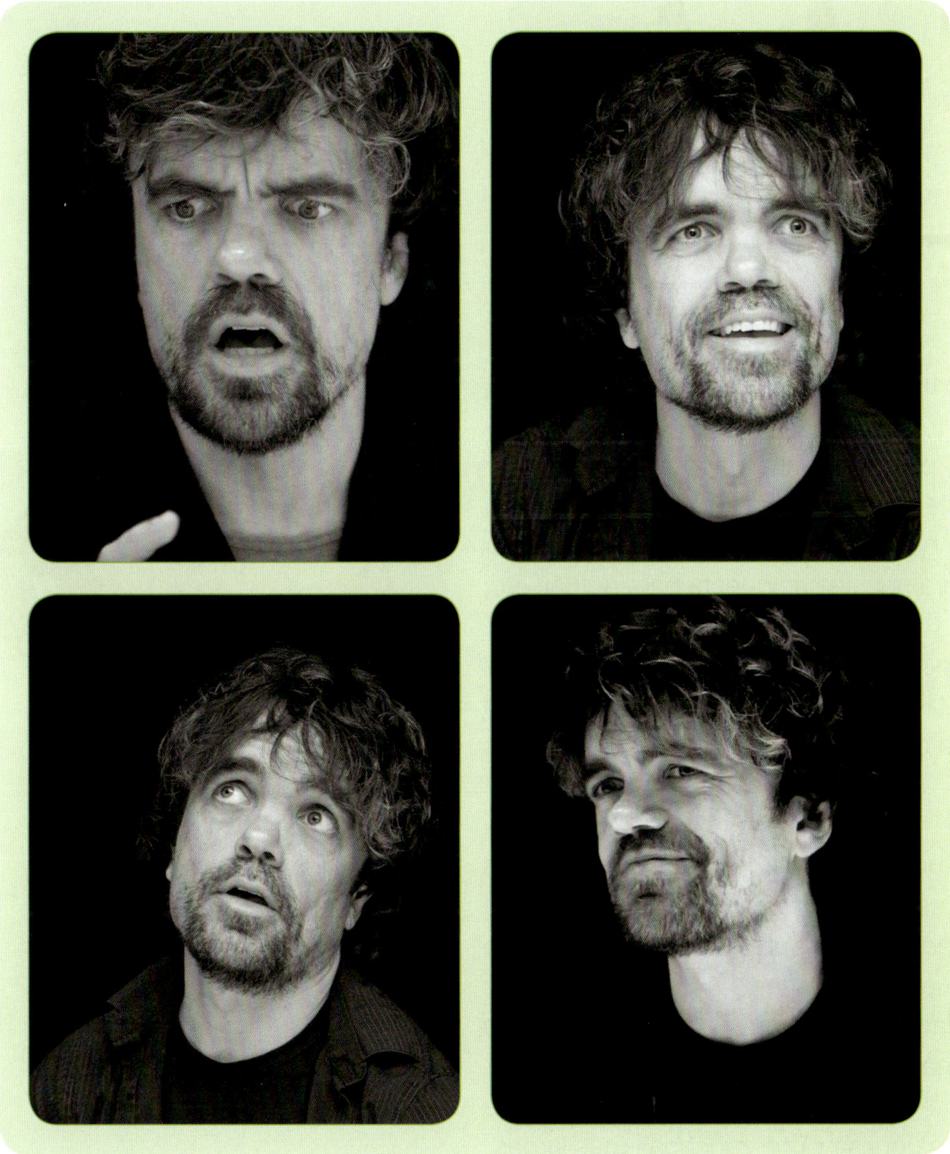

La capacidad de las manos o de la cara para expresar emociones es tan grande que, actualmente, en la comunicación digital, utilizamos símbolos de gestos faciales y manuales (emoticonos) para comunicar sentimientos y conceptos habituales como «estoy contento», «estoy triste», «me preocupa», «no estoy de acuerdo»... Estos recursos nos permiten expresar con rapidez lo que tardaríamos mucho más en expresar con el lenguaje verbal o la palabra escrita.

Las fotografías pertenecen a una serie de imágenes del actor Peter Dinklage. Como vemos, los actores son los que más trabajan y se esfuerzan para dotar a la expresión de la cara de la mayor credibilidad posible. ¿Qué sentimientos te sugiere cada una de ellas?

Sin duda, la boca es la parte de la cara que expresa mejor nuestros sentimientos, pero los ojos también tienen un papel muy importante. Para demostrarlo, os proponemos un ejercicio. Agrupados por parejas, uno empieza a expresar emociones diferentes: rabia, tristeza, miedo, felicidad, etc. Para conseguir que la mirada sea el único medio de expresión, debe taparse la boca con un papel. Se trata de ver cuántas expresiones es capaz de adivinar el compañero o compañera observando solo los ojos.

Su boca sonríe, pero sus ojos no. A menudo, los ojos nos permiten saber el estado de ánimo real de las personas.

La postura corporal y las formas de caminar

Las emociones y el cuerpo están relacionados, por lo que la postura corporal también expresa en gran medida el estado de ánimo. Es muy difícil poder decir que estamos contentos si los hombros y la cabeza caen hacia delante, como vemos en la figura B. En cambio, la figura A expresa seguridad y tranquilidad.

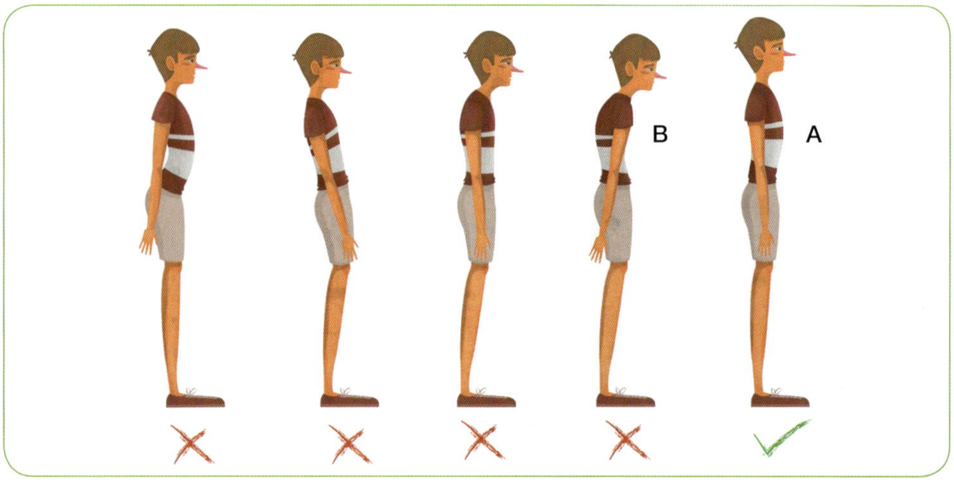

Sin embargo, la postura corporal no solo transmite las emociones involuntarias, sino que también se puede utilizar para transmitir expresiones de forma intencionada. Por ejemplo, cruzar los brazos puede ser una manera de establecer una barrera defensiva o de decir que estamos enojados; las manos en las caderas con los codos abiertos expresan que estamos preparados para iniciar una acción, que tenemos brío, que esperamos una respuesta para actuar, etc.

Pensemos cómo imitaríamos a alguien muy prepotente. O a alguien que quiere demostrar que se desentiende de todo. Un buen ejercicio para aprender sobre la gestualidad del cuerpo es fijarnos en la gente que vemos por la calle o en los actores de las películas.

La forma de andar también caracteriza a una persona. A menudo reconocemos a alguien de lejos simplemente por su estilo al caminar. Nuestra manera de andar depende de factores como la edad: cuando aprendemos a caminar, lo hacemos con inseguridad y, a medida que nos hacemos mayores, caminamos más rápidamente y con mayor seguridad; por el contrario, a partir de cierta edad, a medida que envejecemos, caminamos con más lentitud y nuestra postura se va encorvando. Factores como el género también influyen en la forma de caminar. Los chicos suelen andar más deprisa y con zancadas más largas.

Para lograr una buena comunicación gestual, la expresión facial, la de las manos y la de todo el cuerpo no deben ser contradictorias.

3. ¿Cómo podemos trabajar la expresión corporal?

Para tomar conciencia de nuestra expresión corporal y mejorarla, podemos llevar a cabo alguna de las siguientes técnicas:

Disciplinas como el yoga pueden ayudarnos a controlar nuestra postura corporal.

La educación corporal y postural

Si modificamos nuestra postura, podemos conseguir acrecentar la autoestima y, al mismo tiempo, evitar dolores en el cuerpo.

Si nos sentimos tristes, nuestro cuerpo estará flojo y los hombros caerán hacia delante. Cuando detectemos estos efectos, podemos tratar de corregir la postura y esto nos ayudará a no sentirnos tan tristes.

Con constancia, técnicas como el yoga, el taichí o los estiramientos pueden ayudar a mejorar y corregir nuestra postura corporal. Con el tiempo, disfrutaremos de los beneficios que conlleva hacerlo.

La danza en todas sus variantes es un excelente ejercicio para trabajar la gestualidad de nuestro cuerpo.

La danza

Los bailes de salón, el baile moderno, el *hip-hop*, las danzas folclóricas, el ballet clásico, la danza contemporánea... En todos los bailes o danzas, el cuerpo se desplaza en un espacio siguiendo un ritmo determinado. El ritmo es la combinación del movimiento del cuerpo con la música. Es un ejercicio excelente de creatividad, que hace que tomemos conciencia de nuestra gestualidad y de las posibilidades de movimiento del cuerpo.

La dramatización: el teatro y el mimo

El teatro permite sacar lo que llevamos dentro y que, a menudo, no nos atrevemos a expresar; desarrolla la imaginación, el placer por el juego, la improvisación, la espontaneidad y la creatividad, y nos hace poner en la piel de otra persona.

En clase podemos hacer los siguientes ejercicios relacionados con la dramatización:

- Agrupados en diferentes equipos, improvisar un anuncio de un producto que no exista. Debemos convencer a la clase de que nuestro producto es el mejor.
- Un compañero o compañera indica al resto de la clase diferentes maneras de moverse por el aula o el gimnasio. Por ejemplo, como si estuviera en la Luna, atravesando una selva, en una tormenta de viento, etc.

Los ejercicios de dramatización pueden ayudarnos con la expresión de nuestros pensamientos.

La biodanza. La bioenergética

Son disciplinas que facilitan la expresión corporal de las emociones y liberan tensiones y bloqueos. Consisten básicamente en moverse libremente con un trasfondo musical, sin seguir normas específicas. Estas técnicas nos permiten expresarnos en libertad. A veces, pueden hacer que expresemos emociones retenidas.

La expresión corporal puede ayudarnos a mejorar la autoestima, a conocer y a comunicarnos con nuestro cuerpo.

4. ¡Beneficios para nosotros!

Trabajar, conocer y practicar la expresión corporal nos puede proporcionar los siguientes beneficios:

- Conocernos mejor. Aceptar el propio cuerpo, la propia imagen y la de los demás. Aprender a amar y cuidar el cuerpo.
- Ser creativos. Darnos cuenta de todo lo que podemos comunicar con el cuerpo y que no expresamos.
- Relajarnos. Descargar tensiones, aportarnos felicidad cuando estamos tristes y energía cuando estamos apáticos.
- Liberar el cuerpo de bloqueos, de tensiones y de dolores causados por las emociones que retenemos.
- Aprender a conocer las emociones de los demás. Saber cómo tratarlas, trabajar mejor en equipo, mejorar relaciones y amistades, evitar y resolver conflictos.
- Mejorar la autoestima, la satisfacción y el positivismo. Reducir la inseguridad, la angustia, la desmotivación o el enojo crónico.
- Mejorar la psicomotricidad.
- Relajarse, disfrutar y convencer cuando hablamos ante la gente.

El trabajo de la expresión corporal puede ayudarnos a comunicar nuestros sentimientos y a comprender mejor los de los demás.

5. ¿De dónde proviene la expresión corporal? (origen y antecedentes)

El ser humano es desde su origen un animal social y, por tanto, necesita comunicarse y expresarse. Por instinto de supervivencia, los primeros humanos, que aún no articulaban palabras, conseguían tomar decisiones de grupo mediante la expresión corporal y el lenguaje no verbal.

A lo largo de la historia, la humanidad ha desarrollado diferentes usos del lenguaje no verbal. Hay muchos ejemplos de ello: podemos mencionar el lenguaje de los abanicos y el lenguaje de las miradas, en el siglo XVIII, o el lenguaje de signos que se utiliza aún hoy en día para jugar a diversos juegos de cartas.

Mosaico que representa máscaras teatrales con distintas expresiones. Griegos y romanos desarrollaron artes escénicas en las que la expresión corporal era muy importante.

Sin embargo, fue en el año 1954 cuando Patricia Stokoe, bailarina y pedagoga argentina, desarrolló un método en el que por primera vez se utilizó el término *expresión corporal* para referirse al lenguaje surgido de la combinación del movimiento del propio cuerpo, el control del tiempo, la música, la creatividad y el espacio.

Actualmente hay amplios estudios sobre la expresión corporal, que tienen como objetivo conocer mejor este fenómeno y mejorarlo.

A tener en cuenta

- Todos somos distintos. Cada uno de nosotros tenemos habilidades diferentes para expresarnos. No debemos juzgar a nadie ni reírnos de nadie. Todo el mundo tiene su propio estilo.
- Aprovechemos el trabajo de expresión para expulsar la vergüenza. Solo con atrevimiento y coraje nos daremos cuenta de lo que somos capaces de hacer.
- Con un pequeño gesto, podemos herir a alguien y eso no ayuda a la buena comunicación entre las personas.
- Es importante cuidar y valorar la faceta expresiva del cuerpo.

Todos somos distintos. Hay que aceptar la diferencia sin juzgar a nadie puesto que podemos herir sus sentimientos.

¿Sabías que...?

Hay profesionales que utilizan la expresión corporal como herramienta imprescindible para su trabajo:

- Los detectives, que interpretan si una persona miente o esconde algo.
- Los asesores, que enseñan a políticos y a otras personas que hablan en público a utilizar la expresión corporal como herramienta de comunicación.
- Los actores, especialmente los de teatro.
- Los profesionales que trabajan con el lenguaje de los sordos.
- Los indicadores de despegues y aterrizajes de aviones.

El trabajo de expresión corporal puede ayudarnos a expulsar complejos y vergüenzas y demostrar así de lo que somos capaces.

Objetivos competenciales (aportación en competencias)

- Expresarse y comunicarse mediante el gesto y valorar el lenguaje corporal.
- Participar en bailes y danzas como medio de comunicación y realización social.
- Conocer y utilizar técnicas de expresión corporal para la vida cotidiana.

La interpretación y la coreografía

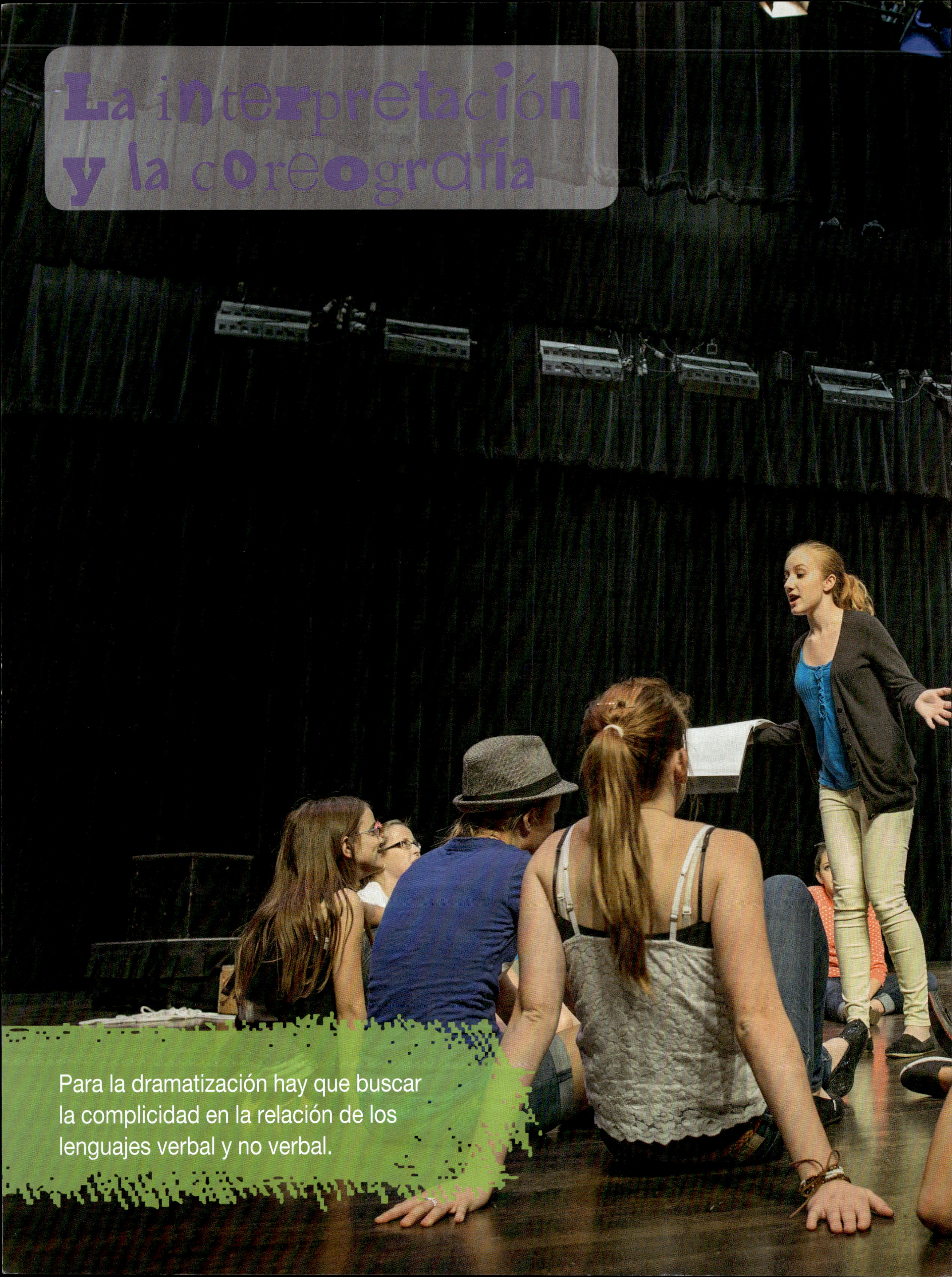

Para la dramatización hay que buscar la complicidad en la relación de los lenguajes verbal y no verbal.

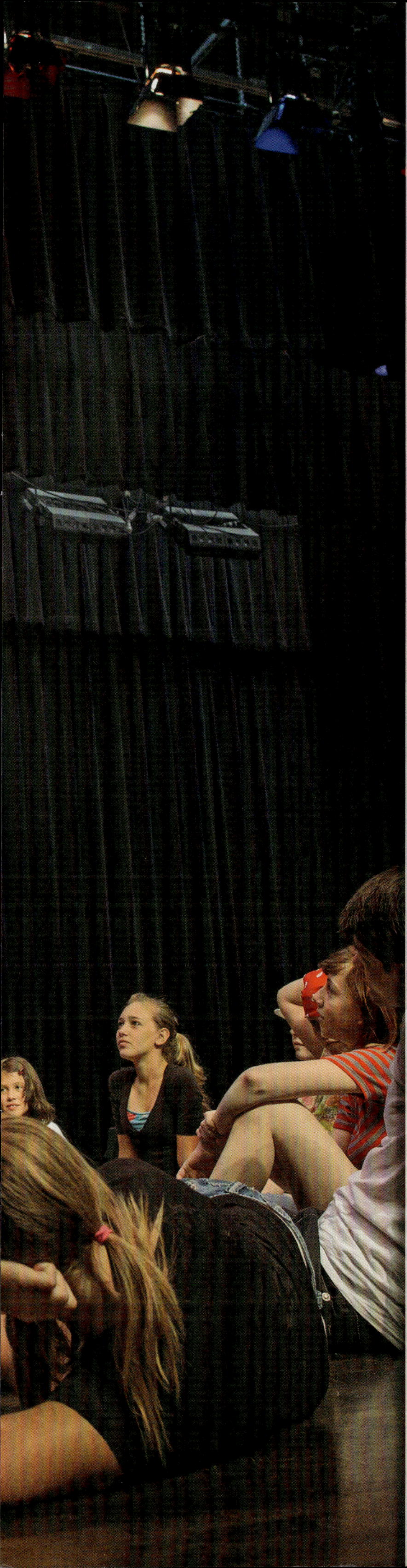

UNIDAD 21

#SeroNoSer

La dramatización es un acto que se da tanto en la vida cotidiana como en el teatro. Cuando alguien rememora un hecho, lo que reproduce no es la realidad, sino una dramatización del recuerdo.

Las personas emitimos y recibimos mensajes no verbales en forma de gestos y actitudes posturales, a pesar de que a veces no somos conscientes de ello.

A través del lenguaje no verbal podemos transmitir sentimientos, emociones y estados de ánimo.

Hay personas que, de manera innata, tienen más facilidad para comunicar que otras, pero podemos saber cuáles son los factores que permiten expresarse con el cuerpo y aprender a utilizar sus posibilidades.

1. Elementos de la expresión corporal
2. ¿Cómo podemos hacerlo?

1. Elementos de la expresión corporal

El gesto

Es el componente más pequeño del lenguaje no verbal, un movimiento cargado de significado con el que queremos expresar o comunicar algo.

Puede ser global –con todo el cuerpo– o parcial –con una parte del cuerpo–, y puede ser voluntario o inconsciente.

Un gesto como el rechazo puede ser espontáneo o intencionado. Con una parte del cuerpo, más sutil, o con el cuerpo entero, más explícito.

La expresión facial

La cara concentra muchos gestos que conforman las expresiones faciales en el triángulo que queda dibujado entre las cejas, los ojos y la boca. Hay estudios que demuestran que hay expresiones de la cara que son universales, con el mismo significado en todas las sociedades y culturas, y otras que son aprendidas y muy variadas, como las muecas.

Triángulo gestual.

Expresiones universales

- **Alegría:** la musculatura que rodea la boca y los ojos se contrae, las mejillas se elevan y aparecen las patas de gallo.
- **Tristeza:** los párpados superiores se cierran ligeramente y las cejas se levantan. El entrecejo se arruga y los labios se estiran horizontalmente.
- **Ira:** la mirada es fija; los ojos, feroces; las cejas están juntas e inclinadas hacia abajo, y tenemos tendencia a apretar los dientes.
- **Sorpresa:** los párpados superiores se elevan, pero los inferiores se relajan y la mandíbula se suelta.
- **Asco:** la nariz se retrae, el labio superior se eleva y los ojos se contraen.

- **Miedo:** los párpados superiores se elevan al máximo. Las cejas, elevadas, se juntan. Los labios se alargan hacia atrás.
- **Desprecio:** es similar a la expresión de asco, pero solo en una parte del rostro, donde la comisura de los labios se tensa y se eleva.

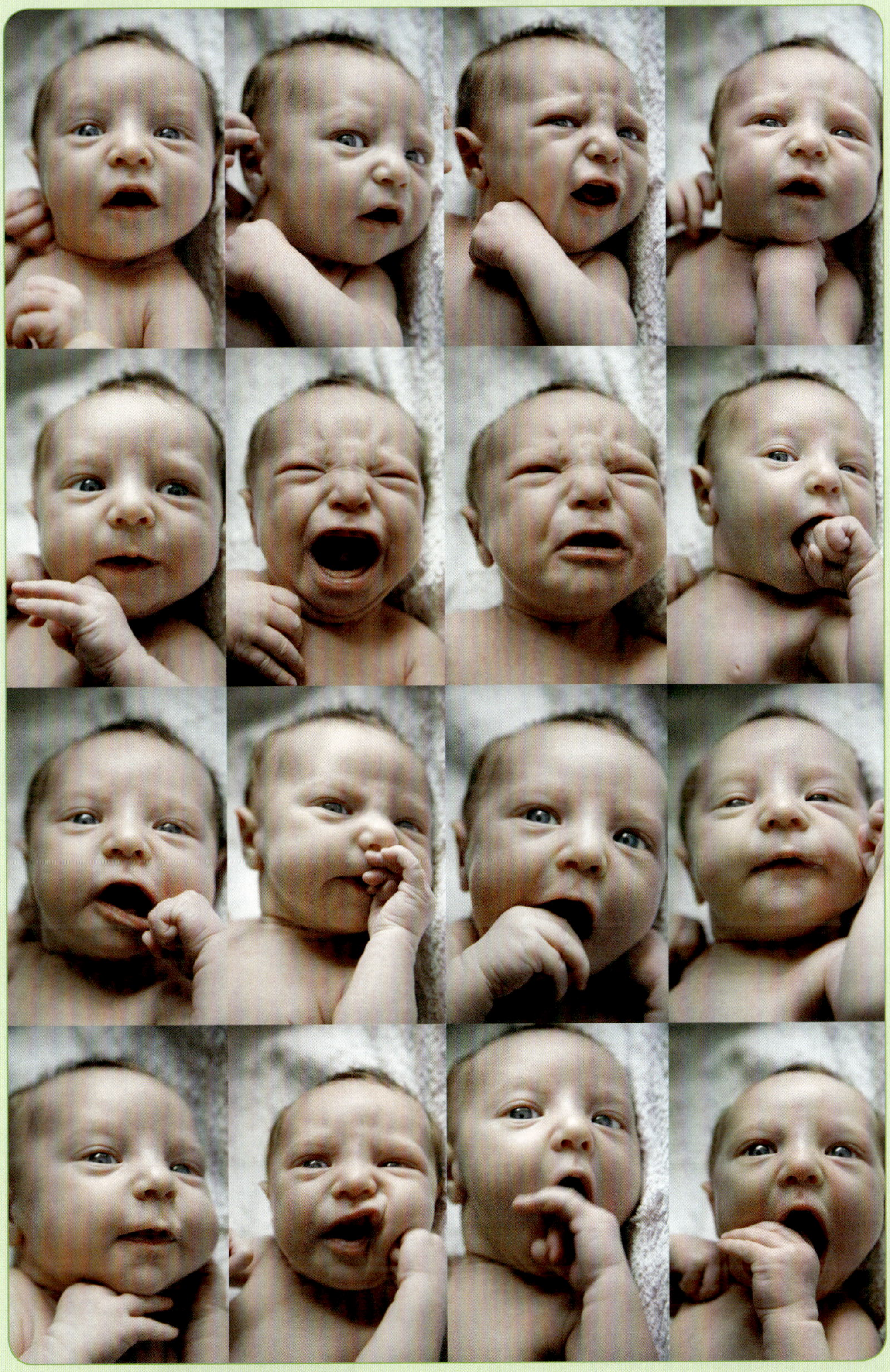

La cara de los bebés refleja perfectamente las expresiones universales ya que estas son innatas, no aprendidas. Seguro que en esta colección de fotografías encontrarás todas las expresiones que hemos mencionado en el texto.

Expresiones aprendidas

Expresiones como la burla, el asco o el guiño son conscientes y aprendidas.

La postura o la actitud postural

La posición del cuerpo y de sus miembros, así como la manera de adoptar estas posiciones, puede reflejar emociones y sentimientos de la persona.

Observando la posición de los hombros y la cabeza podemos distinguir si nos encontramos ante una persona dominante (barbilla alta, y cabeza y hombros ligeramente inclinados hacia atrás) o tímida (hombros elevados e inclinados hacia adelante).

¿Cuál de estas dos expresiones crees que corresponde a una persona tímida? ¿Y a una dominante?

2. ¿Cómo podemos hacerlo?

A través de diferentes técnicas de dramatización, más o menos elaboradas, desde el mimo hasta el teatro, podemos aprender a controlar nuestro cuerpo para que exprese lo que queremos.

El mimo

Los mimos hacen gestos claros, exagerados y bastante precisos para que puedan ser entendidos por los espectadores.

Utilizan exclusivamente el lenguaje corporal, prescindiendo de la palabra.

Por ejemplo, podemos jugar a adivinar haciendo representaciones de mimo. Un compañero se coloca delante de la clase y, haciendo mimo, representa oficios, películas, personajes, etc., que el resto de alumnos deben intentar adivinar.

El juego simbólico

Es el más espontáneo. El participante representa objetos y personajes reales a través de otros que toman el mismo significado.

Por ejemplo, los juegos de indios y vaqueros, en los que un poste hace de espada y una escoba, de caballo.

El juego dramático

Es la representación de una situación con un grupo de participantes que improvisan colectivamente sobre un tema establecido previamente.

Por ejemplo, podemos crear un gag con un grupo en el que planteamos una situación con unos personajes. Una vez establecido el entorno, improvisamos.

El juego escénico

Se trata de un juego teatral en el que se representan argumentos, con una acción y un diálogo preparados con anterioridad, para actuar ante un público.

Por ejemplo, podemos preparar la representación de un texto teatral con los compañeros de la escuela, con previsión de escenografía, indumentaria, actos, etc., como si fuéramos una compañía de teatro.

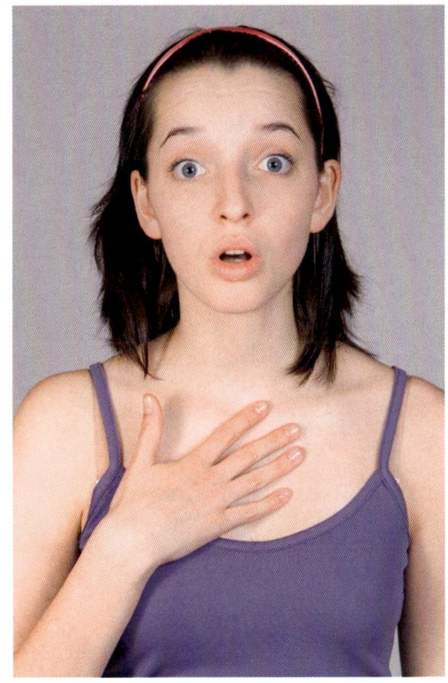

El mimo intenta transmitir conceptos por medio de gestos exagerados.

Un grupo de adolescentes preparan una representación.

¿Sabías que...?

- Entre la gente de teatro se dice que el color amarillo trae mala suerte. Esta idea se debe a que Molière, el autor y actor francés, murió mientras representaba su obra *El enfermo imaginario* vestido de ese color.
- En el mundo del teatro existe la creencia de que decir «buena suerte» trae mala suerte, y para desearse buena suerte se utiliza la expresión *mucha mierda*. Esta expresión es muy antigua, y se remonta a la época en que la gente iba al teatro en coche de caballos. Una gran cantidad de excrementos a la entrada del teatro era señal de éxito.

Flash competencial (aportación en competencias)

- Expresarse y comunicarse mediante el gesto y valorar el lenguaje corporal.
- Conocer y utilizar las mejores posturas y acciones motrices para el desarrollo de las actividades diarias.
- Conocer y utilizar las propias posibilidades motrices en relación con los otros, con diferentes objetos y en varios medios.
- Alcanzar un cierto dominio corporal y postural.
- Conocer y utilizar técnicas de expresión corporal para la vida cotidiana.

Actividades en el medio natural

BLOQUE IV

El conocimiento de algunas actividades que se pueden practicar en el medio natural nos permite disfrutar del tiempo libre con amigos y compañeros.

En el medio natural podemos llevar a cabo muchas actividades físicas diferentes de las que solemos practicar habitualmente en la escuala y, además, disfrutar de lugares especiales, alejados de los núcleos urbanos.

No hay que olvidar, sin embargo, que es necesario minimizar el impacto de nuestras actuaciones en la naturaleza, evitando degradar el medio y realizando actividades que favorezcan la sostenibilidad de la zona.

Actividad física en la naturaleza

1. ¿Qué son las actividades físicas en la naturaleza?
2. ¿Qué tipos de actividades físicas podemos practicar en la naturaleza?
3. Actividades en el agua
4. Actividades en tierra
5. El respeto a la naturaleza y el medio ambiente
6. ¿Cómo debemos prepararnos para ir de excursión?
7. El senderismo

La actividad en la naturaleza es una forma de ocupar el tiempo de ocio a la vez que permite mejorar la condición física y fomentar la práctica de un ejercicio físico saludable.

UNIDAD 22

#DisfrutamosNaturaleza #PreservamosNaturaleza

Observar el cielo en una noche estrellada, disfrutar adentrándose en la montaña, jugar en la playa..., todo ello forma parte de las actividades en la naturaleza. En los últimos años, el deseo de contacto con el medio natural ha originado la aparición de una numerosa oferta de actividades físicas centradas en los deportes en la naturaleza.

La naturaleza es un lugar cambiante e inestable. La climatología y la variabilidad del paisaje son aspectos fundamentales cuando se realiza una actividad en ese medio, y esto lo hace especialmente atractivo y diferente. En esta unidad, proponemos actividades físicas que se pueden practicar en el medio natural y explicamos cómo se pueden aprovechar las posibilidades que ofrece. Aprenderemos también las normas más importantes para no dañarlo.

1. ¿Qué son las actividades físicas en la naturaleza?

Son actividades que tienen lugar en el medio natural (el campo, la montaña, la playa, etc.). Este tipo de actividades también se conoce como deportes de aventura, *outdoor adventure recreation*, deporte en libertad, etc.

La inestabilidad climática y los cambios en el relieve hacen que las actividades en la naturaleza se tengan que planificar muy bien y que los participantes deban poseer algún conocimiento del medio para prevenir riesgos.

Las actividades en la naturaleza se pueden practicar con objetivos lúdicos y sociales (por ejemplo, una excursión con la familia) o con objetivos competitivos (una travesía de montaña).

La competición en el medio natural permite desafiarnos a nosotros mismos ante los retos de la naturaleza. Subir a la cumbre de una montaña o remar hasta un objetivo concreto son metas que podemos lograr por nuestra cuenta. Además, en la naturaleza, se nos brinda también la posibilidad de competir contra otros deportistas en numerosas actividades, como las regatas en el mar, las carreras de orientación, etc.

2. ¿Qué tipos de actividades físicas podemos practicar en la naturaleza?

Las actividades en la naturaleza se pueden categorizar según el medio en que se desarrollan: agua, tierra y aire.

- **Actividades en el agua:** se pueden hacer en el mar, en aguas planas (lagos, pantanos o canales) y en aguas bravas (ríos). Se pueden practicar muchas modalidades, como la vela, el piragüismo, el submarinismo, etc.
- **Actividades en tierra:** se pueden llevar a cabo en terrenos muy diversos, el campo o la montaña, y que planteen retos de dificultad variable como travesías, excursionismo, carreras de orientación, escalada, esquí o, incluso, una simple acampada.
- **Actividades en el aire:** precisan la ayuda de aparatos, como el ala delta, el parapente, el paracaídas, el globo, etc.

Todas estas actividades no son excluyentes entre sí, algunas se pueden hacer en más de un medio. Un ejemplo es el barranquismo, que tiene lugar en la tierra y en el agua.

El barranquismo requiere de equipo y capacidades relacionados con los medios acuático y terrestre.

Hay deportes en la naturaleza que precisan muy poco material, como por ejemplo el senderismo o el submarinismo sin escafandra (*snorkel*). Pero hay otros que son más costosos, ya que necesitan una gran cantidad de material, como la vela o el esquí acuático.

3. Actividades en el agua

Remo

Consiste en la propulsión de una embarcación con la fuerza muscular mediante uno o dos remos fijos. Los remeros se sitúan sentados y de espaldas a la dirección del movimiento.

Piragüismo

Se practica en una embarcación ligera propulsada por una, dos o cuatro personas mediante una pala. Los remeros se colocan sentados y encarados a la dirección del movimiento. Las principales embarcaciones que se utilizan son:

- **Kayak:** la embarcación es propulsada por una pala de dos hojas. El remero se sitúa en un punto más bajo con relación al agua, lo que hace que la embarcación sea más estable.
- **Canoa:** la embarcación es propulsada por una pala de una sola hoja y no es tan estable como el kayak.

El kayak se impulsa con una pala de doble hoja. La posición del tripulante es baja.

La canoa, más inestable que el kayak, se impulsa con una pala de una sola hoja.

Las actividades de remo movilizan a la vez las piernas, los brazos y la parte central del cuerpo (abdominales y músculos lumbares). Así pues, es un ejercicio físico que implica gran cantidad de músculos que trabajan al mismo tiempo, lo que beneficia al corazón y a la circulación de la sangre (beneficios cardiovasculares).

Descenso de río o *rafting*

Consiste en recorrer el cauce de los ríos en la dirección de la corriente (río abajo) sobre algún tipo de embarcación o balsa inflable en la que caben varias personas, que van equipadas con remos de una sola hoja. Se suele practicar en aguas rápidas, por lo que los tripulantes llevan chalecos y cascos.

Una balsa descendiendo por un tramo de aguas rápidas (*rafting*).

La velocidad y las acrobacias convierten el *windsurf* en un deporte espectacular.

La vela ligera

Es el tipo de navegación que se practica aprovechando la propulsión del viento y sin motor. Las embarcaciones navegan siempre cerca de la costa. Hay muchas modalidades: raquero, láser, 4-20, *windsurf* (surf de vela), etc. Las carreras de veleros se llaman **regatas**.

En el mar, los barcos de vela tienen siempre preferencia respecto a los de motor.

Snorkel

Este término anglosajón define la práctica de bucear con la única ayuda de unas gafas, un tubo respirador y unas aletas en los pies para propulsarse mejor. En aguas frías, puede ser necesario un traje de neopreno. Esta actividad permite observar el fondo marino a una profundidad limitada durante largo tiempo y con un esfuerzo relativamente ligero.

Submarinismo

Actividad que consiste en bucear con un equipo que, además de los elementos para practicar *snorkel*, incluye pesos y bombonas de oxígeno. Este equipamiento permite sumergirse a grandes profundidades durante un periodo de tiempo que queda limitado por la cantidad de oxígeno disponible. A partir de cierta profundidad, es necesario obtener una certificación que acredite que se conoce el funcionamiento del equipo de submarinismo y que se entiende cuál es el comportamiento del cuerpo humano bajo la presión del agua. Esto permite evitar conductas de riesgo.

Snorkel.

Clase inicial de submarinismo.

Los fondos marinos de los mares que bañan el continente europeo están cubiertos por grandes cantidades de basura generadas por las personas: plásticos de todo tipo, trozos de vidrio, madera, cerámica, latas, tejidos, artes de pesca, etc.

No tires basura al mar o a los ríos. La naturaleza no puede descomponer todos los materiales o tarda mucho en hacerlo. En el mar y en los ríos, debemos velar por el entorno y respetar la fauna y la flora acuáticas.

Siempre que puedas, camina por dentro del sendero: maltratarás menos la vegetación.

Respeta el entorno. No arranques ramas, no pises plantas o flores, no caces animales.

¡No enciendas fuego! Los incendios tienen efectos devastadores.

4. Actividades en tierra

Montañismo o excursionismo

Engloban el conjunto de actividades que tienen como objetivo recorrer montañas u otros lugares naturales por placer. Habitualmente se utiliza cualquiera de las dos palabras para hablar de excursiones por la montaña. Dentro de la categoría del montañismo podemos encontrar las siguientes actividades:

- **Senderismo o *trekking*:** actividad que consiste en andar siguiendo caminos y senderos marcados por la montaña con garantías de seguridad. Es una actividad que no precisa mucha preparación física o técnica y es ideal para practicar en familia.
- **Carrera de orientación:** competición que tiene por objetivo encontrar la mejor ruta en el tiempo más corto posible para llegar a unos puntos (controles) que se detallan en un mapa de un área determinada. El mapa es desconocido por los participantes hasta el momento de la salida. Para practicar esta actividad, solo es necesario un mapa, ganas de correr y una brújula para las competiciones de nivel experto.
- **Acampada:** actividad que se basa en la permanencia temporal en el entorno natural equipados con una tienda o más. El objetivo es, simplemente, disfrutar del contacto con el medio natural. Hay que cumplir unas normas básicas como, por ejemplo, no acampar cerca de ríos para evitar riesgos como las inundaciones. Más allá de estas normas, se necesitan pocos conocimientos y materiales.
- **Alpinismo:** este término que originariamente significaba 'subir los Alpes' ha pasado a designar más generalmente la actividad de subir montañas. Hoy día, un buen alpinista debe saber practicar el esquí de montaña y escalar en roca o hielo, o combinar las dos cosas (terreno mixto).
- **Escalada:** actividad que consiste en hacer ascensos en paredes de roca, laderas escarpadas u otros relieves naturales caracterizados por su verticalidad. Para llevarla a cabo, se utilizan medios de sujeción casi totalmente recuperables. La dificultad de la actividad está determinada por factores como la inclinación de la pared, la distancia, la forma y el tamaño de los asideros y los puntos de reposo existentes.
- **Descenso de barrancos:** actividad muy relacionada con el senderismo, la escalada y el alpinismo y, en cierta medida, con la natación. Consiste en progresar por un barranco que presenta un recorrido variado: tramos secos, tramos con poco caudal, cascadas de diferentes alturas, pozas, etc. Esta diversidad se supera caminando, nadando o descendiendo con cuerdas (rápel). Se trata de una actividad para la que hay que ir bien equipado y con un guía profesional. Hay barrancos de todos los niveles y dificultades.
- **Bicicleta de montaña o BTT:** actividad que consiste en hacer salidas por la montaña con bicicletas diseñadas especialmente para este fin. Para disfrutar de las excursiones, existen recorridos marcados con varios niveles de dificultad. Internet ofrece muchos recursos, con consejos y recorridos útiles para practicar este deporte.

Un participante en una carrera de orientación.

Un grupo de campistas planta una tienda en el campo.

Escalada de alto nivel de dificultad.

Las bicicletas de montaña están adaptadas para circular en terrenos difíciles.

Actividades de nieve o hielo

En las actividades en tierra se pueden encontrar dos medios diferentes, la nieve y el hielo, que permiten practicar otro tipo de deporte. La modalidad más popular es el esquí, pero hay otras. Todas necesitan un material específico y una preparación técnica y física de base para poder llevarlas a cabo.

Esquí alpino.

- **Esquí alpino:** actividad que consiste en descender montañas con esquís y bastones. Se puede practicar como una actividad recreativa o bien competitiva. En este último caso, el descenso debe hacerse pasando por unas balizas en el menor tiempo posible. Generalmente, el esquí alpino se lleva a cabo en zonas preparadas y señalizadas, aunque también se puede practicar fuera de las pistas.
- **Esquí de fondo:** modalidad que consiste en desplazarse por superficies nevadas con ayuda de esquís (ligeramente diferentes de los que se usan en el esquí alpino) y bastones. Generalmente se practica en pistas preparadas, trazadas por un tractor mecánico, de poca pendiente y con un nivel de dificultad bajo.

Esquí de fondo.

- **Esquí de montaña o de travesía:** actividad que se lleva a cabo en travesías en que requieren el ascenso a montañas nevadas con los esquís. Para poder remontar las pendientes sin resbalar hacia atrás, los esquís están equipados con un tejido en la cara inferior (antiguamente, piel de foca) que permite el deslizamiento en un solo sentido.
- ***Snowboard* (surf de nieve):** variante del esquí alpino que utiliza las mismas pistas. Se diferencia fundamentalmente por la utilización de una tabla ancha adaptada para deslizarse en la nieve, en lugar de los esquís. Los dos pies van fijados a una tabla y no se usan bastones, por lo que es más difícil mantener el equilibrio.

Esquí de montaña.

- **Raquetas de nieve:** actividad que consiste en hacer travesías en la nieve caminando sobre unas raquetas (similares a las raquetas de tenis) que van fijadas a las botas y que impiden que los pies se hundan. Se trata de una actividad que se puede practicar con diferentes niveles de dificultad y que pueden hacer desde familias que quieran dar un paseo hasta deportistas con deseo de iniciarse en el montañismo de invierno.

Raquetas de nieve.

5. El respeto a la naturaleza y el medio ambiente

Si se practican mal, las actividades en la naturaleza pueden provocar graves problemas en unos entornos frágiles que, a menudo, tienen un alto valor ecológico. Hemos de ser capaces de practicar deportes de una manera respetuosa. Para ello, solo hay que observar unas normas y unas limitaciones determinadas por el respeto al medio ambiente, tales como:

- Saber convivir con la flora y la fauna sin dañarlas.
- Recoger todos los residuos y la basura. El espacio que hemos utilizado debe quedar igual de limpio que cuando llegamos.
- Evitar los gritos y las grandes concentraciones de personas que propicien un exceso de ruido.
- Renunciar a los deportes de motor en el mar y en la montaña, ya que contaminan el mar y el aire, hacen mucho ruido y, en el caso de la montaña, erosionan el terreno.

Desde mediados de los años noventa del siglo pasado, ecologistas y alpinistas han mostrado su preocupación debido a las grandes cantidades de basura que las personas que hacen excursiones, escaladas o acampadas depositan en el medio natural.

No abandones ni entierres desperdicios de ningún tipo (restos de comida, envases, latas). Guárdalos en tu mochila para tirarlos en el contenedor adecuado.

6. ¿Cómo debemos prepararnos para ir de excursión?

La planificación previa

Antes de una excursión es necesario que la planifiquemos. Para ello, debemos tener en cuenta una serie de factores importantes:

- Hay que informarse bien del lugar donde queremos ir. Un mapa de la zona o unas indicaciones claras nos ayudarán.
- Hay que conocer la previsión meteorológica para la zona y el horario aproximado de la excursión (especialmente si prevemos que se nos hará de noche).

- Hemos de averiguar si dispondremos de puntos de agua.
- Es importante asegurarse de que el nivel de dificultad de la excursión se corresponde con lo que es adecuado para nosotros.
- Tenemos que preparar la mochila solo con lo que necesitemos.

En una excursión es necesario que encuentres tu ritmo. La intensidad de la marcha debe ser constante y natural, ni muy lenta ni muy rápida. Te ha de permitir charlar mientras caminas.

En una excursión es importante no dejar a nadie atrás.

El material

Teniendo en cuenta los condicionantes anteriores, debemos elegir el material que vamos a llevar en la excursión.

- **Mochila:** cómoda; si es posible, impermeable, y con un sistema de correas que permita ajustarla a la cintura.
- **Ropa:** se recomienda usar una camiseta básica de material transpirable. Las prendas de vestir de este tipo reciben el nombre de *ropa técnica* y no dejan que el sudor se enfríe en el cuerpo. Si hay posibilidad de lluvia, llevar un impermeable que no ocupe mucho lugar y unos calcetines de recambio por si nos mojamos los pies. Si hace frío, hay que incluir ropa de abrigo, como un pasamontañas o un gorro, guantes, un jersey o un forro polar, un anorak y unos calcetines gruesos que permitan la transpiración.
- **Calzado:** adecuado al tipo de excursión. Si la excursión es fácil y el terreno poco abrupto, podemos usar zapatillas deportivas. Si el terreno es montañoso y escarpado, hay que llevar botas de montaña. Si puede haber agua, barro o nieve son recomendables las botas altas de montaña.
- **Alimentación e hidratación:** debemos llevar siempre una cantimplora con agua, que podamos rellenar, además, unos bocadillos o una fiambrera. Es recomendable evitar los envases, porque luego nos los tendremos que llevar. Si la excursión es larga o hace frío, se puede incluir algún fruto seco que nos aportará energía mientras caminamos o en alguna parada.
- **Higiene y protección:** es imprescindible incluir un pequeño botiquín en nuestro equipaje, con tiritas, esparadrapo, gasas y yodo. Si el tiempo se prevé soleado, es recomendable ponerse crema protectora y gafas de sol. Si se prevé mucho frío se recomienda incluir un protector de labios. Si hay que pasar la noche fuera necesitaremos utensilios básicos de higiene, como una toalla y un neceser con cepillo, jabón, pasta de dientes y un peine.
- **Otros:** hay que incluir una bolsa de plástico para llevarnos la basura y algo de dinero para las emergencias. Si tenemos que pasar la noche fuera, hay que llevar una tienda, un saco de dormir y una estera que nos aísle del frío del suelo. Además, hay que llevar utensilios para comer (platos y vasos metálicos, cubiertos y una navaja multiuso). Es importante también disponer de una linterna.

7. El senderismo

La actividad que está al alcance de todo el mundo es el senderismo, el cual se diferencia del excursionismo porque se realiza por senderos adaptados y homologados. El trazado de los senderos presenta pocos peligros y problemas y suele evitar los desniveles y los ascensos de picos y montañas. A partir de los años setenta del siglo XX se comenzó a recuperar antiguas rutas, elegidas por su interés paisajístico, ecológico y monumental. Existe un código de señales de colores, que se pinta normalmente en los árboles o en las piedras, que determina qué dificultad y qué distancia tiene el sendero.

La mochila debe ser cómoda y ajustable a la cintura.

El calzado debe ser el adecuado para cada tipo de terrreno.

Las barras de cereales son un gran aporte energético.

- **GR (gran recorrido):** caminatas de más de 50 kilómetros pensadas para ser realizadas en dos días o más. Están señalizadas con dos franjas, una blanca y una roja.
- **PR (pequeño recorrido):** trazados con una distancia de entre 10 y 50 kilómetros pensados para ser recorridos en uno o dos días. Están señalizados con una franja blanca y una amarilla.
- **SL (sendero local):** pequeños trazados de menos de 10 kilómetros y con un nivel de dificultad fácil o muy fácil. Están señalizados con una franja blanca y una verde.

Indicación de senda de pequeño recorrido.

¿Sabías que...?

- El tiempo de degradación de una mondadura de fruta es de seis meses; el de las colillas de cigarrillo es de uno o dos años aproximadamente, y el de las latas y los plásticos, de más de cuatrocientos años.
- Históricamente, el mar ha sido tratado como un vertedero, con la falsa creencia de que su inmensidad puede absorber todo lo que arrojemos. Hoy, los océanos han llegado a unos niveles alarmantes de contaminación que el ecosistema marino no es capaz de asimilar de manera natural.
- Muchos animales que viven en el mar consumen basura por error, ya que se parece a sus fuentes de alimentación natural. Este es el caso de las tortugas marinas, que confunden el plástico que flota con medusas.
- España dispone más de 100 GR. El GR-1 es una ruta histórica que atraviesa el norte de la Península casi de lado a lado, desde Empúries hasta Finisterre. El GR-65 corresponde al famoso Camino de Santiago, que va desde Roncesvalles a Santiago de Compostela.
- Caminar es un ejercicio aeróbico y, como tal, permite un funcionamiento más eficiente del corazón, estimula el flujo de oxígeno a través del cuerpo, mejora la respiración y ayuda a aumentar la masa muscular. También conlleva un importante gasto calórico, que ayuda a controlar el peso y a disminuir la grasa corporal.

Una tortuga marina se ahoga a causa de la ingesta de una bolsa de plástico.

Objetivos competenciales (aportación en competencias)

- Utilizar habilidades y destrezas motrices en diversos medios.
- Ser capaz de desplazarse en un medio acuático.
- Conocer y aprovechar las posibilidades que ofrece el entorno próximo para la realización de actividades de ocio y de compensación de la rutina diaria.
- Apreciar el carácter sociocultural de los eventos deportivos y respetar todos los que forman parte de esta manifestación deportiva.
- Practicar actividades en el medio natural y comportarse con respeto.
- Valorar la práctica de la actividad física como una forma agradable de ocupación del tiempo libre.

Orientación

¿Has usado alguna vez un mapa? Puede parecer sencillo, pero hay que saberlo interpretar. El deporte de las carreras de orientación se basa en esta actividad.

UNIDAD 23

#orienteering

El ser humano ha explorado casi todo el planeta a lo largo de la historia. Gracias a ello, disponemos de mapas de toda la superficie terrestre.

A veces, para ir a un punto determinado podemos llegar a dar un gran rodeo, y al consultar un mapa quizá nos demos cuenta de que no habíamos elegido la ruta más correcta.

Orientarse en la naturaleza no es fácil. Muchas veces podemos equivocarnos y no ser capaces de volver al punto de partida o de llegar a nuestro destino. ¿Qué ocurre cuando alguien se pierde en la montaña?

1. ¿Qué es una carrera de orientación?
2. Cómo se lleva a cabo una carrera
3. Elementos de la carrera
4. Reglamento básico de la competición a pie
5. ¿De dónde provienen las carreras de orientación?

1. ¿Qué es una carrera de orientación?

Es una actividad deportiva de campo a través, sin un camino definido, en la que el participante, con la ayuda de una brújula, debe pasar por unos controles señalados en un mapa.

Los elementos que determinarán el éxito de una carrera son: la elección de la ruta, la navegación a través del terreno y la ausencia de errores.

Las carreras se pueden hacer a pie, individualmente o en grupo (*rogaine*), y también en bicicleta todo terreno (BTT). Independientemente de ello, las carreras pueden tener varios formatos:

- **Carrera lineal individual:** cada corredor tiene asignada una hora de salida y debe encontrar las marcas en el orden que se indica. Es la modalidad más común.
- **Relevos:** cada relevista, cuando llega su compañero, coge un mapa y hace su carrera lineal individualmente. El tiempo final es la suma de los tiempos de todos los relevistas del equipo.
- **:** el corredor debe encontrar todas las marcas, pero lo puede hacer en cualquier orden.

Un hito o baliza, en mitad del bosque.

2. Cómo se lleva a cabo una carrera

Las carreras de orientación se organizan por categorías, que se establecen a partir de la edad y la experiencia de los participantes. Así, una categoría HD18 significa que pueden correr chicos y chicas de hasta 18 años; en las categorías HE y DE pueden correr participantes expertos, hombres y mujeres, respectivamente, mayores de 18 años. Finalmente, las carreras para no iniciados de cualquier edad tienen las siglas NI.

Antes de salir, los corredores (orientadores) **reciben una tarjeta de control** y **una hoja de descripción de la simbología de los controles**. En la tarjeta hay que ir marcando los controles a medida que se encuentran.

La rusa Tatiana Ryabkina, campeona de Europa y dos veces subcampeona mundial, en una carrera a media distancia.

1	2	3	4	5	6	7	8	9	10
11	12	13	14	15	16	17	18	19	20
21	22	23	24	25	26	27	A	B	C
Nombre del corredor						**Salida**		**Tiempo**	
						Llegada			
						Categoría			

Tarjeta de control: cada casilla se marca con el símbolo correspondiente a un punto de control. Las tres últimas sirven para subsanar algún error de marcaje.

En el momento de salir, el corredor recibe un mapa. En él están señalados, en color púrpura, el punto de salida (con un triángulo), los puntos de control (con un círculo) y el punto de llegada (con un doble círculo). Para empezar, hay que localizar el triángulo de salida y dirigirse hacia el primer control, eligiendo el itinerario más rápido y seguro. Cada vez que se pasa por un punto de control, se ha de anotar en la tarjeta de control y seguir hasta el final, donde se entrega la tarjeta y se marca el tiempo que se ha tardado en hacer el circuito.

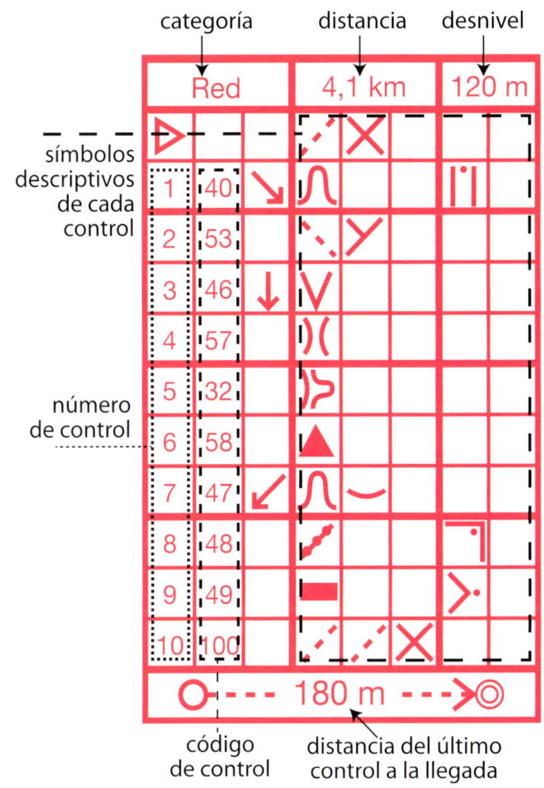

Hoja de descripción.

3. Elementos de la carrera

- **El hito o baliza:** es una banderola de tela en forma de prisma triangular que sirve para indicar dónde se encuentra el elemento que debe encontrar el corredor. Está identificada con el mismo número que el punto de control que representa. Tiene una pinza manual, que el corredor debe utilizar para marcar su paso por el control.
- **La hoja de descripción de los controles o simbología.**
- **El mapa:** es el elemento más importante de las carreras de orientación. Para cada carrera se confecciona un mapa con este fin, el cual reproduce con exactitud la zona donde se desarrolla. Normalmente, los mapas se representan a escala 1:15 000 o 1:10 000. Son muy detallados y van acompañados de una leyenda con la simbología utilizada. También incluyen los meridianos que atraviesan la zona representada cada 500 metros, en color azul o negro.

  Estos mapas distinguen los diferentes elementos con un código de color:

  Negro para los elementos rocosos, construcciones humanas y caminos.

  Marrón para las formas del terreno, como las curvas de nivel.

  Azul para los elementos relacionados con el agua, como pantanos o ríos.

  Amarillo para los campos o las zonas abiertas sin árboles.

  Verde para la vegetación que ralentiza el paso. Cuanto más espesa, más oscuro es el color.

  Blanco para la zona boscosa que se puede atravesar.

  Púrpura o rojo para marcar el circuito definido.

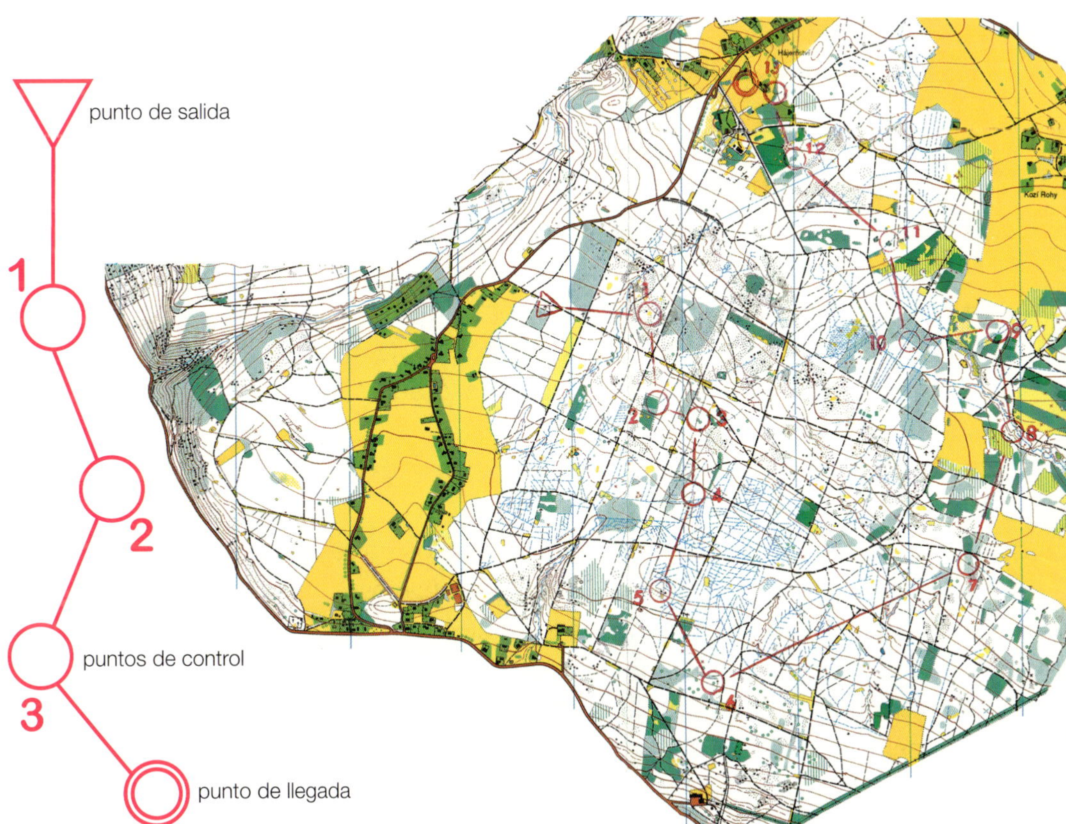

- **La brújula:** sirve para determinar dónde está el norte geográfico, lo que permitirá orientar el mapa correctamente. Es una herramienta útil, pero no imprescindible, ya que el mapa proporciona suficientes elementos de referencia para localizar los diferentes controles. También se usa para encontrar el rumbo hacia el siguiente control. Para ello, se hace coincidir el extremo de la brújula con la línea que une la marca donde nos encontramos con la marca a la que nos hemos de dirigir.

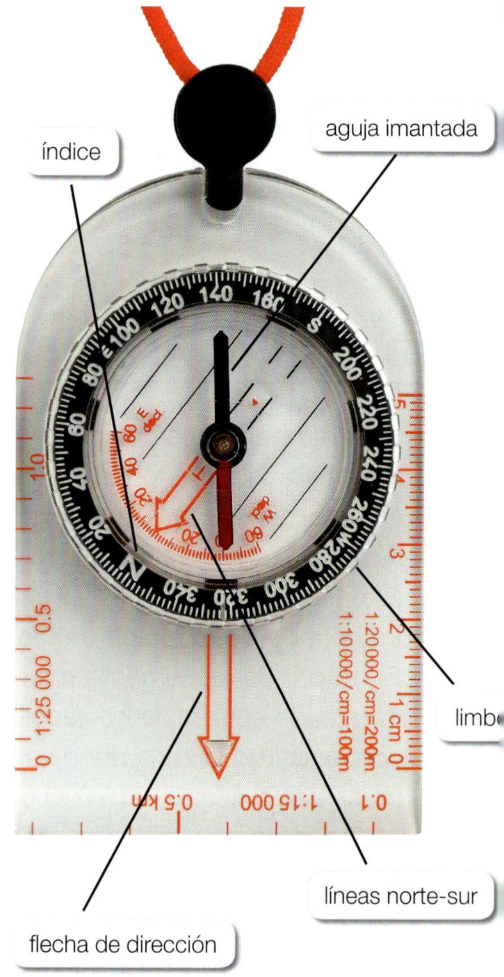

4. Reglamento básico de la competición a pie

La orientación deportiva tiene como principio fundamental la honestidad. Se trata de un valor sin el cual su práctica resulta imposible. Así, podemos enumerar algunos elementos del reglamento básico. La infracción de este código de ética deportiva puede ser motivo de descalificación.

- La competición de orientación se hace en silencio. Los orientadores no pueden intercambiarse ninguna información durante la carrera.
- No se puede hacer una parte o la totalidad del recorrido en colaboración entre varios orientadores (salvo que esto se haya indicado específicamente).
- No se puede aprovechar la experiencia de otro orientador que tenga un nivel técnico más avanzado para seguirlo a lo largo de la carrera.
- El orientador debe respetar a terceras personas, así como propiedades privadas, cultivos, zonas de repoblación forestal y todo el material de competición.
- Es necesario que todos los participantes respeten también los derechos de los competidores de las otras categorías.
- Los orientadores de la categoría de no iniciados (NI) deben dejar paso a los orientadores de las otras categorías.
- Los jueces de la prueba tienen derecho a verificar la tarjeta de control en todo momento.
- El recorrido se realizará siguiendo el orden oficial de los controles.
- Si un competidor pierde la tarjeta de control, la rompe o manipula, no pasa todos los controles o no los visita en el orden establecido, será descalificado.
- El orientador que no finalice la competición tiene la obligación de comunicarlo en el control de llegada.
- La zona de competición está prohibida a los corredores que han quedado fuera de la carrera y también a los acompañantes.
- Los competidores están obligados a cuidar el medio natural donde se desarrolla la competición y preservarlo.
- En caso de accidente de un corredor, es obligatorio darle asistencia.
- El participante en una competición acepta el reglamento de las carreras de orientación y participa bajo su responsabilidad exclusiva.

Generalmente, la orientación es un deporte individual. No obstante, hay competiciones por equipos como la Raid O'bivwak (Francia).

5. ¿De dónde provienen las carreras de orientación?

Se tiene constancia de que los militares escandinavos fueron los primeros en hacer carreras de orientación como preparación para sus soldados, a finales del siglo XIX.

Como modalidad deportiva, se tiene referencia de una carrera llevada a cabo en Noruega en 1897. Sin embargo, la primera carrera a gran escala la organizó un oficial sueco, Ernst Killander, que reunió a más de doscientos corredores cerca de Estocolmo en 1918. Fue definiendo las reglas de la orientación y se le considera el padre de este deporte.

En España lo introdujeron las Fuerzas Armadas, alrededor del año 1960. En 1971, un profesor de esgrima del Instituto Nacional de Educación Física (INEF) de Madrid, Martín Harald Kronlund, incluyó la orientación como contenido que había que impartir a sus alumnos.

Carrera de orientación en su modalidad de bicicleta.

Una corredora marca su posición en una baliza con dispositivo electrónico.

¿Sabías que...?

- Los mejores corredores de carreras de orientación son nórdicos.
- En las brújulas de orientación hay una parte, llamada *limbo*, que contiene un fluido para amortiguar las vibraciones de la aguja imantada. De este modo, se estabiliza rápidamente y hace posible una lectura precisa, aunque se esté corriendo.
- Existen modalidades de carreras de orientación en bicicleta o en la nieve sobre esquís.
- Actualmente, se utiliza un sistema de marcaje electrónico llamado *sportident*. Este sistema sustituye la tarjeta por un chip que se lleva sujeto a un dedo y que hay que introducir en la base electrónica del hito o baliza. El chip registra el número de balizas que se han visitado y el tiempo que se ha tardado en llegar.

Objetivos competenciales (aportación en competencias)

- Utilizar habilidades y destrezas motrices en diversos medios.
- Apreciar el carácter sociocultural de los eventos deportivos y respetar todos los que forman parte de esta manifestación deportiva.
- Valorar la práctica de la actividad física como una forma agradable de ocupación del tiempo libre.
- Practicar actividades en el medio natural y comportarse con respeto.